◎北方民族大学文库

本书出版幸承2013—2014 年度国家民委领军人才支持计划项目“生态移民社会适应及可持续生计策略研究”和“北方民族大学·‘十三五’自治区重点学科·民族学”学科经费的资助

Ecological Migrants

An Ethnography from Qinghai-Tibet Plateau

生态移民

来自青藏高原的民族志报告

冯雪红 等 著

科学出版社

北 京

内 容 简 介

20世纪下半叶，国际社会相继出现了生态环境保护与可持续发展的理论和实践。中国对生态移民的研究及实施兴起于20世纪八九十年代，发展于21世纪初。生态移民是新时期我国全面贯彻落实以人为本的科学发展观，统筹人与自然和谐发展，探索保护生态环境与贫困地区人民脱贫致富，实现可持续发展的战略性措施。本书即在此背景下围绕甘青牧区藏族生态移民进行的系列研究和成果积累。

本书分为“理论与田野”“回顾与展望”“解读与评论”三个板块，突出一个主题——藏族生态移民后续产业民族志。在爬梳已有研究成果的基础上，初步探讨了藏族生态移民的社会融入、生态移民的“边缘人”处境；延伸探讨了生态场域、民族地区城镇化问题，等等，最终聚焦和服务于青海和日村藏族生态移民后续产业的个案研究。

本书对民族学、人类学、生态移民领域研究者，以及博士生、硕士生有一定的参考价值。

图书在版编目（CIP）数据

生态移民：来自青藏高原的民族志报告/冯雪红等著. —北京：科学出版社. 2017.12

ISBN 978-7-03-055918-0

I.①生… II.①冯… III.①青藏高原-藏族-移民-研究 IV.①D632.4

中国版本图书馆CIP数据核字（2017）第308642号

责任编辑：付 艳 苏利德 王丽娟 / 责任校对：何艳萍

责任印制：张欣秀 / 整体设计：铭轩堂

编辑部电话：010-64033934

E-mail：edu_psy@mail.sciencep.com

科学出版社 出版

北京东黄城根北街16号

邮政编码：100717

http：//www.sciencep.com

北京京华虎彩印刷有限公司印刷

科学出版社发行 各地新华书店经销

*

2017年12月第 一 版 开本：720×1000 B5

2017年12月第一次印刷 印张：13 1/4

字数：205 000

定价：68.00元

（如有印装质量问题，我社负责调换）

目　录

理论与田野

回顾与展望

解读与评论

理论与田野

藏族苯教文化中的冈底斯神山解读[①]

因为独特的地理环境和自然条件，神山、圣水情结在藏族文化中具有普遍性和典型性，冈底斯山即是其一。千百年来，冈底斯山以其神秘、虚幻的自然魅力和悠久的历史与宗教感召力，吸引着四面八方的朝圣者。

一、藏族崇拜冈底斯山的苯教理论支撑

苯教起源于青藏高原的阿里地区，后沿雅鲁藏布江自西向东传播到卫藏地区乃至勃律一带，成为藏族原始社会的精神支柱，是藏族远古文化的主要源头之一。《西藏王统记》载："苯教史称：苯教盛于聂赤赞普，衰于至共赞普。又盛于布德贡杰，衰于赤松德赞三期。后有苯教大师聂钦•里学噶热自康地复燃苯教馀烬，重入藏卫，开掘苯教所有密藏，建立日幸、大定、格定、安察喀、桑日、约塘等苯教寺院，大兴苯教云。苯亦分初兴，中兴，后兴三期。"[②]《西藏王臣记》也记述："嘉赤的父亲在位时，相熊及住侠两地已有'辛'族的'杜苯'，到嘉赤王在位的时候，修建了青哇达哲宫。再仲王和德乌两王朝的时候，有了'朗本辛波伽'的'天苯教'。"[③]

---

① 本文发表于《中国边疆史地研究》2008 年第 4 期。

② 索南坚赞著，刘立千译注：《西藏王统记》，拉萨：西藏人民出版社，1985 年，第 35 页。

③ 第五世达赖喇嘛著，郭和卿译：《西藏王臣记》，北京：民族出版社，1983 年，第 14 页。

苯教教法仪轨归纳为九乘，即“恰辛”“囊辛”“楚辛”“什辛”四因乘和“居士”“阿噶”“仙人”“耶辛”四果乘，以及无上乘，内容十分广泛，“无论婚嫁丧葬，还是传宗接代、延寿增福、求逐福运、避灾免祸、驱除恶魔、疗疾除病、求神打卦等都有完整而系统的仪式”①。

随着社会的不断发展，苯教逐渐由崇拜天、地、日、月、星宿、雷电、冰雹、山川、湖海、禽兽等自然物以期“下镇鬼怪，上祀天神，中兴人宅”② 的泛神论原始信仰，演变为较为理论化和哲学化的宗教，经历了“笃苯”“恰苯”“觉苯”等不同的发展阶段。苯教作为古老的信仰，在佛教取得主导地位以后，仍然沉淀在整个藏族文化之中，相当多的苯教内容被藏传佛教吸收。

苯教把世界分为三个部分，即天、地、地下。天上的神叫作“赞”，地上的神称为“年”，地下的神称为“龙”。苯教的宇宙观，把整个宇宙结构分为神界、年界、龙界三层。神界又可分为十三层，每一层都居住着不同种类和层次的神灵，他们靠天梯（木神之绳）下凡和升天，七赤天王正是从天界下凡来救度人类的。“以上诸王具有发光的天绳，当儿子能够骑马时，父王就用发光的天绳返回天空，犹如彩虹一样消失，不留遗骸在人间。”③ 因此，人们称它们为“七赤天王”。只是因为七赤天王之后的止贡赞普因与洛昂交手，误断天梯而未能升天，这才开始了吐蕃赞普尸留人间的历史。不同的神灵按照其性质和类别居住在神界不同的空间或层次中，神山则把神界和年界、人间联结在了一起，是天地的汇合点。

年界为世界的第二层，众多属于“年”的神灵居住、游荡在山川沟壑、石缝、森林中。这些神灵与藏族的现实生活密切相关，在藏族精神世界中有较高地位，祭祀、供奉它们便成为当地群众日常的活动。“按照年神的分类，可分为黑年神和白年神两大类，这种划分显然是一种后期社会的需要，将居于天者称为白，居于地者称为黑，于是有了日、月、星、云、虹等白年神和山、崖岩、林、海、水等黑年神，几乎囊括了所有的自

① 丹珠昂奔：《藏族文化发展史》（上册），兰州：甘肃教育出版社，2001 年，第 506 页。
② 丹珠昂奔：《藏族文化志》，上海：上海人民出版社，1998 年，第 100 页。
③ 达仓宗巴•班觉桑布著，陈庆英译：《汉藏史集——贤者喜乐赡部洲明鉴》，拉萨：西藏人民出版社，1986 年，第 72 页。

然崇拜物。”[①] 凡有山有水的地方就有神灵，稍有不慎就会触怒神灵而招致灾祸、疾病。“在藏族人民的印象中，年神比任何一种神更容易触怒。凡是经高山雪岭、悬崖绝壁、原始森林之类的地方，都必须处处小心，最好不要高声喧哗、大吵大闹；否则触怒了年神，立刻就会招来狂风怒卷、雷电交加、大雨倾盆、泛滥成灾，若是冬天，就会风雪弥漫，铺天盖地。因此，年神（即山神）被人们称为最灵验的神，同时，年神经常以骑马的猎人之形象巡游在高山峡谷之中，人们很容易面对面碰到它们。一旦触犯年神，轻者患病，重者死亡。”[②] 这种神性积淀在与特殊环境朝夕相伴的藏族先民心中，演变成一种文化、宗教力量：自然界中的事物都有灵魂，能够思维，也有喜怒哀乐等情感，并掌控着人类的命运，对神的敬畏就意味着对自然界的敬畏与爱护。藏族的神山崇拜把自然之山，以及与之相关的江河湖泊、森林、虫鱼鸟兽等自然物都纳入具有神性的行列加以崇拜，实际上把自然看得比人的生命更重要，把自然看成超越卑微、净化心灵，获得生存灵感的源泉，并通过神话、宗教的形式将其保留在藏族文化中传承、延续至今。

基于这样的背景，在众多的雪山中，藏族对冈底斯山的信仰和崇拜则是亘古及今独一无二的。冈底斯山既是现实之山，又是信仰之山、灵魂之山、精神之山，在藏族文化的形成、演化过程中凝固成了千百年来不变的情结和深厚的历史记忆，因此在藏族文化中占有特殊的位置。

二、冈底斯神山与苯教

冈底斯山位于西藏阿里地区。阿里在9世纪时被称为“象雄”“羊同”，意为“大鹏之地”，吐蕃王朝崩溃后，其王室后裔来此扎根后又称阿里，意为“属地、领地”。在阿里地区，考古发现在旧石器时代就有人类繁衍生息，后形成象雄十八部。强大的象雄阿尔巴之王雄踞于此，政治中心就在冈仁波齐西面的琼隆银城。《通典·大羊同》记载：“大羊同东接

① 丹珠昂奔：《藏族文化发展史》（上册），兰州：甘肃教育出版社，2001年，第207页。
② 格勒：《藏族早期历史与文化》，北京：商务印书馆，2006年，第434页。

吐蕃、西接小羊同、北直于阗，东西千余里，胜兵八九万。”象雄地域辽阔，最西是大小勃律、拉达克（克什米尔一带），包括今我国西藏阿里地区、新疆和田一带，以及印度、尼泊尔北部的一些地方，东面和孙波、吐蕃相接。

约公元前5世纪，象雄王子辛饶米沃且在原始苯教的基础上创立了雍仲苯教，苯教文化由此传遍整个青藏高原乃至周边地区，因此，象雄是苯教的发源地，苯教徒称其为“魏摩隆仁”[①]。关于“魏摩隆仁”，有两种不同的说法：一种认为苯教自波斯魏摩隆仁传及印度、藏地、象雄和汉地，藏文典籍《语言释》《都本》《日灯》等持此说；另一种认为苯教产生于古代的象雄地方，《西藏王统记》说：“王臣二人之时，已传入雍仲苯教。教主辛饶本名弥沃，生于大食之韦莫隆仁。苯教之经如‘康钦波吉’八大部等皆传译自象雄地方，于是大为兴盛。”[②]班钦•索南查巴著《新红史》在谈到苯教产生之地域时也认为“其时，生于边地大食地区之辛饶大师，他自象雄地区译得苯教（经典）并加以弘传”[③]。

笔者认为冈底斯山地区是苯教的中心，魏摩隆仁就是象雄，此与藏族文化中的神山崇拜和情结，以及周边地区的民族对冈仁波齐浓厚的崇拜相吻合。关于“魏摩隆仁”，传统解释是：魏（ol）代表尚未诞生的意思，摩（mo）有永不衰败的意思，隆（lung）表示苯教创始人辛饶米沃且的授记，仁（ring）表示辛饶米沃且永恒的慈悲。合起来的词义为“魏摩地区长长的河谷”[④]。

苯教对魏摩隆仁进行了详细的描述：位于世界的西部，它是世界的一部分，而它又不会消亡，因为最后当这个世界毁灭于火的时候，它将升到天上，和天国里的另一个苯教圣地合而为一，被称为什巴叶桑。魏摩隆仁占据了世界的1/3，形状如同八瓣莲花，与此对应的天空也呈带有八个轮柄的轮形，九层仲山耸立在它的中央俯瞰着大地，山前是玛帕木湖，周围有醉香山。四条河流从山脚下分别向四个方向流去。成百座庙宇、城市

① “魏摩隆仁”，苯教学界用法，一些文献中也写作“韦莫隆仁”。
② 索南坚赞著，刘立千译注：《西藏王统记》，拉萨：西藏人民出版社，1985年，第35页。
③ 班钦•索南查巴著，黄颢译：《新红史》，拉萨：西藏人民出版社，1984年，第15页。
④ 参见丹珠昂奔：《藏族文化发展史》（上册），兰州：甘肃教育出版社，2001年，第444页。

和园林都在山的附近。山的东面是香波拉孜庙；南面是巴波索杰宫，是辛饶米沃且的降生地；西面是赤曼杰谢宫，是辛饶米沃且妻子恢萨杰谢玛居住的地方；北面是孔玛乃乌穷宫，辛饶米沃且的另一个妻子波萨莫姆居住在那里。九层雍仲山和四面宫，形成魏摩隆仁的中心，环绕这个中心的是十二座城市，其中四个城市是在东南西北四个方位上，两边城市叫作嘉纳俄玛（汉地竹林之意）。整个魏摩隆仁被海洋环绕着，海洋之外又被陡峭的雪山环绕。要经过由辛饶米沃且开辟的“箭道”才能自由进入魏摩隆仁。

从历史地理学的角度审视象雄及冈底斯山脉，可知以下几点：首先，阿里是喜马拉雅山脉、冈底斯山脉、喀喇昆仑山脉汇聚的地方，平均海拔4500米，雪山环绕，素有“世界屋脊之屋脊”“千山之巅、万水之源”的称号，而且地处中亚和欧洲的第二条丝绸之路边缘，也叫“麝香之路”，是东西方文化交流融合的重要区域，也是古老象雄文化和吐蕃文化的分布地区。其次，冈底斯山脉属于冈底斯—念青唐古拉山系，与喜马拉雅山脉平行，呈西北—东南走向，属褶皱山，为藏北与藏南、藏东南的分界线，也是西藏内、外流水系的天然分水岭。从东经80°开始，向东南延伸至84°～85°转为东西向，在东经90°一带与念青唐古拉山相连，东南延伸与横断山脉伯舒拉岭相接，西到阿里地区狮泉河，南接雅鲁及雅鲁藏布江谷地。冈底斯山脉东西长约1400公里[①]，南北平均宽约80公里，平均海拔5800～6000米，山形错综复杂。冈底斯山主峰冈仁波齐位于西藏阿里地区普兰县圣湖玛旁雍错（玛法木错）以北，海拔6656米。“冈”藏语意为“雪”，“底斯”是梵语“雪山”之意。而冈仁波齐，藏语意为“神灵之山、雪山之宝贝”。冈仁波齐峰山形秀美，峰体呈圆冠金字塔状，峰顶终年积雪，腰部是暗红色层级平台，由第三纪质地坚硬的砂岩和砾岩等水平纹岩层组成，从而呈现金字塔式阶梯。整个山体雄浑刚毅，气势恢宏，色彩黑白分明又高度和谐统一，充分体现了大自然造化的神奇，具有强烈的震撼力。冈底斯山是雅鲁藏布江、恒河与印度河的发源地，阿里地区的四条大河马泉河、狮泉河、象泉河、孔雀河从冈仁波齐四方流下：北坡流

---

① 1公里=1千米。

出的狮泉河（森格藏布），是印度河的正源；南坡流出的象泉河（朗钦藏布），是印度河河源；东坡流出的马泉河（达却藏布），即雅鲁藏布江（流入东印度后称布拉马普特拉河）的源头；南坡流出的孔雀河（马甲藏布），则是恒河支流哥格拉河的上游。它们最终汇入印度洋和阿拉伯海。距西藏阿里地区普兰县城35公里、位于冈仁波齐峰和纳木那尼峰之间的圣湖玛旁雍错是世界最高的淡水湖，面积为330平方公里①，湖面海拔为4400米，最深约81米，是藏区三大"圣湖"之一。湖水源于冈底斯山的冰雪，碧透清澈，在藏族群众的心目中，该湖水能洗涤人们心灵上的贪、嗔、痴、怠、嫉"五毒"，同样也是藏族群众朝圣膜拜的对象。因此，玛旁雍错以其神秘独特的自然景观和人文景观成为具有历史和文化意义的冈底斯山的有机组成部分，与周围其他自然景观共同构成了"神山·圣湖"这种藏族神秘的文化现象。

此外，苯教徒还认为天像一顶八幅伞盖，地像一朵开放的八瓣莲花，九级雍仲山（即冈仁波齐）就像撑伞的把柄和莲花的根茎，它处于世界的中心，是诸天神的住锡地，是天神下凡和升天的天梯，故具有联结天地的绳索功能。《瞻部洲雪山之王冈底斯山志意乐梵音》《朵堆》《赛米》等重要文献都详细叙述了苯教始祖辛饶米沃且诞生在象雄王室及其父王杰本托噶和尧希杰协玛喜得贵子的情景，以及辛饶米沃且历经艰辛传道授业的功绩。显然，辛饶米沃且诞生在象雄，他创立的雍仲苯教也同样产生于象雄，还有360个苯教的神灵也住在此山。"冈底斯山如同一把八幅阳伞而矗立在苍穹之下、如同八瓣莲花一般拔地而起，酷似一张铺开的地毯。它是世界的地肚脐南赡部洲中心，是天神南期贡杰合成世界药的居住地。冈底斯山又叫苯日山（苯教之山）、象雄苯日山（象雄苯教山）、拉日山（灵魂山）、拉日江噶（灵魂大雪山）、冈底斯山和灵魂山。象雄的灵魂山也是登天或下界的天梯。因此，落在它身上的任务就如同把天地联系起来的攀天光绳（天梯）的作用一样，辛饶米沃且的幻体也落到了该山上。格阔一类神在那里拥有自己的宫殿，据说，也是由《莲花生遗教》传播的一种

① 1平方公里=1平方千米。

传说认为，共有三百六十种宫殿，把冈底斯山解释成一年三百六十天围绕着它转动的十进制轴心的作法也是很明显的。大家认为大山是一座水晶石坛城或各族天神都居住在那里的大宫殿。"[①]"西藏西南部的冈底斯山也是西藏最著名的神山之一，是西藏和印度的香客朝拜的圣山。当然不只是西藏佛教各教派的教徒崇拜冈底斯雪山，就是苯教徒也虔诚地崇拜这座神山及其毗连的两个湖泊：玛法木错和兰戛错。苯教徒在绕山围湖转经时按逆时针方向转行，这与佛教徒的转经方向恰好相反。藏文文献记载说冈底斯大赞神的居地就是冈底斯雪山；《冈底斯山志》写道在冈底斯山山顶神灵统治二十八宿，这些神灵都是莲花生大师收服的，他们皆立誓护法，另外一则古代传说也说冈底斯雪山是佛教传入西藏前西藏土著十三神的居地。十三神也作王之十三神。藏文文献通常称作十三念神。"[②] 史料记载，神话传说与冈底斯山的历史地理是吻合的，由此可以看出，魏摩隆仁就是象雄，苯教起源于该地区，而冈底斯神山则是魏摩隆仁的中心、苯教的圣地。

三、冈底斯神山的文化辐射

很久以来，冈底斯山就被尊为神山之王，被耆那教、印度教、佛教（包括藏传佛教）、苯教认定为世界的中心而受到顶礼膜拜。虽然"他们所持的信仰各不相同，所信奉的神灵也不一样，但他们基于的客体却是同一座山，这就使冈仁波齐具有多种宗教叠加的神圣，使其放射出五光十色各种信仰的光辉、光环、光晕，使这座山成为万神殿，成为各种神相居一起的东方的奥林匹斯山"[③]。

耆那教把冈仁波齐视为一座灵性的圣山"阿什塔婆达"，意为最高之山。耆那教是一个以慈悲为宗旨的宗教，产生年代早于佛教，崇尚裸体修

① 〔意〕图齐著，金文昌译：《西藏的苯教》，《国外藏学研究译文集》（第四辑），拉萨：西藏人民出版社，1988年，第150-151页。

② 〔奥〕勒内·德·内贝斯基·沃杰科维茨著，谢继胜译：《西藏的神灵和鬼怪》，拉萨：西藏人民出版社，1993年，第258页。

③ 阎振中：《大迁徙与精神回归——岗仁波钦神山朝拜的深层意识》（上），《西藏民俗》1994年第2期，第12-16页。

行，教义中的许多内容都与佛教有着密切联系，主张世界是苦海，人应该远离苦海成佛。在佛教产生之前耆那教已出现祖师，第一位祖师“曲却”曾在冈仁波齐苦修，严守戒律，后在冈仁波齐之前的“桑结许赤”成佛。耆那教认为冈仁波齐是获得解脱的圣地，至今仍陆续有耆那教信徒将冈底斯山和玛旁雍错作为最神圣的神山和圣湖来朝拜，耆那教信徒坚定地认为朝拜神山和圣湖不仅可以使今生平安如意，而且可以为来世的解脱广结善缘。

在佛教描述中，冈仁波齐是由金、银、琉璃和玻璃四宝构成，由七金山、七香海及十二部洲所围成的“须弥山”，象征着整个佛教宇宙的中心。秉承印度佛教传统的藏传佛教同样认为它是密宗胜乐之无量宫，其周围的群山河流均为胜乐宫的组成部分，蕴藏着深奥的宗教含义。同时，冈仁波齐又是众多佛、菩萨和高僧大德所加持和修行的圣地。据传，释迦牟尼佛在转法轮时塑三尊佛像，分别供奉于神界、龙界和人间。罗刹王贡布崩用神变迎请人间的释尊佛像供奉，但没有供奉此佛的特殊坐床，于是想用神变背回冈仁波齐。这时释迦牟尼及五百罗汉立刻飞往冈仁波齐，在其南面的“五百罗汉聚盆”，又叫“上坛城”的岩石上留下脚印，同时在神山四角各留一脚印，称为“底斯不动地钉”，这样罗刹王就无法背走冈仁波齐，如今在冈仁波齐背后可看到清晰的“绳印”及四周释尊的“脚印”。8世纪，赤德祖赞赞普时，印度著名佛教大师桑结桑巴曾到冈仁波齐修行。相传还发生过噶举派大师米拉日巴尊者在神山修行时同苯教徒纳若奔琼斗法取胜的著名事件。“此外，这里还流传着很多关于冈底斯雪山的传说，有人将传说搜集起来。传说里把冈底斯雪山看作是天地间的须弥山——北印度佛教星占家眼中的世界中心山脉。最近，霍夫曼对一则很著名的传说进行了研究，这则传说里讲到冈底斯雪山上一道深深的沟壑的形成是因为米拉日巴和苯教巫师那若本群斗法，巫师战败后坠入山谷砸出来的；或者说沟壑是米拉大师的脚印，是大师施法于岩石的缘故。”[③]这又为冈底斯神山蒙上了神秘的面纱，增加了神圣感。在米拉日巴之后，噶举派历代高僧先后到冈底斯山修行。在11世纪末12世纪初，止贡噶举派曾派遣大批弟子去冈底斯山修静，郭仓瓦就是其中之一，他在冈底斯山苦修多年，并开辟了冈底斯山的转山路。印度、尼泊尔、不丹等国的佛教信徒不远千里，历尽辛苦来到这里，沿途磕头祈祷，绕山拜罢之后，才算功德圆满，了却了夙愿，每逢藏历马年，转山的朝圣者最多。据说佛祖释迦牟尼的生肖属马，马年转山一圈相当于其他年份转山 13 圈，且最为灵验和积长功德。转山道分两条：外线是以冈底斯山为核心的大环山线路，内线是以冈底斯山南侧的因揭陀山为核心的小环山线路。外线总长 32 千米，徒步需 3 天，磕头朝拜则需 15 ～ 20 天。转山一般都是在转足 13 圈外线之后再转内线。

印度教把冈仁波齐看作大梵天神的住锡地，称之为“凯拉斯”，意为麦如（梵语为“须弥山”）的神秘肖像。大梵天神与配偶喜马拉雅之女在此地做着永恒的修行，日积月累修行，终得法力无边，成为可以摧毁一切邪恶和创造一切善良的大神。在印度，湿婆神庙（梵语为“凯拉斯塔”）的建筑结构酷似冈仁波齐。此外，印度教的许多寺庙都以冈仁波齐为原型建造。作为多种宗教汇聚点的冈底斯神山，成为众神之殿，吸引着不同民族、不同信仰、不同地域的人们带着情感、信仰和意念，带着对神山的迷恋和沉醉，不畏艰险地前来朝拜，这必然会对周边地区和民族的文化产生强烈、深远的影响。

四、结语

神山崇拜在藏族中有深厚的文化传统，其中冈底斯神山以其独特的地理环境及其四壁对称、奇险、山顶终年积雪的雄浑形象和千百年来积淀形成的宗教、历史意义上的整体记忆，成为藏族永远的情结。在以神话为前提来阐述其义理的苯教三界宇宙结构里，作为中心的冈底斯神山成为崇拜的对象，并形成了以苯教文化为主体内容的佛教（包括藏传佛教）、耆那教、印度教等多种宗教和文化共融的地域文化。这些宗教及其信仰者以不同的方式将冈底斯神山崇拜归到自己的宗教和文化之中，从而使冈底斯神山崇拜作为周边民族和文化的整体历史记忆不断延续。从这个意义上讲，藏族将冈底斯山人格化为神灵，也表明了藏族面对自然界时因生存而敬畏，也因生存而抗争，同时又能和自然保持一种相对和谐关系的独特思维与生存方式，把自身和自然紧紧联系在一起，从而构成一个既充满矛盾又能构建和谐的有机生态系统和文化系统。这是藏族以苯教观念解释和对待世界的一种态度。经过几千年的积淀，藏族形成了一个以冈底斯山为中心、以象雄苯教为核心内容、以朝拜和上山苦修为形式的强烈的冈底斯神山情结，在特定的氛围中人和神得到有效的沟通，在一定程度上实现了人与自然的协调。

青藏高原作为一个生态、文化、社会系统

——关于藏族的山地民族学分析[①]

一、山地民族学与山地民族

1992年李绍明先生将国外民族学研究领域中发展起来的新兴学科"山地民族学"引入国内，他借鉴《辞海》中对"山地"一词的界定——"地势相对高起，表面起伏很大的地区。由山岭与其间的谷地组合而成。是陆地地貌中分布最广的地貌类型"，将我国山地民族的特点总结为两点：一是主要分布于南方；二是山地民族和高原民族、内陆民族交叉重合。在此基础上，他梳理了以往我国对于山地民族的研究状况，以期将山地民族学建设成为一门新的学科领域。[②]到目前为止，虽然以"山地民族学"为题的文章还很少，但是以"山地民族"为题的研究成果已经很多，其中主要集中于对我国西南地区少数民族的研究，主要是对云南[③]、四川[④]、广西[⑤]、

---

① 本文发表于《中南民族大学学报》（人文社会科学版）2015年第4期。

② 李绍明，杨健吾：《我国山地民族学的现状及其前景》，《思想战线》1992年第2期，第75-90页。

③ 杨逸平：《临沧地区少数民族山地文化的多元特点》，《云南民族学院学报》（哲学社会科学版）2002年第4期，第88-90页。

④ 陈勇，陈国阶，刘邵权，等：《川西南山地民族聚落生态研究——以米易县麦地村为例》，《山地学报》2005年第1期，第108-114页。

⑤ 曾志辉：《传教士、山地民族与山区教会——立于广西三个区域堂点历史与现状的研究》，《世界宗教研究》2010年第4期，第137-146页。

贵州山地民族的研究[①]，这些研究也充分说明了李绍明先生所说的“山地民族主要分布于南方”这一特点。近些年，凯里学院《原生态民族文化学刊》在学者纳日碧力戈的倡导下，先后发表数篇有关山地民族的文章，昭示着山地民族学在李绍明之后再次引起民族学者的重视[②]。

研究山地民族，首先要明晰“山地”一词的定义，国内学者对于山地的定义各有不同。

李绍明、杨健吾认为，一切居住于相对海拔的山地民族，不论是居住在高原还是低山丘陵，都是山地民族，特点是以农业为主。[③]地理学家王明业等从地理科学的角度将山地定义为“具有一定高度和坡度的弧立地形，广义的泛指由山地组成的群体，丘陵、台地和高原都可以说是山地的特殊类型”，同时他们也对山脉、山链、山块和山系的概念进行了清晰的界定。[④]钟祥浩则认为拥有一定海拔、相对高度和坡度的高地及相伴谷地、山岭所形成的地域都可以称为山地。[⑤]这些对山地的界定都是集中在对山地地形、地势的划分上，而陈正府在其文章中从边缘与中央权力抗争的角度，将山地的内涵扩展为边缘，认为“山地往往是边缘的隐喻。往往为难民和逃匪的逃逸之地，从而形成国家权力的边缘地带”[⑥]。基于以上两种对于山地的不同理解，笔者认为山地的定义可以分为两类：一类是山地的地理学定义，从地质、地形和地势等地理科学的角度对山地作本体式的界定，早期的学者多是从这一角度认识山地和山地民族的；另一类是山地的文化意义上的定义，这一定义在山地本体定义的基础上，对山地进行内涵的扩展延伸，甚至可能摆脱山地的本体定义，目前从这一方面进行研究的学者相对较少，但这种文化意义上的山地可能是民族学、人类学学者今后

① 郭玉红，龙宇晓，胡展耀：《贵州山地猪种遗传资源传承保护的民族文化机制——民族动物学研究个案之一》，《原生态民族文化学刊》2013年第2期，第87-91页。

② 纳日碧力戈：《主持人语：走向山地民族学的新天地》，《原生态民族文化学刊》2013年第1期，第82-84页；纳日碧力戈：《主持人语：透视中国山地民族的历史记忆与当代变迁》，《原生态民族文化学刊》2013年第3期，第73-74页。

③ 李绍明，杨健吾：《我国山地民族学的现状及其前景》，《思想战线》1992年第2期，第75-90页。

④ 王明业，朱国金，贺振东，等：《中国的山地与山地系统》，《山地学报》1986年第1期，第67-74页。

⑤ 钟祥浩：《加强人山关系地域系统为核心的山地科学研究》，《山地学报》2011年第1期，第1-5页。

⑥ 陈正府：《流动、位置与关联：解读贵州山地民族与国家互动历史的角度》，《贵州民族研究》2014年第11期，第20-25页。

研究的新领域和拓展空间。

二、藏族属于山地民族

不论是从山地的地理学定义还是引申内涵上，都不难看出青藏高原上的藏族也是山地民族学中界定的山地民族的一部分。当然，青藏高原作为一处复杂的地理单元，其内部的地形也并非是一致的。卫藏、安多和康区这三个方言区分别对应着三种不同的人文地理单元和自然环境基础。卫藏方言区基本分布在藏南谷地，以发达的农业和定居生活为主；康区与青藏高原东南高山峡谷区对应，区域地貌复杂，兼有农业、牧业和农牧混合的生计方式；而安多方言区则主要处于藏北高原牧区，地域辽阔，以游牧生活为主。① 青藏高原上的藏族长期处于政治、文化和经济发展的边缘，这也是我国许多少数民族所处的状态：一是在地域分布上处于主体民族的边缘；二是在文化上与主体民族的文化之间有差别；三是在经济发展上远离经济发达地区，处于相对封闭滞后的状态。②

石硕先生在《中国西部民族宗教格局与民族关系新趋势》一文中谈到藏族时曾经有一段十分精辟的论述："一个世俗化的藏族社会，无论对藏族还是对于他们生存的高原环境，可能都是更大的灾难。……我们知道青藏高原的生态环境非常脆弱，所以在那个地方只能有限发展，不能无限扩大再生产，传统的农牧业必须有限度地和地理环境相匹配才能可持续发展。所以藏族地区形成了有浓厚藏传佛教氛围的宗教性社会，他们把多余的财富奉献给寺庙，然后维持一种低成本的和自然环境相匹配的生活方式。文化其实是一种生存策略与智慧，藏族文化就是在特殊地理环境下形成的生存智慧。"③

石硕先生在这段话中其实表明了一个思想，就是对于青藏高原上的

① 石硕：《藏族的地域特点及相关问题——兼论康区之特点》，《青海民族大学学报》（社会科学版）2015 年第 1 期，第 29-32 页。

② 陈正府：《流动、位置与关联：解读贵州山地民族与国家互动历史的角度》，《贵州民族研究》2014 年第 11 期，第 20-25 页。

③ 石硕：《中国西部民族宗教格局与民族关系新趋势》，《西南民族大学学报》（人文社会科学版）2014 年第 6 期，第 1-8 页。

藏族来说，需要处理好文化、生态和发展这三者之间的关系。就生态来说，青藏高原海拔高，生态环境脆弱，却又是长江、黄河和澜沧江的源头，保护好青藏高原的生态环境不论是对于藏族还是对于其他民族都是必要的；就文化来说，青藏高原上的藏族民众创造了世界上独一无二的文化，不论是藏传佛教还是苯教文化，都透露出灿烂的光辉；就发展来说，青藏高原地处西部，是我国西部大开发战略的重要区域，改善藏族人民的生产生活是关系到边疆安全、社会稳定与发展，以及民族团结的重要问题。

三、青藏高原是一个“系统”

青藏高原的生态环境是一个独特的生态系统，其高原特性使它不同于其他地区。以藏传佛教为主的藏族文化构成了一个独特的文化系统，这一文化系统与青藏高原的独特地理环境相适应，文化与生态相互依赖。与此同时，藏族社会原有的生产生活方式，使他们能够适应这样的文化和生态。于是，这一地区的生态、文化和社会就构成了一个更大的系统。笔者暂且将这一大系统称为青藏高原系统，我们可以用图 1 表示上述关系。

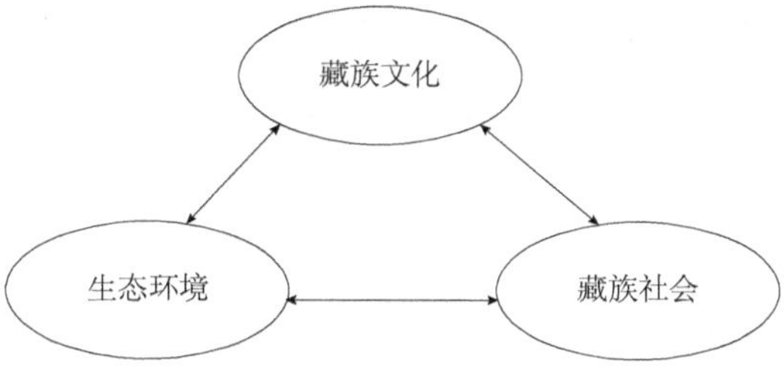

图 1　青藏高原系统

（一）青藏高原上的生态环境

青藏高原的地理构造使其成为一个独特的地理单元，也是一个特殊的生态系统，青藏高原的生态环境具有高原性、脆弱性和相关性三个明显的特点。

1. 高原性

青藏高原生态环境的高原性，是从地形角度所做的归纳，是相对于平原地形来说的。青藏高原总面积为267万平方公里，在我国境内的部分面积为240万平方公里，占我国陆地领土总面积的1/4。青藏高原平均海拔在4000米以上，是世界上海拔最高的高原，被称为“世界屋脊”，也被称为“世界第三极”[①]。

2. 脆弱性[②]

青藏高原生态环境的脆弱性，是就青藏高原生态环境受影响的程度和敏感性、恢复能力而言的，是相对于安全性来说的。青藏高原是世界上最年轻的高原，仍处于不断隆起中，地质构造活动活跃，处在生态系统的演替阶段，尚未达到稳定阶段，处在强烈变化中，对外界影响的感应十分敏感，易受到各种影响，且遭到破坏后恢复能力很弱。[③]

3. 相关性

青藏高原生态环境的相关性，是指青藏高原生态环境的影响范围。一方面，青藏高原地域覆盖范围广，西起帕米尔高原，北接昆仑山、阿尔金山和祁连山，南到喜马拉雅山，东至横断山脉，包括了西藏自治区、青海省、四川省西部、甘肃省西南部和新疆维吾尔自治区南部山地，以及周边许多国家等广大地域[④]；另一方面，青藏高原是东亚、东南亚和南亚各大河流的发源地，其中东流的有长江和黄河，南流的有澜沧江—湄公河、怒

① 中国百科大词典编撰委员会：《中国百科大辞典》，北京：中国大百科全书出版社，2000年，第4328页。

② 《环境科学大辞典》编辑委员会：《环境科学大辞典》，北京：中国环境科学出版社，1991年，第85页。

③ 《黄河文化百科全书》编纂委员会：《黄河文化百科全书》，成都：四川辞书出版社，2000年，第330页。

④ 戴均良，刘保全，邹逸麟，等：《中国古今地名大词典》（中），上海：上海辞书出版社，2010年，第1673页。

江—萨尔温江、雅鲁藏布江—布拉马普特拉河，西流的有狮泉河—印度河等。[①] 因此，青藏高原的地域覆盖范围与河流影响范围就决定了青藏高原生态环境的相关性特点。

（二）青藏高原上的藏族文化

青藏高原上以藏族文化为核心的少数民族文化构成了一个独立的文化系统，藏族文化具有宗教性、多元性和超世俗性等特点。

1. 宗教性

我们可以从两个角度认识青藏高原上藏族文化的宗教性。首先，从历时性的角度来说，藏族文化的发展史，在某种程度上可以被认为是宗教文化的发展史，也就是说宗教文化在藏族文化的发展过程中占了很大的比重[②]；其次，从共时性的角度来看，苯教文化和藏传佛教文化对藏族文化都产生了深刻影响，尤其是藏传佛教文化已经成为当今藏族文化的核心，并渗透在藏族文化的方方面面，如医学、绘画、建筑、服饰、歌舞等。

2. 多元性

藏族文化的多元性一方面体现在其文化的覆盖领域很广，不仅仅包括宗教领域，还包括语言、文学、绘画、雕塑、医药、天文历算、建筑、歌舞戏剧、服装、饮食、婚俗、岁时节庆、丧葬等许多方面；另一方面，藏族文化不仅受到周边汉族文化的影响，也受到羌族、苗族、彝族，以及基督教、天主教文化和伊斯兰教文化的影响，藏族文化本身也蕴含着藏传佛教、苯教、原始信仰、民间宗教等多种文化体系。

3. 超世俗性

藏族文化的超世俗性特点既对应于其文化中的超自然性[③]，也对应于其

---

① 张洪：《中学教师实用地理辞典》，北京：北京科学技术出版社，1989 年，第 233 页。
② 仁真洛色：《藏族文化发展概说》，《中国藏学》1992 年第 4 期，第 125-138 页。
③ 罗桑开珠：《藏族文化研究的理论与方法》，《中国藏学》2007 年第 1 期，第 82-86 页。

他民族文化的世俗性，这是就文化产生的目的而言的。藏族文化的超世俗性一方面体现在藏族文化中万物有灵和宗教信仰的观念占有很大比重；另一方面则体现在藏族核心文化的产生并不是为了世俗的目的创造的，而是为了神圣的信仰，是信众虔诚信仰的体现。此外，藏族核心文化的形式都与宗教有着千丝万缕的联系，甚至藏族文化发展史上的很多名人都是僧侣。藏族文化的超世俗性这一特点，是藏族文化宗教性特点的体现和延伸。

（三）青藏高原上的藏族社会

1. 居住的分散性

青藏高原河谷地区的居民以耕作农业为生产方式，居住较为集中，而草原地区以畜牧业为生产方式，房屋以帐篷和冬居为主，居住较为分散。[①] 农业地区占青藏高原的面积并不大，草原面积广大但被分割成多个小块。因此，就整个青藏高原来说，由于其地广人稀，人口较少，农田和草场分散，整体上青藏高原上的藏族群众居住很分散，村落与村落之间相距较远。[②]

2. 经济的宗教性

历史上寺院经济在藏族生活中占有重要地位，寺院既是贸易互市的中心，同时还控制着大量的土地、草场、森林等；即使是当今，藏族人民也把大部分的财产投入到宗教活动中，并且以子女入寺为僧为荣。[③]

3. 发展的滞后性

藏族社会长期处于发展滞后状态，中华人民共和国成立前西藏还处于农奴社会，中华人民共和国成立后西藏进入社会主义社会，但是由于其

---

① 张樱子：《藏族传统居住建筑气候适宜性研究》，西安：西安建筑科技大学硕士学位论文，2008 年。
② 才让：《青藏高原对藏族社会的影响》，《西北民族研究》1988 年第 2 期，第 211-216 页。
③ 尕藏加：《藏区宗教文化生态》，北京：社会科学文献出版社，2010 年，第 111 页。

所处地理区域、文化特点、生产生活方式的特点等原因，藏族地区与中东部的发展状况相比，处于十分滞后的状态。

（四）三个系统间的共生关系

1. 文化与生态的共生关系

青藏高原上的藏族文化与青藏高原生态环境存在一种共生关系，这种共生关系体现在以下两方面。首先，藏族文化中存在许多自然的印记。物质文化方面，绘画、服饰、建筑等都有许多高原特点；精神文化方面，藏族民众的神山圣湖崇拜、万物有灵观念等在他们的信仰体系中十分明显。其次，藏族文化中的生态伦理观念对青藏高原的生态环境起着客观的保护作用。①

2. 文化与社会的共生关系

青藏高原上的藏族文化与藏族社会之间存在共生关系。首先，藏族文化的宗教性决定了藏族社会经济的宗教性；其次，藏族文化的宗教性和超世俗性在某种程度上限制了藏族社会的发展，是导致其发展长期滞后的重要原因；最后，藏族社会的生产生活方式是藏族文化的重要经济基础，为藏族文化的发展提供着物质保障。

3. 生态与社会的共生关系

青藏高原的生态环境与藏族社会存在共生关系。首先，青藏高原的生态环境造成藏族社会居住的分散性；其次，青藏高原的生态环境塑造了藏族民众的生产生活方式②；最后，藏族民众的生产生活方式对于青藏高原

---

① 邹莉，谢宗强，欧晓昆：《云南省香格里拉大峡谷藏族神山在自然保护中的意义》，《生物多样性》2005 年第 1 期，第 51-57 页；向红梅，张劲峰，许慧敏，等：《香格里拉县藏族神山与非神山植被比较研究》，《西部林业科学》2008 年第 2 期，第 47-50 页；尕藏加：《万物有灵论与藏族人对森林树木的保护》，《西藏研究》1996 年第 2 期，第 57-59 页；洲塔：《崇山祭神——论藏族神山观念对生态保护的客观作用》，《甘肃社会科学》2010 年第 3 期，第 159-164 页。

② 才让：《青藏高原对藏族社会的影响》，《西北民族研究》1988 年第 2 期，第 211-216 页。

的生态环境有客观的保护作用，这在上文石硕先生的表述中已得到体现。

青藏高原的生态环境、藏族文化和藏族社会的关系，我们可以通过图 2 更加直观地说明和认识。

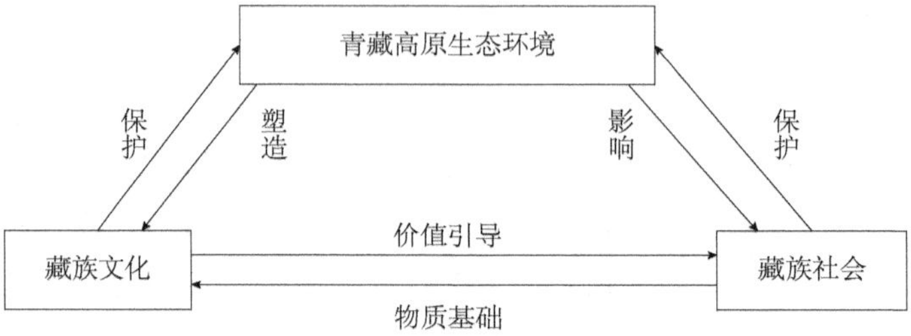

图 2　青藏高原生态、文化、社会共生关系

四、青藏高原的系统属性

由青藏高原的生态环境、藏族文化和藏族社会所构成的青藏高原系统，具有整体性、稳定性、开放性、突变性和稳定性的特点。

（一）青藏高原系统的整体性

由青藏高原的生态环境、藏族文化和藏族社会所构成的青藏高原系统是一个有机的整体，三者之间关系紧密，相互依存。这一整体性从上文对生态环境、藏族文化和藏族社会共生关系的分析中清晰可见。

（二）青藏高原系统的稳定性

青藏高原系统内部三个部分之间的紧密联系，使其成为一个自给自足的内部循环互动的系统，并且这一系统通过三个部分之间的互动形成了经济学上所讲的帕累托最优状态，在无外界干扰的情况下，这一系统是很稳定的。

（三）青藏高原系统的开放性

青藏高原系统作为一个整体的、稳定的系统，具有其开放性，这种开放性是由系统内部各部分的开放性导致的。从生态角度说，一方面，青藏高原作为“世界屋脊”，它的生态环境受到全球生态气候变化的影响；另一方面，作为三大河流的发源地，它的生态环境的变化对于河流中下游地区的社会有不可忽视的影响。这一点正是前文述及青藏高原生态环境的相关性特点所导致的。从发展的角度说，青藏高原以其地理位置、资源和生态等因素在国家西部大开发过程中具有战略意义和地位。从文化的角度说，一方面，藏族文化与青藏高原周边其他民族的文化存在互动与交融；另一方面，藏地的核心文化——藏传佛教在历史上与印度佛教和内地禅宗都有着密切的联系。因此，不论是这一系统内的生态系统、社会系统还是文化系统，都决定了这一系统的开放性。

（四）青藏高原系统的突变性

虽然青藏高原系统内部各部分的开放性导致了整个系统的开放性，但是就整个青藏高原系统来说，它还是一个相对封闭的系统，或者说青藏高原系统的开放性是有限的开放性。而它的封闭则在于无法与它东部的由汉文化、平原和农业构成的平原经济文化系统进行充分的交流。从这个意义上说，时下国家实施的生态保护区建设和生态移民措施就是用外部力量打破这一系统，从而再重塑一个新的系统。而这一系统重塑的过程中就必然会破坏原有系统所形成的帕累托最优状态，打破三个子系统之间的相互依赖关系，对整个青藏高原系统造成重大影响（图3）。

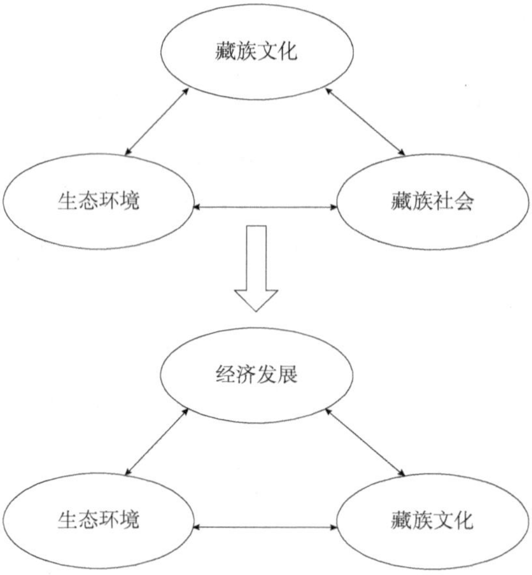

图3　青藏高原系统转变

（五）青藏高原系统的层次性

青藏高原系统中的藏族文化、生态环境和藏族社会这三个系统是有层次的。藏族文化中，苯教把世界分为三个部分，即天、地、地下，在苯教的三界宇宙观中，把整个宇宙结构分为神界、年界、龙界三层。天上的神称为“赞”，地上的神称为“年”，地下的神称为“龙”。天界又可分为十三层，每一层都居住着不同种类和层次的神灵，他们靠天梯（木神之绳）下凡和升天，七赤天王正是从天界下凡来救度人类的。不同的神灵按照其性质和类别居住在神界不同的空间或层次中，神山则把神界、年界和人间联结在了一起，是天地的汇合点。笔者认为，藏族文化在整个青藏高原系统中起着价值引导的作用，而生态环境是藏族形成的共同地域基础，这三个层次就像苯教的宇宙观一样建构起整个青藏高原系统。并且，如果人类生存意义的本质是对真、善、美的追求，那么“真”则更多地蕴含在人类的文化系统中；“善”是对于良好社会秩序的期望；“美”，狭义的理解就是对美好生存环境的追求。据此，宗教的宇宙观、青藏高原系统和哲学的本质则是统一的。如果我们遵循柏拉图所说的“善是对于秩序的追求，而恶是次序的颠覆”这一理念的话，那我们在面对青藏高原上出现的问题时，就要重视这一层次性，如图 4 所示。

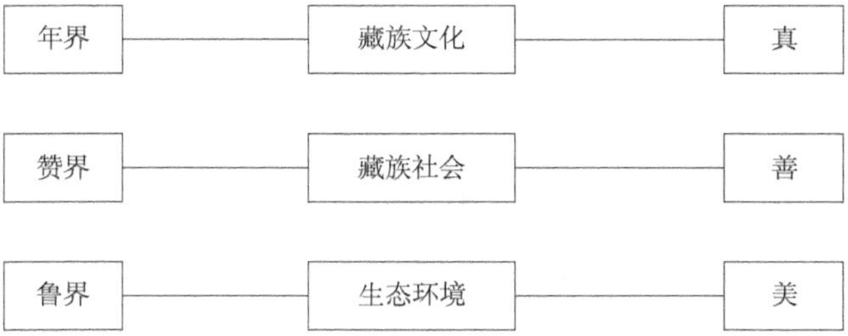

图 4　宗教宇宙观、青藏高原系统和哲学本质的统一

五、结语

通过以上对青藏高原系统的分析，我们就可以利用这种分析架构更加清楚地认识在开发青藏高原时出现的诸多问题。在青藏高原上，生态环境、藏族文化和藏族社会是有机结合在一起的。当政府采取措施改变青藏高原社会结构时，如果文化不能及时地跟进，使得文化和社会的发展脱节，从而使社会的发展没有了文化的束缚和支撑，或者减弱了文化的社会功能，就会产生众多的社会问题。而通过生态移民工程，牧民定居下来集中安置之后，生产生活方式的转变会造成牧民及其牲畜产生完全不同于以往的疾病和身体状况。由于青藏高原上的牧民长期所处的特殊环境和生活方式，已经塑造出了他们应对此环境的生理构造，一旦这种居住环境改变，对牧民的健康状况，以及他们的牲畜的状况都会产生不利影响。[①] 这一问题在东北的鄂伦春族中就曾出现过。

此外，藏族作为山地民族具有的一些不同于南方山地民族的特点，可以为山地民族学的研究提供借鉴之处。青藏高原上的藏族作为山地民族，具有与南方山地民族完全不同的特点。对于南方山地民族来说，经济发展或者说解决山地民族的贫困滞后状态，帮他们加快现代化的步伐是山地民族学研究的重点。相比之下，对于青藏高原上的藏族来说，由于生态

① 张樱子：《藏族传统居住建筑气候适宜性研究》，西安：西安建筑科技大学硕士学位论文，2008 年。

环境、文化与社会之间的密切联系，只着重于对其经济发展的研究容易产生各种生态、文化和社会问题，因此，研究者要更加重视对于整个青藏高原系统的动态把握，要能够从系统均衡和不同系统间交融的角度多维度透视藏民族发展问题。

甘南牧区藏族生态移民社会融入问题解析[①]

甘南牧区雄踞于青藏高原东北部的甘南高原，地处长江、黄河上游，是青藏高原“中华水塔”的重要涵养地，包括甘南藏族自治州的碌曲、玛曲、夏河、合作4个纯牧区县和卓尼、迭部2个半牧区县，属于典型的高寒牧区。2010年，甘南藏族自治州总人口72．35万人，包括藏族、汉族、回族、土族、撒拉族、满族等24个民族，其中藏族人口占人口总数的54.0%，是以藏族为主的少数民族居住区。[②]然而，随着牧区人口急剧增加及对畜产品需求的不断扩大，草地生态系统遭到掠夺性破坏，草地大面积退化，草场生产能力下降，水源涵养功能锐减。甘南牧区贫困人口占到牧民人口的84.7%，环境恶化和贫困是甘南牧区亟待解决的问题。2007年底，国家发展和改革委员会批准了《甘南黄河重要水源补给生态功能区生态保护与建设规划》（以下简称《规划》），对甘南黄河重要水源补给生态功能区实施全面的生态保护与建设，其中最重要的工作之一就是实施生态移民、游牧民定居工程。甘南牧区53万农牧人口中以牧业为主的人口有28.7万，占农牧业总人口的一半还多。《规划》确定将安置游牧民14 524户73 708人。[③]截至2009年，生态移民规模达到4171户21 274人，

① 本文发表于《教育文化论坛》2014年第5期。

② 王生，荣李巍：《制度创新视角下的少数民族生态脆弱区城镇化问题研究——以甘南藏族自治州为例》，《生态经济》2014年第3期，第41-45页。

③ 甘南藏族自治州人民政府网站，http：//www.gn.gansu.gov.cn/。

生态移民工程总投资达到2亿元。2012年底，甘南牧区尚有3000多户1.9万名牧民未实现定居。[①]经济发展还是主要依托资源禀赋，但生态环境的脆弱和出现的恶化趋势，使得民生问题、生态问题与民族问题交织叠加。[②]

近几年来，由于国家的大力支持，甘南牧区生态移民工作取得了长足的进步，不仅使移民的数量增多，而且迁出地生态的恢复、移民的就业、生态移民定居建设等方面都有了良好的发展。但在强调经济改善、基础设施完善的同时，从牧区迁出的生态移民在面对定居及城镇化过程中表现出的不适应也日渐显现。一些伴随着生态移民工程产生的生产方式、生活方式、思想观念、宗教信仰方面的变化，使生态移民融入迁入地生活的节奏缓慢。尤其是生态移民作为相对弱势群体，在与当地已有群体相处过程中出现的一系列问题值得我们关注和思考。

一、生态移民社会融入之困境

1. 生产方式转变中出现的问题

甘南牧区的生态移民是以禁牧育草为前提的，按照生态移民工程建设内容的要求，项目实施区的牧民变卖了牲畜，离开了世代居住的草场，来到政府为他们修建的新居点，过上了一种全新的生活，这就意味着他们脱离了世代相传的高原畜牧业生产，原来的生产方式在生态移民迁入地已不复存在，成为历史。从牧业到农业的转变是较为艰难的。一些生态移民变卖了自己的牛羊，拿起以前从来没用过的农具进行农事劳动。过去牧民家庭中劳动的分工是男人负责放牧、剪羊毛、宰牲畜、建围栏，女人负责挤奶、拾牛粪、做酸奶，所有的工作都围绕牛羊展开。如今，以放牧牛羊为主的牧业变成了以种植农作物为主兼及商业的生计方式，一切生产技能都要从头学起，这对早已习惯牧业生产方式的牧民而言无疑是困难重重。

① 王文浩：《甘肃省甘南州：保护修复生态系统稳步推进牧民定居》，《城乡建设》2009年第6期，第52-54页。

② 徐宁，赵金锁：《西部民族地区限制开发区经济、发展方式形成机理分析》，《贵州大学学报》（社会科学版）2014年第4期，第34-38页。

一方面，它必然会带来资源的浪费和不合理使用；另一方面，一些生态移民会产生文化震荡、文化断裂，在生计方式的选择上出现偏差。根据张家骝在玛曲县的调查，当问及“您当前家中最大的困难是什么”时，96%的牧民认为是“经济困难”,4%的牧民认为“生活不适应”①。可见，由生产方式转变带来的无法就业的现象和由此产生的经济困难仍是生态移民面临的主要问题。这些现实问题无疑会拉大生态移民与迁入地原有居民生产效率、生产效果及生活水平的差距，不利于生态移民自身的生存和长远发展，而且给生态移民与迁入地原有居民的交往带来障碍，更不利于甘南牧区生态移民工程目标的实现和移民工程整体的顺利实施。

2. 生活方式转变中出现的问题

生活方式是指在一定生产方式、政治制度、生活价值观念等各种主客观条件制约下，形成的人们创造和享用物质、精神财富及处理一切生活关系的活动形式与行为习惯的总和。生活方式是一个内涵十分广泛的复杂综合概念，有广义和狭义之分。狭义上，它指人们衣、食、住、行、休息、娱乐等日常生活方式。广义上，除上述日常生活方式外，它还包括劳动生活方式、精神文化生活方式等。②在此，我们主要从狭义上讨论、了解藏族生态移民生活方式的转变及遭遇的问题。首先，生态移民迁居城镇后，饮食习惯发生了巨大变化。搬迁之前牧民都过着自给自足的生活，日常的饮食主要是牛羊肉、酥油茶、酸奶；搬迁之后，自家的牛羊卖了，却需要花费比卖出牛羊价格更多的钱去买肉吃，酸奶、酥油茶也被茶水和白开水取代。许多藏族家庭仍会坚持每餐食用肉类的习惯，那么日常开支就会增加，如果收入得不到相应的提高，家庭负担势必与日俱增，生活水平较难提高。其次，搬迁到城镇后，受城市生活的影响，过去穿藏袍、藏靴的藏族人尤其是年轻人，纷纷改穿西装、运动鞋。住所从过去自家制作的可随时搬运的牛毛帐篷变成了砖混、固定的定居院落。这些生态移民似乎

① 张家骝：《甘南藏族牧民定居问题调查研究》，兰州：西北民族大学硕士学位论文，2012年。

② 中国大百科全书社会学卷编写组：《中国大百科全书·社会学卷》，北京：中国大百科全书出版社，2001年，第369页。

以一种情愿的或不情愿的方式变成了“现代人”。最后，藏族是全民信教的少数民族，崇拜神山圣湖的宗教观念和重视藏族寺院的思想已深入到每一个藏族民众心中。生态移民工程大多是把生态移民迁移到较搬迁之前距离寺院更远的地区，这对于藏族民众来说无疑是生活方式的一大改变。与自己“精神家园”空间距离的拉大，使一些生态移民去寺院和转山、转湖的成本增加，也导致一部分年龄稍大的藏族人无法进行这些宗教活动。另外，年轻人尤其是第二代移民，更多地接受了现代的生活方式，又因为这种距离感的增加，他们的生活已不单单围绕世代相传的宗教而展开。这就使得年老的生态移民对于他们的这种“不重视传统”产生不满情绪，代际的传承和交流出现问题。

3. 思想观念转变中出现的问题

人们的生产活动及居住环境与生产、生活观念有着密切的关系，可以说生产、生活方式决定了生产、生活观念。甘南牧区生态移民工程不仅改变了生态移民的生产、生活方式，还进一步改变了他们的思想观念。作为人类的一种重要思维定式的观念，是个人在判断分析问题的过程中逐渐形成的，生存观念、价值观念、道德观念、伦理观念、功利观念等都是观念的具体形态。[①] 甘南牧区藏族生态移民从自给自足的牧业生活转变到截然不同的市场经济生活，在生产方式和生活方式上发生了巨大变化。这些转变与现代各种新型的思想观念共同深刻改变并影响着他们的思想观念。生态移民迁居城镇后，一时找不到好的就业方式，较多的空闲时间和微薄的收入，致使部分藏族移民抛却了原本优秀的传统观念，在利益的驱使下，出现了一些不良行为，给社会带来危害。一项对甘南牧区 65 户藏族牧民定居意愿的调查显示，58.5% 的牧民把“享受政府补贴”作为其集中定居的好处，而 83.1% 的牧民认为“缺乏文化技术”是其集中定居的障碍，78.5% 的牧民觉得“缺乏就业门路”是他们定居中的问题。[②] 当地政府实

---

① 马伟华：《生态移民与文化调适：西北回族地区吊庄移民的社会文化适应研究》，北京：民族出版社，2009 年，第 120 页。

② 高永久，邓艾：《藏族游牧民定居与新牧区建设——甘南藏族自治州调查报告》，《民族研究》2007 年第 5 期，第 28-37 页。

施的生态移民补贴和低保等政策，本来是为了更好地促进民众就业和个人发展的举措，但是无法就业和较低的文化水平带来的生活困境却使一些生态移民产生消极的生活态度，过度依赖政府的补贴，“等、靠、要”的观念开始滋生。此外，文化传承与保护问题、学龄儿童入学入托问题、同当地其他民族文化的调适与互动等问题，都或多或少对搬迁后移民的思想观念产生着冲击和影响。

二、生态移民社会融入问题之解析

在生态移民工程如火如荼进行的过程中，生态移民各方面发生的转变和由此带来的问题也不同程度地暴露出来，上述问题的出现，一方面为生态移民工程的后续实施提供了现实参考和实践经验；另一方面也印证了民族社会学范畴内社会融合理论等相关理论的科学性。社会融合理论为解释和分析生态移民在群体和个人两个层面试图融入当地社会时出现的问题提供了理论依据，并且为此提出了值得借鉴的合理化建议和可供选择的有效解决途径。

1. 从社会融合理论看生态移民社会融入出现的问题

社会融合是指具有不同性质的人、集团或民族接触以后合成新的文化单位的过程，是在不知不觉的过程中进行的一种潜移默化的过程。目前较通行的解说是：“所谓社会融合，是指新移民在居住、就业、价值观和生活方式等各个方面融入城市生活的过程，这个过程的进展程度可以用新移民与城市居民的同质化水平来衡量，城市居民和新移民将在共变中趋向接近并最终融为一体。”① 作为一个社会政策概念，社会融合起源于欧洲学者对社会排斥的研究。由于被社会排斥的群体通常是脆弱群体，又往往处于社会的最底层，而且社会排斥常常表现为不同阶层之间的排斥与疏离，以及存在于人与人之间、群体与群体之间的社会距离，因此，脆弱群体理论、社会分层理论、社会距离理论和社会排斥理论分别从不同角度为社会

① 童星：《交往、适应与融合》，北京：社会科学文献出版社，2010年，第197页。

融合提供了理论依据。[①]社会融合主要关注的是由原来的生存环境搬迁到另一个生存环境后，移民群体由于自身障碍或适应能力跟不上环境的变化节奏而出现的在现有经济和社会生活中缺少应对变化的能力和群体的竞争能力。他们在新的环境下属于弱势的一方，在其自身发展及与其他群体交往过程中表现出一定的脆弱性，但这种脆弱不是要被淘汰和排斥的，相反人们应当尊重和保护脆弱群体。社会融入于此，更强调缩小移民差距，为移民增权和鼓励移民和弱势群体的社会参与。[②]

从群体层面看，藏族生态移民作为当地人眼中的外来人口，难免会受到迁入地原有居民一定程度的排斥。在经济方面，较长的一段时期内生态移民大多滞后于迁入地原有居民，加之民族身份、生活方式、文化差异的影响，使得迁入地原有居民面对生态移民时对自我群体认同感与日俱增，一些受功利思想影响的迁入地原有居民对生态移民产生了疏离，认为他们“没文化”，是“穷人”，抑或是“暴发户”。从个体层面看，生态移民的交往也大多限于移民群体内部。根据桑才让关于“你亲密的朋友中迁入区和迁出区所占比例”这一问题的调查结果，100%的迁入城市的生态移民、90%迁入州县府所在地城镇的生态移民、80%迁入乡镇所在地的生态移民的回答是“原住地和本社区内的本民族”，在被问及“你是否经常参加其他族群成员组织的私人聚会时”，100%迁入城市的生态移民、90%迁入州县府所在地城镇的生态移民、80%迁入乡镇所在地的生态移民的回答是“不经常参加”[③]。可见，作为脆弱群体的生态移民一旦得不到迁入地原有居民群体的理解和接纳，那么藏族同胞不但会被排除出城镇的日常活动和公共事务，作为个体的藏族和汉族之间的交往也会出现不和谐的现象。在某种程度上，这可以解释生态移民用打麻将、玩电脑、打台球等来消磨时间，而不能很好地参与当地公共活动的现象。从社会融合理论看，笔者认为，脆弱群体社会融入的困境一部分来自迁入地原有居民群体的区别对待，这种情况下社会融合理论强调对脆弱群体的保护和支持，在经济

---

① 黄匡时，嘎日达：《社会融合理论研究综述》，《新视野》2010年第6期，第86-88页。

② 李吉和，常岚：《穆斯林流动人口城市融入研究文献综述》，《中南民族大学学报》（人文社会科学版）2014年第1期，第33-39页。

③ 桑才让：《对三江源生态移民文化适应性问题的调查与思考》，《攀登》2011年第6期，第15-20页。

发展和社会保障上给予生态移民大量便利和帮助，不仅要从物质上支持生态移民，更要让生态移民享受到社会各方面的精神关怀。另外，脆弱群体是社会为了平稳运行而作出的社会安排，社会融合理论则强调脆弱群体本身在困境之下需要发挥自主能力，在一定的引导下完成自身潜力的挖掘，在自我发展的同时带动身边包括迁入地原有居民在内的社区居民共同完成致富的目标。藏族在畜牧养殖和培育方面有着优秀的传统和丰富的经验，生态移民应当发挥这一优势参与到当地养殖场的生产经营和管理之中，这样不仅可实现自我价值而且也会为当地经济发展做出重要贡献。

2. 从社会距离理论看生态移民社会融入出现的问题

社会融合理论的另一理论基础是社会距离理论。目前学界普遍使用的"社会距离"概念主要来源于加布里尔•塔德(Gabriel Tarde)。塔德在《模仿的规律》(*The Laws of Imitation*)一书中首创了"社会距离"概念，并将其用于表征阶级差异。美国芝加哥学派的罗伯特•帕克(Robert Park)则发展了这一概念。帕克认为："社会距离描述的是一种思想状态，是人们准备与他人在他们的关系中建立亲密关系的程度，是存在于个人与集团之间的亲近程度。"[①]"社会距离量表"是用来测量、比较不同的被试者对同一群体的社会距离的大小，也可以比较同一被试者对不同群体的社会距离的大小。社会距离的大小反映了两个群体之间或两个人之间，以及群体和个人之间的亲疏程度。社会距离理论在应用中往往是和社会分层的理论相结合的：处于不同社会阶层的群体，社会距离都会比较大，群体间会比较疏远；处于相同社会阶层的群体，社会距离比较小，群体间往往比较亲密。作为迁入者的生态移民在迁入城镇后由于职业、财富、声望方面与迁入地原有居民的差距，他们处于不同的层级，他们之间的社会距离较大。加之，一方面，生态移民群体与迁入地原有居民群体在交往中出现文化震荡和文化差异，从而产生一定的自卑、孤独心理，多数生态移民不敢、不愿与当地人交流、合作；另一方面，迁入地原有居民群体对生态移民群体不认同和排斥。这样，群体间的社会距离被不知不觉地拉大，如果是在汉

① Park R E. Race and Culture. Glencoe：The Free Press，1950，p. 257.

藏混居的生态移民社区，本来就缺乏了解的双方愈发疏远，藏族人和汉族人之间的交往也少之又少，汉族人不愿帮助藏族人在本地落脚，藏族人不愿在遇到困难时向汉族人求助，致使本来就很难适应当地生产、生活方式的生态移民在生存和发展方面遇到更大的难题。面对困境，一些生态移民产生“返回牧区”的想法，个别生态移民勉强立足城镇，而另一些生态移民则有消极心理，比较依赖于政府的补助，以维持生计。

值得重视的是，社会距离过大的直接后果是分属各群体的个人相互不理解乃至群体间出现歧视甚至冲突。20世纪美国社会对黑人的歧视成为整个美国面临的严重社会问题，就是最好的例证。社会距离理论的意义在于出现社会距离被拉大的情况下，及时制止社会距离的进一步扩大，并采取措施从两个群体间经济、心理等方面缩小这一差距。在笔者看来，社会距离理论在分析群体间关系方面可给予生态移民工程很好的理论借鉴，对于迁入地原有居民群体和生态移民群体间社会距离的扩大，应当从政府、社会团体等各个方面为这两个群体搭建缩短距离的“桥梁”。首先，政府应在群众间宣传互帮互助的邻里观念，积极推动社区间和社区内部的公共事务和公共活动，一定程度上淡化由民族身份产生的群体意识，增进生态移民群体与迁入地原有居民群体的相互理解，拉近他们的心理距离。其次，在生态移民定居安置上，应更倾向于把生态移民定居在迁入地原有居民社区中，或在迁入地原有居民社区周围设立生态移民社区。这样一种空间距离的拉近会带来迁入地原有居民群体和生态移民群体间更多的互动和交流，由此社会距离也会相应地缩小。但是由于测量手段、问卷调查、操作化方面的原因，对于社会距离的测量在现今仍具有很大的难度和挑战性，国内对于社会距离测量的研究也不完全成熟，相信今后对于生态移民与迁入地原有居民间社会距离的研究会有更大的发展。

三、结语

关于生态移民社会融入问题的解决，在经济生活方面，政府需要占据主导地位，积极引导生态移民培养个人的职业技能，竭力帮助生态移民完成就业，大力扶持生态移民集体和个人的创业项目。政府还要加大城镇基础设施建设，一方面创造就业机会；另一方面改善居民生活环境，使生态移民在生产、生活方式上更好地融入当地新的生活环境。在社会生活方面，要以社会民间团体为主、政府机构为辅，大力开展志愿者服务活动，发动社会工作者对包括藏族居民在内的所有困难群众给予帮助，最重要的是给予精神和心理关怀，深入居民家中进行心理疏导的同时传播积极的生活态度，让汉族和藏族居民一起参加社区活动，促进汉藏群众间的相互理解和信任。除此之外，政府应给予生态移民宗教文化事业大力支持，政府工作人员要通过学习认识到藏传佛教宣扬的“慈悲”“放生”“平等”的思想能与生态移民工程中的“生态观”“环境保护”等思想很好地契合，且发扬这种思想是有利于指导社会整体的生态改造和环保事业的发展。转变过去不主动接触宗教，对宗教敬而远之的态度。在这种思想的转变下，宗教文化事业就能得到全面的支持和推动。对此，我们提出几点具体建议。首先，在生态移民过重大民族节日时，政府公告栏可以宣传这一节日，让当地各族群众都了解藏族的这一节日；政府也可以把慰问生态移民困难群众的工作放在节日进行，一方面体现政府的关怀和对宗教节日的重视，另一方面在节日的良好气氛中促进政府和群众关系更加融洽。其次，对于藏传佛教寺院的修缮和兴建，政府也应在资金和建造技术方面给予支持和帮助。一方面，它对文化遗产的保护做出了重要贡献，而且兴建的藏传佛教寺院传播了宗教思想，能够增强其他民族对于藏族同胞和其宗教信仰的进一步了解，进而促进民族文化交流，巩固民族团结，维护社会稳定。另一方面，它能解决一些生态移民搬迁后宗教生活上的不适应，守护了藏族同胞世代相传的精神家园。

甘南藏族自治州生态移民问题反思[①]

一、甘南州草地资源及生态移民现状

（一）甘南州草地资源现状

甘南藏族自治州[②]位于甘肃省西南部，东与定西、陇南地区毗连，南与四川省阿坝藏族自治州相邻，西与青海省黄南藏族自治州、果洛藏族自治州相接，北连临夏回族自治州，包括夏河、碌曲、玛曲、迭部、舟曲、卓尼、临潭和合作（市）等 7 县 1 市，其中，碌曲、玛曲、夏河、合作 4 个纯牧区县和卓尼、迭部 2 个半牧区县属于甘南牧区。甘南牧区是全国六大草原牧区中的甘肃牧区（包括甘南牧区和河西牧区）的一部分[③]，位于青藏高原东北部的甘南高原，地处长江、黄河上游，是青藏高原“中华水塔”的重要涵养地，属于典型的高寒牧区。2010 年甘南州总人口为 72.35 万人，包括藏族、汉族、回族、土族、撒拉族、满族等 24 个民族，其中藏族人口占人口总数的 54.0%，是以藏族为主的少数民族居住区。[④]根据藏族传

---

① 本文发表于《喀什师范学院院报》2014 年第 5 期。

② 甘南藏族自治州，为便于行文，以下简称甘南州。

③ 高永久，邓艾：《藏族游牧民定居与新牧区建设——甘南藏族自治州调查报告》，《民族研究》2007 年第 5 期，第 28-37 页；李静：《西部草原牧区游牧民定居问题研究综述》，《内蒙古民族大学学报》（社会科学版）2011 年第 3 期，第 7-10 页。

④ 王生荣，李巍：《制度创新视角下的少数民族生态脆弱区城镇化问题研究——以甘南藏族自治州为例》，《生态经济》2014 年第 3 期，第 42-45 页。

统地理区域划分观念，甘南藏区属于安多藏区，其游牧经济状况和文化特征与青海、四川、藏北的牧区有着很大的同质性。

草地畜牧业是甘南州的优势主导产业，畜牧业产值占全州农业总产值的62%。全州辖碌曲、玛曲、夏河、临潭、卓尼、迭部、舟曲、合作7县1市，总面积450×10^4公顷。草地面积为272.3×10^4公顷，占土地总面积的60.5%，其中可利用草场256.5×10^4公顷，占草场总面积的94.2%；草场类型以亚高山草甸为主，占草地面积的52%。据统计，甘南牧区近90%的天然草地出现不同程度的退化。玛曲黄河沿岸沙化草地面积持续增加达5.3×10^4公顷，鼠虫活动频繁，危害面积达128.7×10^4公顷，占天然草场面积的47%。①

（二）甘南州生态移民现状

生态移民是一个复杂的概念和政策，已经有很多学者对此进行过专门的研究和著述，本文不再赘述。需要指出的是，生态移民这一宏观的概念，涉及很多具体的政策措施，而这些措施不论从目的上还是从效果上分析，都具有多重属性。甘南州的扶贫开发工程、城镇化建设、游牧民定居工程和移民工程等措施，都带有生态保护的性质，尤其是在20世纪80年代以后更加显现出来。基于此，本文都将其纳入生态移民这一范畴，将这些措施视为生态移民政策下具体的分支性的政策。

由于环境和生产方式的限制，甘南牧区藏族牧民大多处于贫困边缘，为了解决这一现实问题，自2003年起，国家逐年下达甘南州异地扶贫搬迁专项资金，用于现代化定居点的建设。与此同时，甘南州黄河上游生态保护与建设项目所投资金13.78亿元也已基本落实到位，先后有17 238户近9.5万人通过搬迁，解决了温饱。2012年，国家“十二五”扶贫工作开发规划中已明确将甘南州列入秦巴山区国家连片特困地区范围，甘南州扶

① 尚小生：《甘南州草产业发展现状及前景分析》，《畜牧兽医杂志》2013年第6期，第31-38页；陈强强，孙小花：《基于ImPACT等式的人类活动对草原环境的影响——以甘南州草原牧区为例》，《干旱地区农业研究》2010年第1期，第168-174页；周九菊：《甘南高寒草原面临的问题及对策》，《畜牧兽医杂志》2012年第6期，第45-47页。

贫开发工作迎来了新一轮的机遇。《甘肃省甘南藏族自治州“十二五”扶贫开发规划》坚持以人为本，深入贯彻落实科学发展观，明确要求甘南州将扶贫开发与游牧民定居工程相结合，下大力气改善牧区牧民群众生产生活条件，从加大交通、水电、通信等基础设施投资入手，逐步引导游牧民定居。2012年，甘南州总计投入4500余万元，在全州8个县市开展整乡推进试点建设，预计未来还将继续投入扶贫资金7500余万元，在全州65个村实施整村推进项目。①

在这一过程中，政府承担定居点大部分投资，牧民自筹一部分住宅投资，本着“政府统一规划，牧民自愿搬迁”的原则，引导游牧民定居。定居地点主要选择在乡镇、县城或州府所在地的附近，这与城镇化建设、移民安置等是结合在一起的，很难区别开来。甘南州现有的定居模式主要有三种：在已有一定定居基础且草地退化严重的纯牧区和部分半农半牧区（如玛曲县实施的牧民康居示范园区建设），采用完全定居模型；对于习惯于游牧，且草地退化对经济收益影响尚且有限的牧民实行半定居模式，这一模式是现阶段甘南游牧人口定居的主导模式；在甘南的半农半牧区、农业区和林业区，农业均有一定程度的发展，尤其是在可利用草地面积较少的临潭和舟曲发展农业具有有利条件，采用混合定居模式，引导牧民向草原生态系统以外转移。② 贺卫光通过调查，将甘肃牧区归纳为城镇定居、乡村定居和牧场分散定居三种模式。③ 王生荣认为现阶段甘南州定居工程存在困境，主要表现在定居点入住率不高，“空壳化”现象严重，劳动力转移困难及社会保障制度滞后。高新才和王娟娟认为牧民定居点的执行力不足导致资金短缺，安置点勘察不详细，选点短视，规划不科学，有的甚至引起新的生态问题。④ 刘红经过实地调查后，认为生态移民的现有补偿机制存在问题，表现在补偿内容设置不全面，补偿标准偏低，补偿方式

① 张家骝：《甘南藏族牧区定居问题调查研究》，兰州：西北民族大学硕士学位论文，2013年。

② 高新才，王娟娟：《游牧人口定居的模式选择——以甘南牧区为例》，《经济经纬》2008年第5期，第50-53页。

③ 贺卫光：《甘肃牧区牧民定居与草原生态环境保护》，《西北民族大学学报》（哲学社会科学版）2003年第5期，第45-50页。

④ 高新才，王娟娟：《生态经济视阈下的游牧人口定居研究——以甘南牧区为例》，《北方民族大学学报》（哲学社会科学版）2009年第1期，第64-68页。

不合理。[①] 总之，甘南州生态移民的政策和生态移民的现实状况之间存在差异。

二、甘南州藏族生态移民搬迁后的特点

（一）社会组织形态发生变化

藏族部落是指藏族农牧民之间用来相互区分身份的有一定血缘关系的地缘组织。[②] 甘南牧区牧民从历史到现今一直过着靠天放牧、逐水草而居、随季节迁徙的游牧式的生活方式。因此，草地的大小、草场质量的高低、牲畜的多寡及优劣和人口的多少，对于牧民的生活质量都至关重要。但是，严酷的自然环境，使得以个人和单个家庭为单位的生计方式受到限制而不得不根据地缘或血缘结成联盟以更好地生存，于是部落成为最主要的社会组织形态。中华人民共和国成立以来的人民公社制度和乡村级的政权组织形式对部落这一组织形态造成强大的冲击，使其几近消亡，而草场制度改革又使得这种部落意识有所恢复。[③] 生态移民政策的实施势必再一次打破游牧民原有的组织形态，迫使其加入并适应新的社会组织形式。一方面，基于原有组织形式（牧委会、牧民小组或者残存的部落、血缘联系）的社会认同遭到破坏，社会团结被迫瓦解，牧民须重新建立认同以寻求社会组织上的归属；另一方面，新的社会组织形式（村民委员会、居民委员会等）有利于牧民融入现代社会并培养公民意识，打破原有的社会阶层限制，使得所有人都有平等的向上流动的机会。

（二）生产生活方式发生变化

一是天然放牧到舍饲饲养的转变。甘南牧区藏族游牧民搬迁前以畜

① 刘红：《三江源生态移民补偿机制与政策研究》，《中南民族大学学报》（人文社会科学版）2013 年第 6 期，第 101-105 页。

② 李玉琴：《人神共场：神山崇拜的界域与认同——对安多藏区山神信仰的特质与意义的考察》，《青海社会科学》2013 年第 4 期，第 177-183 页。

③ 杨虎得：《论部落意识对青海藏族聚居区社会的影响》，《青海民族大学学报》（社会科学版）2013 年第 3 期，第 143-146 页。

牧业为主的生产方式，是建立在天然放牧、粗放经营的基础上的，技术含量不高，对自然环境的依赖性很强，移民后的畜牧业养殖逐渐转变成舍饲饲养，对牧民的知识层次、技术水平等各方面都有较高要求。

二是收入获取方式发生转变。搬迁前牧民通过自家的牛羊获得肉、奶、兽皮等产品，基本能够满足生活所需，甚至不需要货币形式的经济收益，搬迁后或者半农半牧或者定居城镇，对于货币形式的经济收益需求很大，除了出售牛羊肉、奶、皮等产品外，很多牧民外出打工以增加收入。

三是衣食住行发生变化。搬迁前牧民逐水草而居，居无定所，搬迁后则居住在固定的村镇；搬迁使牧民之前以牛羊肉为主的肉食饮食结构向着更加多样化的方式转变；搬迁后的牧民出于各种原因在穿着上日渐发生改变；原来以马为主的交通工具逐渐被摩托车、汽车等代替。

（三）文化模式发生变化

文化模式是指各民族或国家所具有的独特的文化体系，它是由各种文化特质有机结合而构成的一个有特色的文化体系。① 甘南藏区牧民生态移民将使原有藏族以追求宗教信仰为导向的文化模式向以追求经济效益和生活质量为导向的消费型文化模式转变，而这一转变势必造成多方面的变化。首先，牧民为了更好地生存与发展，必须作出诸多改变以适应新的生产生活环境，这些改变首先发生在文化的表层，如饮食、着装、建筑样式、交通方式等方面。其次，与表层文化的改变相伴随深层文化发生了变革，或者说表层文化的改变加剧深层文化的变革，如语言、教育方式、男女地位、宗教信仰、婚丧嫁娶观念、家庭财产的继承方式和观念、人与人之间的关系、人与自然之间的关系、知识的传承方式等。尤其是城市文化的渗透性很强，而这种渗透性在年轻一代身上会更加显著，代际不同的文化认同会加剧原有文化的变革，甚至为了更好地生存，原有文化模式会主动作出一些改变以适应新的环境。当然，文化的适应可能要比其他方面需要更长的时间，在适应过程

① 荀明俐：《文化模式理论的解释力研究——读本尼迪克特的文化模式》，《学术交流》2008 年第 9 期，第 178-180 页。

中，也将会出现各种冲突、融合，以及诸多难以预料的新问题。

三、对藏族生态移民的几点思考

基于以上关于甘南州草地资源和生态移民现状，以及产生的变化特点的分析，笔者尝试从人类学的角度对甘南州生态移民进行思考，探究生态移民背后所隐藏的矛盾和问题。

（一）值得反复思考的生态移民

生态移民这一概念起源于20世纪美国科学家理查德·考尔斯（Richard Cowles）将群落迁移的概念导入生态学。之后国际社会相继出现了生态环境保护和可持续发展的理论与实践，我国则是从20世纪80年代开始研究、实践这些理论，并且这些理论成为政府确定发展战略和决策的指导思想，于是出现了生态移民，并首先在宁夏施行，从而推广到整个西部地区。① 但是生态移民在西北地区最初并不是用于治理环境破坏问题，而是用于扶贫开发，环境保护只是作为扶贫的副产品出现的。宁夏地区应用这一策略，产生了吊庄移民、红寺堡移民等典型生态移民区。但是，这些生态移民的例子大多属于农区范围内的，生态移民策略对于牧区的适用性还有待研究。从历史上看，“自新中国成立以来，甘南州牧区牧民先后经历了部落游牧生活、村落集中定居生活、牧场分散游牧生活阶段，现在向城镇化集中定居的生活方式的转变”②。而不论是人民公社制度、家庭联产承包责任制还是现在的生态移民政策，都是基于对农区的适用性而扩展或套用到牧区的，政策的嬗变对牧区各方面造成了很多不可挽回的影响，甚至草原生态环境恶化与此也脱离不了关系。③ 而此时在牧区进行生态移民则更像是对之前政策造成的损失的补救，充

---

① 梁福庆：《中国生态移民研究》，《三峡大学学报》（人文社会科学版）2011年第4期，第11-15页。

② 高永久，邓艾：《藏族游牧民定居与新牧区建设——甘南藏族自治州调查报告》，《民族研究》2007年第5期，第28-37页。

③ 周立，董小瑜：《“三牧”问题的制度逻辑——中国草场管理与产权制度变迁研究》，《中国农业大学学报》（社会科学版）2013年第2期，第95-107页。

满了“拆东墙补西墙”的味道。“简单的移民并不能完成迅速的社会转型，转型是痛苦的，而迅速的转型就更加痛苦。”① 这种痛苦在文化差异巨大的甘南牧区藏族生态移民中尤其如此。②

（二）政策背后文化与现实的矛盾

藏族文化中充斥着对自然的崇拜，因此在甘南州很多高山和湖泊都有美丽的传说和神奇的名字，这就是藏族人民的“神山”“圣水”③。既然藏族文化是崇尚自然的，可是为什么现实状况是如前文所述的那般草原生态破坏严重呢？生态移民政策使千百年来习惯于逐水草而居的游牧民族转向农耕和定居生活，用消费经济时代对物质利益的追求抵消了对宗教和自然的淳朴热情，使得很多牧民为追求经济利益而过多地畜养牲畜、增加人口以更好地适应现代化的定居生活。此外，牛羊肉价格的上涨，让牧民看到了大量畜养牲畜的巨大经济利益，导致过度放牧。更重要的是，从游牧到定居生活的转变所导致的文化适应，其难度要比农区的生态移民大得多，即使是在农区实施的生态移民政策产生的文化适应问题，其消化也经历了较长的时间④，更不用说从游牧到定居的转变。而在文化的转变过程中必然存在回迁⑤、污名化⑥、宗教冲突⑦、管理方式⑧的转变等多种问题，在这一适

① 王晓毅：《生态移民：一个复杂的故事——读谢元媛〈生态移民政策与地方政府实践〉》，《开放时代》2011 年第 2 期，第 154-158 页。

② 桑才让：《对三江源生态移民文化适应性问题的调查与思考》，《攀登》2011 年第 6 期，第 15-20 页；马宝龙：《困境与对策：三江源区藏族生态移民适应性研究——以果洛州扎陵湖乡移民为例》，《甘肃联合大学学报》（社会科学版）2007 年第 3 期，第 13-15 页；石德生：《三江源生态移民的生活状况与社会适应——以格尔木市长江源生态移民点为例》，《西藏研究》2008 年第 4 期，第 93-103 页。

③ 张广裕，马东平：《藏族传统文化与生态环境》，《民族论坛》2011 年第 24 期，第 86-90 页；王作全，牛丽云：《高原藏族文化的生态环境价值探析——以青海玉树藏族自治州拉布寺“避杀生”为例》，《西北民族研究》2007 年第 3 期，第 5-11 页；共确降措：《浅谈藏族文化与环境》，《西藏研究》1994 年第 2 期，第 167-143 页。

④ 冯雪红，聂君：《基于多维模型的宁夏回族生态移民文化适应研究》，《吉首大学学报》（社会科学版）2013 年第 6 期，第 25-32 页。

⑤ 解彩霞：《三江源生态移民社会适应与回迁愿望分析》，《攀登》2010 年第 6 期，第 101-106 页。

⑥ 刘有安：《移民文化适应过程中的“污名化”现象研究》，《华南农业大学学报》（社会科学版）2009 年第 2 期，第 109-110 页。

⑦ 马伟华，胡鸿保：《宁夏生态移民中的宗教文化调适——以“芦草洼”吊庄移民为例》，《宁夏社会科学》2007 年第 5 期，第 72-76 页。

⑧ 郭正礼，杨永芳：《宁夏加强和创新社会管理研究》，《宁夏社会科学》2012 年第 1 期，第 23-28 页。

应过程中所产生的生态环境破坏是需要慎重考虑的[①]。

（三）游牧与农耕文明的现代冲突

生态移民本质上反映的是两种不同的文明形态之间的冲突。[②]游牧文化处在农耕文化的边缘地带，利用有限的自然资源维持生存，因此对于自然的依赖性很大，同时文化中所体现的对于自然的崇拜也更加浓厚，而农耕文明本质上是对自然的改造，改变了自然决定人（游牧文明），而走向了人对自然改造（农耕文明）的路途。游牧文明和农耕文明之间常常由于季节性的自然灾害和饥荒而对资源进行战争性争夺。从文明发展的进程上看，自从农耕文明和工业文明出现之后，生态环境被破坏的速度加快，我们以环境破坏为代价换得经济社会的高速发展，然后再利用经济发展带来的高科技弥补生态损失。与此同时，我们站在工业文明的优越性角度审视游牧文化，可以说，游牧与定居、牧区与城镇、传统与现代之间确实有很多值得思考的问题。

（四）区分不同的牧民状况

生态移民过程中需要区分不同的牧民情况，以便更好地实施政策。已有研究显示，即使是转向定居生活的牧民也分为不同的类型，这对于我们更透彻地认识牧区生态移民这一问题有极大的帮助。愿意转向定居生活的人中一部分是那些身有残疾、家庭没有势力、年老、孩子多、牲畜少，以致无法在牧区继续生活的牧民；一部分由于遭遇了突发性的灾难而不得不依赖政府，这两类牧民由于以前的生活状况不如意，能够更彻底地脱离原有的生活方式，更加积极主动地适应新的定居生活；还有一部分则是考虑到下一代的教育问题而移民的，这类移民是从纯牧转向农耕或半农半

① 祁进玉：《草原生态移民与文化适应——以黄河源头流域为个案》，《青海民族研究》2011 年第 1 期，第 50-60 页。

② 包玉山：《游牧文化与农耕文化：碰撞·结果·反思——文化生存与文化平等的意义》，《社会科学战线》2007 年第 4 期，第 241-246 页；敖仁其，席锁柱：《游牧文明的现代价值》，《前沿》2012 年第 15 期，第 4-6 页。

牧，两代之间分化严重，移民数量少。还有的是由于草场退化，不足以养活牲畜而选择移民。①

（五）现代化背景下的利益博弈

“每一种彻底粉碎自然奴役的尝试都只会在打破自然的过程中，更深地陷入到自然的束缚之中。”② 汉族的现代化过程就是如此。汉族在现代化的发展过程中，已经经历了对自身历史的牺牲和放弃，经历了现代化过程的主体客体化，而且现代化的遗留问题依然存在。③ 当自身还在经历着现代化所带来的各种问题时，却又以自身的优越性强行将少数民族地区扭转向现代化的轨道。因为此时在被发展主义所左右了的政府和民众眼里，那些不发达的地区似乎是不符合现代化进程的，于是现代化的生态移民就具有了改善人民福祉的崇高意义。但是，我们忽视了这样的事实，西方学者在向我们阐述现代化进程时，把工业化、城市化作为主题，而隐藏了发展的多样性和选择性。我们在不加辨别的情况下，轻易地将这一进程从东部发达地区扩散到西部少数民族聚居区。而这些地方大部分经济发展水平较低，公共服务不完善，政府财政有限，管理困难，而且社会问题突出。一方面，集中定居是国家管理人民的重要手段，而人口的流动显然不利于现代化的管理方式和公共服务供给方式；另一方面，因为国家承担了保护的责任，凡与国家行动相一致的机构或人员往往被标以环境的保护者，当地人就相应地被赋予了环境破坏者的角色，而不管实际上他们是否真正破坏了环境，由此可见，生态移民充斥着国家意识形态的作用和政府、地方与人民之间的博弈。④

---

① 苏发祥，才贝：《论藏族牧民定居化模式及其特点——以甘肃省玛曲县、青海省果洛州为个案》，《中南民族大学学报》（人文社会科学版）2012 年第 4 期，第 59-63 页。

② （德）马克斯·霍克海默、（德）西奥多·阿道尔诺著，渠敬东、曹卫东译：《启蒙辩证法》，上海：上海人民出版社，2010 年。

③ 陶文俊，黄孝东：《现代化语境下的主体困境——评〈生态移民政策与地方政府实践〉》，《民族论坛》2013 年第 3 期，第 35-39 页。

④ 王晓毅：《生态移民：一个复杂的故事——读谢元媛〈生态移民政策与地方政府实践〉》，《开放时代》2011 年第 2 期，第 154-158 页。

四、结语

生态移民政策作为保护生态环境和扶贫开发的一项重要举措，不论从全国还是从地方来看，已是大势所趋。甘南州牧区也势必被这股不可抗拒的政策潮流所裹挟，乘上现代化的快速列车，在轰鸣声中不断前行。牧区的生态移民具有与农区生态移民完全不同的特点和问题，而理论研究还不是很透彻，在生态移民政策大范围应用的大势所趋的环境中，笔者的观点似乎是背道而驰的言论，就像火车轨道上的小石块，会被轻易地碾碎。但是，我们需要通过不断地反思，反省生态移民多年来的政策得失，总结问题，分析原因，深入思考这一政策在不同地区、面对不同对象时的可行性和适用性，以及是否具有不可替代性；通过多种不同角度的探索，在具体的调查中结合这些问题，重新看待这一政策和其实施的结果，以便更好地贯彻落实。文化的保护往往意味着流失的加速，甚至是不可抗拒的消失，政府不能总是在消失的时候才意识到保护，我们需要切实的措施和环境来使文化继续生存繁衍。

海德格尔说，人要诗意地栖居。实现这一理想，不简简单单是生活条件的改善。环境的艰苦从不曾真正地消磨人类生存的意志，反而激发出辉煌灿烂的文化。长久以来，牧区藏族人民在艰苦的环境中依赖他们的宗教和文化而生息繁衍。幸福的定义是多维度的，中国梦的实现是多维度的，获得幸福感、实现中国梦不只是经济条件的好转，更是要让每一个人都有其自由选择生活方式的权利。罗素说，参差多态乃是幸福之本源，现代化进程之下的民族、国家和政府，更应该学会如何呵护一颗心、一种信仰和一个灵魂。

三江源生态移民的“边缘人”处境[①]

一、三江源生态保护区建设概况

三江源地区位于青藏高原，是长江、黄河、澜沧江的发源地，被誉为“中华水塔”和“地球之肾”。据统计，长江总水量的2%、黄河总水量的33.1%和澜沧江总水量的14.7%都来自三江源地区。三江源生态保护和建设项目所涉及生态移民的核心区域是玉树藏族自治州、果洛藏族自治州、海南藏族自治州、黄南藏族自治州16县及格尔木市唐古拉乡[②]。曾有资料显示，三江源地区有人口55.6万人，其中藏族人口占90%以上，其他还有汉族、回族、撒拉族、蒙古族等民族。[③]

（一）三江源自然保护区建设的发展阶段及重点

三江源自然保护区的建设可以划分为三个阶段。

第一阶段是从1999年到2005年，是三江源自然保护区的成立阶段。1999年，国内专家对澜沧江进行生态考察，发现三江源地区生态环境破

---

① 本文发表于《广西民族研究》2015年第4期。

② 玉树藏族自治州，简称玉树州。为了便于行文，下文类似的表述都用简称。若是引文，以及不能简写之处，则用全称。

③ 中国水利水电科学研究院：《三江源自然保护区简介》，中国水利水电科学研究院网站，http：//www.iwhr.com/zgskyww/ztbd/qhdy/bjcl/webinfo/2012/08/1342498799296495.htm。

坏严重，从而呼吁保护三江源，因此引起国家重视。2000年，青海省三江源自然保护区成立，拉开了建设三江源自然保护区的序幕。2001年，青海省组织专家到三江源地区考察，编写科考报告和总体规划并成立自然保护区管理机构。

第二阶段是从2005年到2013年，是三江源生态保护和建设一期工程实施阶段。2005年国务院批准成立三江源国家级自然保护区，并投资75亿元用于生态保护和建设。2007年，国家发展和改革委员会批复《青海湖流域生态环境保护与综合治理规划》，项目总投资15.7亿元。2008年，国务院召开会议，将强化生态保护和建设作为三江源地区社会发展工作重点。2011年，国务院决定建立青海三江源国家生态保护综合试验区，将三江源生态保护进一步上升为国家战略。

第三阶段是从2013年至今，是三江源生态保护建设二期工程实施阶段。2013年12月18日，国务院通过《青海三江源生态保护和建设二期工程规划》，要求在总结经验的基础上，将治理范围从15.2万平方公里扩大至39.5万平方公里。① 2014年1月，青海三江源国家生态保护综合试验区建设暨三江源生态保护和建设二期工程启动，总投资达160.6亿元。二期工程在完成三江源生态保护一期工程16个项目的基础上，将更多关注生态移民的后续产业发展和生态补偿机制的建立及完善，要把应急式的生态保护向常态化的保护机制升级。②

（二）三江源生态保护和建设工程的成效

三江源生态保护和建设一期工程完工后，取得了较为显著的效果。首先，在生态环境方面，三江源地区水资源涵养量和总量增加。三江源地区林草生态系统水源涵养量从2004年的169.23亿立方米增加到2012年的197.6亿立方米，增加值为28.37亿立方米。③ 10年来，扎陵湖、鄂陵

① 《三江源生态保护和建设再起航》，《西海都市报》，2014-1-10。

② 尼玛永泽：《三江源生态保护二期工程更多关注生态移民的后续产业发展》，《三江源报》，2014-10-28。

③ 中国政府网：《三江源生态保护和建设一期工程初步实现规划目标》，见中国政府网，http://www.gov.cn/zxft/ft242/content_2574626.htm [2014-01-24]。

湖面积分别增加了74.6平方公里、117.4平方公里；长江、黄河年均径流量分别增加39.9亿立方米、5.7亿立方米。三江源地区生物多样性得到恢复。羚羊、普氏原羚、藏野驴、野牦牛等野生动物种群明显增多，栖息活动范围呈扩大趋势。[①]玉树藏族自治州三江源办公室的数据显示，经过9年保护，鸟类种群数量由原先的31种增加到61种，黑颈鹤由20多只增加到200多只，斑头雁由800多只恢复到1万多只，“高原精灵”藏羚羊则由2万多只恢复到至少6万只。[②]工程区植被覆盖率由2004年的3.2%提高到了2012年的4.8%。[②]其次，在生产生活方面，搬迁后农牧民的生产生活困难逐步得以解决和改善。通过建设牲畜暖棚、储草棚和人工饲草料基地、农村饮水安全工程、能源建设等，逐步解决了生态移民的生活困难问题[②]，并通过提供生活技能和职业技能培训，缓解生态移民对新环境、新生活的不适应问题。

二、三江源生态移民与边缘人理论

三江源生态保护和建设二期工程既要在一期工程的基础上扩大和加强生态保护的范围，同时更要注重对三江源生态移民生存发展条件的改善，逐步解决生态移民搬迁后生存发展的问题，因此首先要了解三江源生态移民的社会处境。三江源生态移民的社会处境问题与国外边缘人理论有诸多相关之处，虽然边缘人理论的提出主要面对的是跨国移民而非生态移民，但是三江源生态移民的特殊性使他依然适用于这一理论。

帕克在《人类移民和边缘人》一文中认为，文化的每一次进步都是以一段时期的移民和人口活动为开始的，而移民的结果之一就是创造了一种处境，在这种处境中同一个个体发现他自己在两种不同的文化群体中挣扎求存。[③]帕克所说移民造成的这种处境就是成为边缘人。正是在边缘人的

① 赵俊杰：《三江源地区动物种群增多，栖息范围扩大》，《西海都市报》，2014-10-05。

② 何伟，庞书纬：《“千湖美景”归来，三江源自然保护区生态环境初步改善》，《青海日报》，2014-12-04。

③ Park R E. Human migration and the marginal man. American Journal of Sociology，1928，33，pp. 881-893.

身上，两种不同的文化遭遇并且交融，因此，在边缘人身上，文明的进程以可见的方式在进行，同时，边缘人也是最好的研究文明进程的对象。[①]而帕克所说的边缘人是对奥尔格·齐美尔（Georg Simmel）所说的外来人的拓展，齐美尔认为，“外来人固定在一定的空间范围内，但他在其中的位置又非常特别，因为他最初并不属于其中，还常带进了其中原先没有的特质”[①]。事实上，帕克认为边缘人是文化混血儿，是处在两种文化和两个社会边缘的人。他认为，“某种程度上的道德分裂和冲突是每个移民在转换过程中都会出现的特点，因为这个转换过程本身就是旧的习惯被废弃而新的还未形成的过程。因此不可避免地会在这一时期出现个人内部的混乱和某种程度上的自我怀疑”[①]。“与那些远离家乡寻求机遇的人相比，我们中的大多数人在生活中也存在过渡和危机的时期；但是，移民的这种危机时期显然持续时间更长，以致于造成的结果是形成一种人格类型……这是因为移民作为文化的混血儿生活在两个世界中，而在其中的任何一个，他们或多或少都是陌生人。”[①]在帕克之后，斯通奎斯特对产生边缘人格类型的社会情境进行了区分；高德伯格则在帕克和斯通奎斯特的基础上，对边缘人进行了限定；格林则进一步指出了文化冲突的机制问题；格罗文斯基则对帕克等的边缘人理论的预设进行了攻击，还指出要注意边缘人理论的使用效度；安东诺斯基从边缘性的角度阐述了他对边缘人的看法，提出了边缘性的七条标准；迪克·科拉克则提出了等级情景（hierarchical situation）的概念。[②]后来的社会学家都是在齐美尔和帕克的基础上研究边缘人和边缘情景的，试图理清二者之间的关系。边缘人理论为我们更好地了解和分析三江源生态移民的社会处境提供了一个理论范式。

---

① 成伯清：《现代性的诊断》，杭州：杭州大学出版社，1999 年，第 132 页。

② 余建华，张登国：《国外“边缘人”研究略论》，《哈尔滨工业大学学报》（社会科学版）2006 年第 9 期，第 54-57 页。

三、三江源生态移民的边缘处境

（一）在区位上处于边缘

三江源生态移民的安置类型和区域，具体来说有四种：第一种是从牧区迁移到城市，如格尔木市南郊的长江源村、昆仑民族文化村，果洛州大武镇的沁源新村、西部新村与河源新村；第二种是从牧区迁移到州府小城镇，如玉树州结古镇家吉娘社区和藏娘达移民社区，玛多县迁至同德县的果洛新村及曲麻莱县的长江社区；第三种是从牧区迁移到牧区县城附近，如果洛州玛多县玛查理村、玉树州杂多县夏果滩生态移民社区；第四种是从牧区迁移到牧区附近的乡镇，如同德县河北乡赛塘移民社区和秀麻乡赛隆移民社区、泽库县和日镇和日生态移民村等。三江源生态移民的这四种安置类型在某种程度上造成了移民区地理位置上的边缘处境，许多移民点处于城镇的边缘，虽然在城镇附近，但距城镇仍然有一段距离，如青海省格尔木市昆仑民族文化村位于格尔木市南郊 4 公里处，长江源村距离市区有 10 公里，玛查理村距县城有 3 公里，和日生态移民村距县城近 70 公里。区位上的边缘性造成移民牧区与城镇、传统与现代、中心与边缘之间的割裂。

（二）在经济上处于边缘

三江源生态移民在经济上也处在边缘地位，这充分体现在移民的就业类型上。三江源生态移民的就业类型既是移民适应新的生计方式的体现，也是移民社会经济地位的决定性因素。很多学者对三江源生态移民的职业类型进行了实证研究，结果表明三江源生态移民的就业类型处于社会的底层或边缘。马宝龙通过对果洛州河源移民新村的调查，认为河源新村移民的就业类型有四种：固定就业、自主创业、外出务工和地毯纺纱。其中固定就业者多是保安和清洁工，自主创业者从事的是出租车运营、商品销售、经营台球桌娱乐项目，外出务工者从事的是帮工帮牧、社区周边建筑工地打工、采挖虫草和表演民族歌舞。[①]石德生在对格尔木市长江源生态移民点进行调查之后，发现移民主要有三种就业类型，即打工、村内藏毯厂务工和做生意，其中打工的主要是年轻人，村内藏毯厂务工的主要是中青年女性，做生意的则是有经验者或资金较多者。[②]解彩霞通过对格尔木市两个移民点的实地调查和统计分析，认为三江源生态移民在搬迁后大多数人成为无业人员，即使是有职业的，所从事的也是非固定职业，如打工等季节性强、体力性高、收入不稳定的工作。[③]杜发春对格尔木市昆仑民族文化村的调查则更为详尽，按所从事职业的人数由多到少，移民所从事的职业类型分别为打短工、挖虫草、畜产品生意、替老板赶车、开小卖部、运输、养殖藏獒和玛尼石刻，不同职业收入差距较大，其中养殖藏獒所得收入平均值最高，而挖虫草所得收入平均值最低。[④]

三江源生态移民的生活水平同样处在社会的边缘，很多移民生活困难，生存难以维系，发展更是无从谈起。石德生的调查认为，移民的收入主要由固定收入和其他收入构成，固定收入主要来自生态移民的退牧补偿金，其他收入来自打工和做生意，而且“由于移民搬迁户中无畜、少畜等贫困户所占比例较大（贫困户占 1/3 左右），经济基础差，拓展其他经济收入的渠道和能力较差，所以整体经济收入和生活水平较低，大多只能维持基本生活”[②]。韦仁忠认为生态移民区出现了“收入农牧型，消费城市化”现象。[⑤]周甜认为移民从牧区搬迁到城市，造成贫富差距由内隐到外显，移民的贫富差距日益增大，且移民对家庭经济情况的主观满意度较低。[⑥]靳薇通过对三江源生态移民区 5 个区域 17 个社区的抽样调查，指出生计

① 马宝龙：《三江源区生态移民与社区重建研究——以青海省果洛州河源移民新村为例》，兰州：西北民族大学硕士学位论文，2008 年，第 1-58 页。

② 石德生：《三江源生态移民的生活状况与社会适应——以格尔木市长江源生态移民点为例》，《西藏研究》，2008 年第 4 期，第 93-103 页。

③ 解彩霞：《三江源生态移民的社会适应研究——基于格尔木市两个移民点的调查》，《青海社会科学》2009 年第 3 期，第 62-67 页。

④ 杜发春：《三江源搬迁牧民的后续生计和就业类型》，《民族经济研究》2014 年第 4 期，第 142-149 页。

⑤ 韦仁忠：藏族生态移民的社会融合路径探究——以三江源生态移民为例》，《中国藏学》2013 年第 1 期，第 120-125 页。

⑥ 周甜：《三江源生态移民的社会适应调查研究——以一个牧区藏族移民村为例》，兰州：西北民族大学硕士学位论文，2010 年。

困难是生态移民面临的最大问题，很多被调查者认为除了政府的补贴之外没有其他稳定可靠的收入，移民希望加强政府补贴，甚至有移民认为“移民点这里的生活一般，比以前的生活差了；居住原籍时有牛羊，每一年都有固定的经济收入；搬到城里后没有合适的工作，除了政府的补助之外没有任何的经济收入”①。

（三）在身份上处于边缘

三江源生态移民区的藏族牧民，远离长期生活的牧区环境而搬迁到城镇及城镇附近，在某种程度上，其身份已归属于城镇。但是，一方面，牧民所在的移民区处于城镇的郊区和边缘；另一方面，牧民又很难完全脱离原先的生活习惯。因此就形成了一种过去与现在、传统与现代的张力，而后者（现在、现代）比前者（过去、传统）更具吸引力，但是前者难以轻易摆脱，后者又难以轻易融入。生态移民首先是作为移民，其次才是作为市民或镇民，但是他们又是整个群体的有机构成部分，这就造成移民身份的尴尬。周甜认为三江源生态移民的社会角色具有特殊性，“他们虽住在城市边缘，却不是城市人口，他们的孩子虽可以到城镇的学校上学，他们可以到城镇的医院看病，但是，他们仍属于这个城市的外来者”②。百乐•司宝才仁对三江源生态移民身份模糊性的分析则更为精辟，“特殊的身份，使一部分生态移民有一种失落感，甚至有一种被剥夺感；而在族群或者说在群体的归属感和认同感方面，生态移民和迁入地区的居民是同一族群，本来应当有强烈的归属感和认同感。但是，一方面由于他们刚迁入不久，相互之间的熟悉、接纳和融合需要一个过程；另一方面，由于他们特殊的身份，他们对迁入地的居民缺乏归属感，习惯于以一种旁观者的身份独立处世，而迁入地的居民对他们也缺乏实际的认同感，有意无意地把他们当作‘另类’来对待；这种身份的模糊性、职业的不确定性，产生了一种同一族群间的断裂性，共同表现为同一亚文化中特殊文化间的冲突和

① 靳薇：《青海三江源生态移民现状调查报告》，《科学社会主义》2014 年第 1 期，第 112-115 页。
② 周甜：《牧民？农民？市民？——浅议三江源生态移民社会角色的特殊性》，《青海民族研究》2009 年第 4 期，第 144-146 页。

不适应，致使生态移民目前成为一种特殊的族群，或者说是一个特殊的阶层”[①]。正因为如此，才会有移民认为“我们现在是牧民吧，没有牛羊和草山；是农民吧，没有可耕种的土地；是市民吧，没有稳定的职业还不享受任何市民待遇”[②]。

生态移民群体就这样成为一种独特的社会类型，这种社会类型使生态移民的对象不是作为个体被感知，而是作为一种类型去认识。这一点在一些文本中得到体现，一些研究者在对生态移民状况的叙述中，忽略对象的个体性，尤其是被调查者的姓名，而代之以生态移民点住房编号，逐渐模糊了具体的人而强调整个群体和类型，使他们成为一个抽象的类，而用编号取代了单个人的属性。因此，三江源生态移民身份的边缘性既体现在前文所述移民对自我身份的认同上，又体现在研究者文本中对生态移民身份的指称上。

（四）在文化上处于边缘

移民区位置的特别既体现在有形的地理位置上，也体现在无形的文化距离上。有形的地理位置主要是指移民点所处的地理位置多是在城镇的边缘区域，文化上的距离是指移民从以藏族文化为核心的区域搬迁到以汉族文化为主而其他少数民族文化为辅的城镇区域，在文化上所处的位置悄然间已经发生改变。换个角度来看，他们是从传统文化的核心之处走向传统文化的边缘，也是从现代文明的边缘走向现代文明的核心。因此，“在他们身上，体现了远与近的统一，近在身边的人是遥远的，遥远的人却又近在身边”[③]。这就造成文化的杂交现象，生态移民在新环境文化适应的过程中，既逐渐在弱化藏族传统文化的个性，又很难割舍藏族传统文化的特性。

这种文化的边缘性，一方面体现在移民与传统文化的距离上；另一

① 百乐·司宝才仁：《试论三江源生态移民的文化变迁》，《复旦学报》（社会科学版）2007 年第 3 期，第 134-140 页。

② 解彩霞：《三江源生态移民的社会适应研究——基于格尔木市两个移民点的调查》，《青海社会科学》2009 年第 3 期，第 62-67 页。

③ 成伯清：《现代性的诊断》，杭州：杭州大学出版社，1999 年，第 132 页。

方面体现在移民与现代文化的距离上。百乐·司宝才仁认为三江源地区特殊的地理环境形成了高原游牧文化的主要文化模式，移民搬迁造成传统草原游牧文化的断裂甚至是休克，也造成对传统道德观和价值观的冲击，形成道德示范和价值失缺的现象。[①]桑才让则认为生态移民造成文化间的“位势差”，移民传统文化在迁移区文化面前由主流和强势的地位转变为非主流和弱势地位，传统和现代之间的差别是听命意识与独立意识、封建意识与民主意识、封闭守旧意识与竞争意识，以及宗教意识与科学意识之间的差别。[②]还有一些作者具体探讨了传统文化某个方面的变迁。陈生琛指出三江源移民点传统体育具有宗教礼法性、人伦性和道德性，与现代竞技体育有所差别。[③]强稼根据对三江源生态移民的婚礼和年节习俗的亲身亲历，强调了移民搬迁后与传统文化的疏离。[④]

显然，三江源生态移民的边缘人属性主要体现在区位上的边缘性、经济上的边缘性、身份上的边缘性和文化上的边缘性。把握三江源生态移民社会处境的边缘性，有助于三江源生态保护和建设二期工程的有效开展，解决人的问题是比解决生态环境问题更复杂、更艰巨的任务。

四、余论：摆脱生态移民社会处境的边缘性

三江源生态移民社会处境边缘性这一现象产生的原因，除了藏族传统文化与现代文化之间的差距与冲突之外，笔者认为最重要的是移民搬迁后的就业问题。只有通过稳定的职业，使移民全方位、深入地融入城镇生活之中，才能逐步提高生态移民的自信心和认同感，从而让移民在广泛深入的社会交往过程中逐步获得自己的社会地位，摆脱现在社会处境的边缘性状态。而解决三江源生态移民就业问题则有赖于生态移民区后续产业的发展。许多研究者就三江源生态移民后续产业发展问题提出了自己的建

① 百乐·司宝才仁：《试论三江源生态移民的文化变迁》，《复旦学报》（社会科学版）2007年第3期，第134-140页。

② 桑才让：《对三江源生态移民文化适应性问题的调查与思考》，《攀登》2011年第6期，第15-20页。

③ 陈生琛：《三江源生态移民点民族传统体育文化发展》，《青海师范大学学报》（自然科学版）2009年第4期，第102-104页。

④ 强稼：《关注三江源的文化迁徙》，《柴达木开发研究》2005年第2期，第28-29页。

议。刘小平在分析三江源地区后续产业发展现状和问题的基础上，通过实证分析得出三江源地区比较适合发展第一产业和第三产业的结论，从而建议在三江源地区发展循环经济、园区经济和生态旅游产业。[①]骆桂花在社会调查的基础上，发现三江源地区发展后续产业的问题，针对性地提出发展社区经济、加强技能培训等建议。[②]桑才让则通过分析三江源地区后续产业发展的条件，认为三江源地区适合发展民族特色产品加工业（如藏毯产业、中藏药产业、畜产品加工业等）、旅游业、民族餐饮业、草业和舍饲半舍饲畜牧业、劳务输出产业等。[③]桑才让的分析极具参考价值，他根据实际情况详细区分了不同安置模式下的产业发展重点，并在此基础上总结了三江源地区可供选择的后续产业发展模式，既照顾到三江源生态移民区发展的一般性，又考虑到不同移民点的不同情况，其对后续产业的发展建议因而更具有可操作性。许多研究者都试图通过分析、总结三江源后续产业发展的基础条件和问题，从而概括三江源生态移民后续产业发展的模式，然而这种分析路径往往忽略了不同安置模式的不同特点及不同移民点的特殊情况。

此外，研究者提出的建议往往比较空泛，缺乏有力的数据与案例支撑，提供的建议对于发展移民区的后续产业不具有操作性。笔者认为，要深入了解三江源生态移民的状况和后续产业发展等问题，基于田野调查的民族志报告对于分析三江源生态移民发展现状和相关部门采取对策十分有益。因此，研究者应把分析建立在扎实的实地调查基础之上，这样才能够提出有益于政府和生态移民等多方利益群体的具有针对性和可行性的对策建议。

---

① 刘小平：《三江源地区生态移民后续产业发展模式分析》，《社科纵横》2013年第3期，第25-29页。

② 骆桂花：《三江源生态移民安置与后续产业发展的社会调查》，《青海民族学院学报》（社会科学版）2009年第2期，第81-86页。

③ 桑才让，冯永香：《三江源地区生态移民后续产业发展问题探讨》，《攀登》2012年第6期，第61-68页。

“生态场域”的范畴内涵与学术意义[①]

世间万物，只有各得其所，方能各显其能。当今社会乱象丛生，原因不外“失序”二字，失序原因则是道德、伦理、法律、契约等外在规范与约束被践踏所导致的话语异化。传统社会话语基本表现为制度、精神、物质三个方面，三者相互合作、相互制约、相互补偿，以使各个阶层、各个行业良性发展，最终保持社会平稳运转。在“主客对立”思维模式的指导下，经济至上成为理念，精神、制度话语均围绕物质话语进行构建，致使它们沦为物质话语的奴仆。物质话语转化为物质权力，这种权力充斥整个社会，影响所有人的行为，人们为了获得物质权力，自然会盲目追求物质财富，这就进一步强化了物质话语，致使物质话语异化，结果是社会丧失道义。一个失去道义的社会必是一个疯狂的社会，为了物质可以践踏一切，必然导致社会失序，其表现就是孝道无亲、师道不尊、商贾失信、农工丧义。要想使社会回归有序状态，就要建构“生态场域”。随着环境问题的出现和社会矛盾的加深，学界出现了“生态场域”这一概念，但何为“生态场域”，目前并没有一个明确的概念界定，亦没有就其内涵、特征作进一步解说[②]，为此，笔者不揣寡陋，试就“生态场域”相关问题作出简要

---

① 本文发表于《烟台大学学报》（哲学社会科学版）2017年第6期。

② 有关“生态场域”的文章共5篇：王黎君的《文化生态场域中的越文学艺术》一文中“生态场域”为空间结构形态，但未就此进行解说；金乾伟的《印象·刘三姐》一文认为，“生态场域”就是考量人与地球上的生灵能否呈现出最美好的生存方式，同样未做进一步解释；孙玉石的《文学生产和传播与文学原生态场域联系之视野——以郭沫若与邓初民主编之＜唯民周刊＞等为中心》，根据文意推测可以把“生态场域”理解为原有历史情境之义；张绍荣的《大学文化生态场域的理论解析》、时益之的《论教育生态场域中的教育知识实在化过程》这两篇文章中均直接使用“生态场域”这一概念，未就这一概念作出解释。综合来看，这5篇文章均未对“生态场域”作进一步解说。

阐释，以抛砖引玉。

一、"生态场域"的建构背景

（一）基于"主—客对立"思维模式的审视

西方哲学富有"主客二分"思维的传统，"主客二分"是"西方理性主义哲学特别是近代哲学（包括唯理主义和经验主义）的逻辑前提"[①]。柏拉图初步把世界分为感性世界与理念世界，理念说成为"主客二分"思维模式的雏形。文艺复兴使历史"踏上了一个转折点"[②]，人发现了"自然和自己"[③]，奠定了"主客二分"思维模式的基础，人的主体性地位得以凸显。人类要想彰显自身的主体性地位，就要认识和利用自然，于是培根提出了"知识就是力量"的口号。笛卡儿则从"他的机械论自然观、机械论、还原论哲学出发"[④]，通过对"吾思故我在"这一命题的解释明确形成了西方哲学的"主客二分"模式，并彻底确立了人的主体性地位。启蒙运动高歌理性，运动初期，理性具有一定的限度，可以称之为"有限理性"，"有限理性"对于解放人的思想，提高人的自主地位，正确认识人与自然的关系具有积极作用。及至理性演变为黑格尔的"绝对精神"，此时"有限理性"异化为"绝对理性"，也就意味着理性丧失了价值理性层面的内涵，降低到工具理性层面。由此，"主客二分"异化为"主客对立"思维模式。与此同时，人们建构出日趋系统、完善的改造和征服自然的方法：伽利略首倡理想实验方法，笛卡儿开启"假说—演绎"传统，培根重视经验，惠更斯信赖实证，经牛顿经典力学体系综合了上述方法，最终形成实验科学方法论。随着科学、技术的迅猛发展，人类征服自然欲望的无限攀升，人的"理性能力也被毫无止境地推崇，最终成为主宰一切、唯我独尊的力量"[⑤]，此时人类欲望得到彻底释放，故而世间诸相颠倒众生，万般丑恶由

① 鲁克俭：《超越传统主客二分——对马克思实践概念的一种解读》，《中国社会科学》2015年第3期，第22-38页。
② （德）黑格尔著，贺麟、王太庆译：《哲学史讲演录》第4卷，北京：商务印书馆，1981年，第3页。
③ （德）黑格尔著，贺麟、王太庆译：《哲学史讲演录》第4卷，北京：商务印书馆，1981年，第4页。
④ 蔡守秋，吴贤静：《从"主、客二分"到"主、客一体"》，《现代法学》2010年第6期，第3-19页。
⑤ 郭晶：《"主体性"观念的现代合理性：马克思的"价值主体性"思想研究》，吉林：吉林大学博士学位论文，2012年，第3页。

此而生，生态危机也就在意料之中。“主客对立”思维模式成为建构“生态场域”的直接动因，建构“生态场域”就是对“主客对立”思维模式的审视，并在审视的基础上重塑人类的思维模式，使“主客对立”成为“主客交融”。

（二）基于生态危机反思成果的吸收

生态危机成为全球性的问题，自然引起有识之士的重视，不同领域的学者纷纷就生态危机的原因及化解之策各抒己见，这里仅就相关学者针对生态领域的思索作简要梳理。生态领域反思生态危机的直接表现则是围绕“生态”产生了一些新的学科，如大地伦理学、环境伦理学、生态哲学等。大地伦理学开创者奥尔多•利奥波德主张将伦理学的研究对象“单纯的人与人之间的关系”扩大到人与自然之间的关系，认为人是大自然的一部分，人们不仅要尊重人的生命，更应该尊重动植物的生命，“一个事物，只有在它有助于保持生物共同体的和谐、稳定和完美的时候，才是正确的；否则，它就是错误的”①。环境伦理学创始人霍尔姆斯•罗尔斯顿认为自然界不仅具有工具价值，更具有内在价值，“自然的内在价值是指某些自然情景中所固有的价值，不需要以人类作为参照”②。人只有“尊重自然的内在价值”③，才能意识到人是自然界的一部分，人的观念、行为与自然界不可分割，才能懂得“每一事物都与其他事物相关”④，万事具有缘由，万物各有归属。“如若我们将世界包含于我们的意识之中并施之以爱，包含着我们自身的世界就会有所回报”⑤，从而激起人们心灵深处的平等、利他意识，自觉尊重生命、保护生命。生态哲学认为生态不仅仅指生物在一

① （美）奥尔多•利奥波德著，侯文蕙译：《沙乡年鉴》，长春：吉林人民出版社，1997年，第233-234页。

② （美）霍尔姆斯•罗尔斯顿著，刘耳、叶平译：《哲学走向荒野》，长春：吉林人民出版社，2000年，第189页。

③ 吴静：《道家生态价值选择探微》，《北方民族大学学报》（哲学社会科学版）2017年第2期，第98-100页。

④ （美）巴里•康芒纳著，侯文蕙译：《封闭的循环》，长春：吉林人民出版社，1997年，第25页。

⑤ （美）大卫•格里芬著，马季芳译：《后现代科学——科学魅力的再现》，北京：中央编译出版社，1995年，第86页。

定环境下的生存、发展和循环状态，也不仅仅局限于保护生态环境和维护生态平衡，更反映出人与自然界的深层关联。上述学者关于生态危机的反思成果为建构"生态场域"提供了一定的理论基础。

（三）基于"场域""生态"概念的借鉴

1."场域"

"场域"概念起源于法国，围绕"场域"展开的研究在法国涌现出一批杰出、优秀的学者，但"场域"理论的集大成者则为法国学者布迪厄。布迪厄"场域"理论是对过往"场域"学说的扬弃与吸纳：他遵循萨特把"场域"作为研究对象的思路，对"场域"理论进行了系统性的建构；在梅洛—庞蒂时空同一性的"场域"理论的基础上，创造出"惯习"这一概念；吸纳德里达"场域"理论动态性这一特征，并在三位学者的基础上对"场域"学说进行系统建构。布迪厄曾为"场域"下了一个分析性定义，"在各种位置之间存在的客观关系的一个网络（network），或一个构型（configuration）"[①]。布迪厄"场域"理论基于社会现实，把"惯习""场域"与实践结合起来，并把资本作为分析"场域"的切入点，不仅为研究与"场域"相关的社会现象提供分析框架和理论指导，更使"场域"理论具有某种程度的可操作性。布迪厄"场域"概念为建构"生态场域"提供了一种视角、一个思路，其"资本""惯习"概念为阐释"生态场域"提供了一种方法。

2."生态"

"生态"一词最早源于古希腊，其内涵随着人与自然的关系不断演变。在远古社会，自然界完全处于中心地位，对自然近乎一无所知且无能为力，此时的人称为"自然人"，人对自然只有膜拜、敬畏，而"生态"意指我们的环境或家，内涵仅限于自然界；当人类进入文明社会以后，人对

① （法）皮埃尔•布迪厄、（美）华康德著，李猛、李康译：《实践与反思——反思社会学导引》，北京：中央编译出版社，1998年，第134页。

自然的认识有所增强，却面临着意欲征服自然与自身能力不足的矛盾，人类只能隐藏自己的私欲，通过道德来约束内心，此时的人可以称为“道德人”,“生态”内涵扩大为人与自然的关系，但人对自然是依存、利用关系；15世纪以来，随着人的解放和技术的发展，人类觉得自身能力足够强大，就妄图宰割、践踏生灵，肆无忌惮地展现人性中的贪婪和私欲，此时的人可以称为“经济人”,“生态”内涵仍仅止于人与自然的关系，不过此时人与自然的关系完全对立。进入19世纪中晚期之后，人类因自身的疯狂行止而遭到自然的报复时，又开始重新审视和反思自身与自然的关系。我国学者①提出“生态人”概念，提出人与自然本为一体，理应和睦相处的理念，“生态”的内涵扩大到人与社会、人与人的层面。自此“生态”的内涵包括了自然、人与自然、人与人三个层次，突破自然、人与自然关系的界面，拓展到人与人的关系界面，此时的“生态”蕴含良性、有序、互动、友好、尊重、包容等内涵。建构“生态场域”就要借鉴“生态”内涵的自然、社会两重属性，使“生态场域”不仅包含人与自然的关系，也包含人与人的关系。

二、“生态场域”的界定、内涵及特征

建构“生态场域”，就要审视和破解“主客对立”思维模式，吸纳生态伦理学、环境伦理学、生态哲学等学科的有益成果，在此基础上引入“场域”“生态”概念，并借鉴其合理内核，比如，布迪厄“场域”理论中的资本、“惯习”、动态性、开放性、边界性、斗争性等依然在“生态场域”中起作用,“生态场域”借鉴了“生态”的良性、有序、互动、友好、尊重、包容等内涵。由此，“生态场域”就是指特定时空交汇而生的群体在互动过程中呈现出良性态势的关系网络。概而言之，“生态场域”就是特定时

① 我国学者顾智明教授在吸纳大地伦理学、环境伦理学、生态哲学等学科理念的基础上提出了“生态人”的概念。他将“生态人”定义为“善于处理与自然、他人及自身关系保持良好生命存在状态的人……是努力达到外部自然生态、内部自然生态——精神生态、人格生态的平衡，形成良好的生命存在状态”，这一定义是对人与自然矛盾的深层次挖掘，认识到人与自然的矛盾实质上是人与人之间的矛盾。参见顾智明：《论“生态人”之维——对人类新文明的一种解读》，《社会科学》2004年第1期，第79-85页。

空交汇而生的关系网络，这一关系网络里的各个行动者在遵循秩序的基础上，各自恪守本位，而后进行良性互动，获取各种所需的资本并挖掘、抽象、建构出特定资本，最终对自身、社会进行价值重塑。“生态场域”是一个生命系统，这一系统里的行动者在遵循秩序的前提下，各自按照固有的轨迹进行互动，最终呈现出“人—我—物”三者互补共生的良性态势；“生态场域”是一种思维模式，在此模式下的行动者，各自摆正好自身的位置，在互动过程中，既尽物性，又尽人性，最终实现“主客交融”；“生态场域”是一种价值观，遵循秩序安其位，恪守本位尽其性，良性互动谅其心，超越自身塑其神；“生态场域”是一个动态系统，行动者在行动过程中，不断遵循心灵秩序的召唤，努力调整自身的行动轨迹，以求“生态场域”永葆活力。“生态场域”作为一个开放性概念，要想对其作进一步的理解和认识，就要抽象出其内涵、特征，并就其内涵、特征作系统解释，现分述如下。

（一）“生态场域”的内涵

1. 秩序

“生态场域”的内涵之一就是秩序。秩序包含表现为受外力制约、束缚的外在秩序和表现为内在自由的心灵秩序。秩序若仅仅停留于外在秩序层面，社会虽不失序，但也不会有较大发展，原因在于人们之所以尊重秩序是慑于外界的压力，内心并不一定认同这些秩序，这样的内在观念外化出来的行为不利于社会的发展和完善，最终导致“主客对立”。心灵秩序则能够认识到人与物、人与人的良性关系是人类存在的根本保证，处理好自己与他者的关系，合理建构己、物、人的关系的过程是自觉自为的，如此才能获得内在自由。只有外在秩序上升到心灵秩序，人们才会从外在控制中解放出来，由慑于制裁转化为自觉自为，不仅理解、遵守秩序，更会完善、建构秩序。人们认识到人、自然、社会三者之间的不可分割、相互关联性，就会去尊重自然、善待万物、平视众生、回归本心。人人若此，则农工安其位，商贾重其信，自然乐其序，万物得其归。

2. 本位

若良好秩序催生美好，恪守本位则成就美好；若良好秩序使人们安居其位，恪守本位则使人们无愧其位。恪守本位不止于尽职、尽责，更在于尽心、尽义，尽情、尽性。尽职、尽责为本位之末端，外力使然也；尽心、尽义则有所好、有所爱，兴趣使然也；尽情、尽性则灵欲一体，自觉使然也。本位三重论，恪尽职责，社会运转平稳；心义两全，万物必得其用；情性合一，人人皆乐其生。恪尽职责止于责任，此时主客两分；心义两全寓于兴趣，此时主客互动；情性合一，无须凭依，此时主客交融。恪守本位，一方面，要善用物性；另一方面，要尽人性。善用物性使物展其长，有所归，但物为谁用，物的价值能否真正发挥作用，前提在于本分要符合道德、伦理。之所以如此，在于物的价值呈中立态势，它作为受动者被如何塑造，取之于背后施动者——人。人可以使物有益于社会，亦可以使其有害于社会。故而，恪守本位不仅要尽物性，更要尽人性，使物性依附人性，使人性富含物性。明白此理，人之本位才能得到恰到好处的发挥，既充实自己，亦利之社会。

3. 互动

人的价值之存在，在于人为社会之一员，因而需要互动。价值能否被认可，在于自身之实力，亦取之自身之修为，实力乃本分之外衣，修为乃本分之内里，外衣吸人眼球，内里夺人心神。故而，互动之成败，需凭借实力，更需借重修为。借重修为就是要在与人互动时，无论互动形式是竞争，还是合作，首先都不能仅凭一己之见，为世画圈，而要有克己之欲，恕人之心。克己之欲就能放低己身，摒弃偏见；恕人之心就能给人机会，观其行止。以此心态与人互动，方能弃己短浅、纳人博远，悦人成己，两得齐全。

4. 超越

一是超越自我。要通过人、己换位及己、物交融来反思、审视自己的言行举止，抛弃自身的狭隘、片面、主观、优越之观念，吸纳他人之长处，遵循自然之规律，重塑己心。

二是尊重差异。世间之大，浩瀚无边，居世之人，奇异纷呈。万物重其生息，万众乐其性情，性情决于环境之所塑，亦归于后天之努力，性情乃内涵之根本，立身之紧要，故而，大千世界，差异乃为常态。生之于世，既要信奉自身之习俗，亦要尊重他人之信仰；既要以自身思维观念为止规，亦要理解他人之行为……两向对照，方能不落于武断、偏失、主观、自大之窠臼。

三是重塑价值。以往社会之发展，决于新、旧势力之对决，对决之背后在于利益，如此之往复循环，实与万众无益。要想破此循环模式，就要不以自身之好恶要求别人，不以自身之私欲强迫别人，不以自身之理念改造别人，破除私见、平等以待、尊重差异、信守多元，重塑社会价值，给予每个人、每个地区、每个民族、每个国家发展自我、成就自我、尊重习俗、建构社会的权利。

（二）"生态场域"的特征

1. 对等

这里的对等是就"生态场域"里的行动者关系而言的。虽然"生态场域"里的行动者因拥有的资源属性在不同时空而发挥不同的作用，但各方的地位却是对等的。只有坚持各方地位对等，才能在各方发生关系时对等交流，这样各方在交流互动时就不仅仅站在自己的立场去思考、去行动，还会站在对方角度努力寻求各方价值、利益的平衡点，如此方能形成良性互动，超越个人利益，达到多方交融。以民族地区旅游开发为例，开发商和游客拥有经济资本，旅游地居民拥有文化资本，在一定程度上，旅游开发就是开发商、游客和当地居民的资本交换，各方关系若是处理不当，就会使旅游开发陷入危机。只有坚持对等原则，才能使开发商在进行旅游开发时，充分认识到旅游资源的文化价值，对旅游资源的开发就会建立在尊重当地文化传统的基础上，并深入挖掘当地文化因素，把当地文化的合理因子融入到旅游的开发中，这样不仅能取得良好的经济效益，更能保证旅游开发的可持续性；才能使游客在参观、游玩过程中自觉尊重当地风俗民情、爱护环境，这样不仅能够观赏美景，领略旅游地的文化魅力，更能在娱乐身心的同时，深受教育启迪；才能使当地居民热心招待游客，完整展现当地民俗工艺、人文风情，这样不仅能够让游客享受文化美食，而且能使民族文化得到保护、传承，以及合理开发和利用。

2. 融入

这里的融入是就“生态场域”里的行动者所担任的角色而言的。只有“生态场域”里的行动者担当好各自的角色，才能各就其位，各尽其职，这样，“生态场域”内部才能得到有序运作。以民族地区宗教仪式为例，我国已故著名宗教学泰斗吕大吉先生在其《宗教学通论》一书中认为，宗教仪式环节基本上可以概括为献牺牲、迎神享祭祀、主祭上香、三献、诵读祝祷文、赐福祚、送神等七个步骤。① 这七个步骤的仪式展演，都需要参与者全身心地融入各自所担当的角色中，不可“做任何可能亵渎神灵的行为”②，并按照每个环节所要求的动作、姿态、情境去展演，仪式才能真正起到“确认参与者心中的秩序”③ 或暂时缓和社会矛盾的作用。推而广之，在其他“生态场域”中，行动者担当的角色也应当如此作为，这样不仅能使“生态场域”内部的关系和谐有序，而且能使社会井然有序。值得注意的是，这里的角色融入不是单纯为了尽职，更不是因为受道德、法律的规范、约束而尽责，而是要自觉行使自身的职责，真正融入角色之中，这样行使职责不仅富有情义，而且是在回归本心，如此，才能在尽职责时纯粹、自然，真正把事、把人做好。

3. 良性

这是“生态场域”最重要的特征。“场域”理论的最大缺陷就是过分

① 吕大吉：《宗教学通论》，北京：中国社会科学出版社，1989 年，第 301-302 页。

② 李晓蓓，陈文江：《裕固族祭祀鄂博仪式的道德人类学考察》，《北方民族大学学报》（哲学社会科学版）2017 年第 2 期。

③ （英）阿兰•巴纳德著，王建民、刘源、许丹译：《人类学历史与理论》，北京：华夏出版社，2006 年，第 68 页。

强调“惯习”与斗争。一味强调“惯习”就会受历史、传统束缚，止步于过去，而对未来缺乏思考，似乎一切命中注定；一味强调斗争，就会使“场域”中的行动者充满对立、冲突。二者结合就会使“场域”理论失去纠偏导航、服务社会的价值，失去作为理论的应有之义。“生态场域”最根本的特征就是具有明确的价值导向——良性。之所以说“生态场域”具有良性特征，是因为“生态场域”里的行动者之间虽然充满竞争、博弈，但会抛弃狭隘、自私观念，即使在争取、保护各自利益时，也会超越各自利益，在成就小我的同时，更要成就大我。以经济为例，企业运行追求利润最大化，消费者在购买产品服务时力求实惠，企业员工希望获得轻松体面的工作，这些想法本无可厚非。但是，企业若能在人格平等的基础上集思广益，若能在获取经济资本的同时给消费者提供便利，企业员工若能在工作时自觉地在保证产品质量的前提下节省原料、爱护公物，若能以人性化的态度对待消费者，消费者若能在购买产品、服务时给予销售、服务人员以尊重，那么企业、企业员工、消费者之间必能互信共赢，平等相待，最终使得产品和服务越来越好。

4. 多元

这里的多元是就“生态场域”中行动者的思维观念和“生态场域”之间的关系而言的。“生态场域”中的行动者不能保持单一思维模式，亦不能把自己的思维模式强加给对方，更不能凭借自身所拥有的资源优势去强迫、欺压其他行动者。只有思维观念的多元才能使各方真正对等，放下身架去听取、思索、吸纳其他行动者的意见。这不仅是对他者的尊重，更是对自身的反思与完善。“生态场域”之间也会进行互动，同样不能模式单一，而是要结合不同“生态场域”之间的差异，突出“生态场域”的实际情况和自身特色而保持“生态场域”的思维、运作方式的多样性。以民族地区为例，在现代化运动的推动下，在某种程度上，由于经济至上的思维观念占主导地位，加之东部发达地区相对具有经济优势，民族地区为了融入东部语境模式中，就不得不放弃自身的民族文化，被迫模仿东部发展模式，结果由于民族地区与东部地区在各方面差异甚大，不仅没有得到快速发展，反而与东部地区的差距越来越大。之所以产生这种结局，原因在于东部地区发展模式成为示范的发展模式，致使民族地区为了顺应国家战略则会忽视探索自身发展的路径，这样不仅不能促进民族地区的发展，更会使东部模式僵化保守。双方若能正视优劣、尊重差异、互通有无、倡导多元，不同地区就能结合自身情况，吸纳其他地区的合理内核，在尊重传统的同时超越传统，最终保持地区间的差异、多样发展。

正如布迪厄所说："那些'具有唯理论主义倾向的理论'运用各种宏大概念，声称能够解释所有问题；而场域的观念与此不同，它并未提供所有可能的疑难问题的现成答案，也并非说一切就绪，无需再费力进行进一步的具体研究。相反，在一定意义上，场域观念的主要价值在于促进和发扬了一种构建（对象）的方式，使学者不得不在每次研究中重新设想一番。"①"生态场域"也是如此，它同样不能为世间万物提供解释的成规方略和现成答案，它仅是一种构建的方式，提醒大家在研究某种"生态场域"时找出决定这种"生态场域"的特质所在，即布迪厄所说的特定资本，只是在"生态场域"里的特定资本不是用于通过控制其他资本来控制他者，而是用来和其他资本进行良性互动，引导和重塑各种资本，最终获取资本的资本，即超越、重塑资本本身。因而，论述"生态场域"时他只对其内涵、特征提出一般化的解说。要想知道不同"生态场域"具有何种特定资本，这种特定资本在这一"生态场域"中如何通过运作来不断建构、重塑"生态场域"，就需要对不同"生态场域"进行具体研究，这便是"生态场域"的应用价值所在。

三、"生态场域"的应用价值

（一）研究民族地区的生态环境

世居民族与所在地环境不断进行互动，在互动过程中逐渐认识、了

① 〔法〕皮埃尔·布迪厄、〔美〕华康德著，李猛、李康译：《实践与反思——反思社会学导引》，北京：中央编译出版社，1998年，第151页。

解、总结、抽象出所在地环境具有的特定规律，建构出与所在地环境相适应的神祇体系和风俗习惯来反映所居地生态环境的规律，并谨遵、恪守这些规律，从而使得人与自然和谐相处。这在云南西双版纳傣族的"垄林"崇拜中得到了很好的体现：云南西双版纳傣族世代种植水稻，他们从长期的稻作农业实践中逐渐认识到保护水源对种植水稻的重要性。如何保护呢？由于傣族民众在信仰小乘佛教的同时也信仰祖先崇拜，并且认为佛祖赐福来世，而祖先佑护今生，因而保护好祖先的居所——"垄林"至关重要。要想保护好"垄林"，就要为其披上神圣的外衣，"垄林"的神圣性就通过"祭垄"仪式来展现，而"垄林"的完好保存起到了"保持水土、涵养水源、维护生物多样性、调节雨量和温度的作用，使农业生态系统获得良性循环"[①]。民众从保护"垄林"中受益颇多，于是更加注重对"垄林"的保护，这种保护意识在举行"祭垄"仪式时得以强化，久而久之，保护"垄林"的行动深入人心，内化为当地民众的思维观念，外化为一种行为自觉，这样，民众在遵循自然规律的同时也很好地保护了生态环境。由于传统社会国家权力对民族地区渗透的程度不深，所以大多数民族地区属于一个相对封闭的系统，世居民族可以根据自身与自然互动的经验摸索出人与自然良性循环的规律，大多数民族地区的生态环境都得到了很好的保护。中华人民共和国成立后，尤其是改革开放以来，由于发展经济成为国家的主流意识形态，一切以经济为中心，使得原本相对封闭的系统被打破，民族地区的发展没有较好地遵循当地的自然规律，导致原有的生态系统被破坏。因而，研究民族地区的生态环境就要利用"生态场域"概念找寻不同民族地区的决定其生态环境的特有资本，挖掘、构建出这一特有资本，使这一资本发挥关键作用，在这一资本发挥作用的同时与其他资本进行互动，根据实际情况重构一套有利于保护当地生态环境的资本体系，这一资本体系是对原有资本的高度抽象并会不断互动、不断重塑和强化，最终成为人与自然相处的准绳。

---

① 宋蜀华：《论中国的民族文化、生态环境与可持续发展的关系》，《贵州民族研究》，2002 第 4 期。

（二）研究现代性与传统的关系

现代性来源于西方，西方现代性可以归纳为自由、民主、博爱、知识、科学、理性十二个字。仔细推敲，我们会发现，这十二个字都为四个字服务，即生产、消费，最终归于消费二字。西方文艺复兴、启蒙运动使人从神的枷锁中彻底解放出来，从此人居于主导地位，知识、科学、理性皆为人征服自然服务，科学、理性、知识沦为征服自然的工具，自由、民主、博爱成为控制、奴役他人的幌子。经济资本成为权力资本，为了维护经济资本的至尊地位，经济资本必须成为社会的主导资本，拥有绝对的话语权，制度、文化、道德、伦理、法律资本都必须围绕经济资本来建构，于是一切资本都要听命于经济资本。要想使经济资本居于支配地位，就要使产品源源不断地转化为经济资本，这就需要重新建构消费话语。重新建构的消费不单纯是为了满足日用所需，亦不是为了精神、审美需求，而是要求我们把消费变成“我们的生活方式，要求我们把购买和使用货物变成宗教仪式，要求我们从中寻找我们的精神满足和自我满足”①，从而出现了“异化消费”② 现象。弗洛姆指出：“对待消费的异化态度不仅表现在我们对商品的寻求及消费中，而且远远超乎于此，决定着我们的闲暇安排。”③这时的消费成为一种地位、身份、优越、幸福的象征，消费话语转化为消费资本，并且成为与经济资本并驾齐驱的权力资本，与经济资本一起影响人的行为，人们通过挣钱来获得消费的能力，通过消费来展示自己的身份。于是“人从理性的主体和人道主义服务的中心对象的位置沦落为工具和机器的奴隶，至高无上的人道、人权和人的价值等变得一文不值了”④。人就会把与物质利益相左的事物视为前进的绊脚石，彻底摆脱物质以外的

---

① 〔美〕艾伦·杜宁著，毕聿译：《多少算够——消费社会与地球的未来》，长春：吉林人民出版社，1997年，第5页。

② “异化消费”概念首先由加拿大生态学家本·阿格尔提出，他认为异化消费是指人们为了补偿自己那种单调乏味、非创造性的且常常是报酬不足的劳动而致力于获得商品的一种现象。具体见〔加〕本阿格尔著，慎之，等译：《西方马克思主义概论》，北京：中国人民大学出版社，1991年，第494页。

③ 〔美〕弗洛姆著，孙惜祥译：《健全的社会》，贵阳：贵州人民出版社，1994年，第107页。

④ 段忠桥：《当代国外社会思潮》，北京：中国人民大学出版社，2010年，第78页。

其他束缚，也就是法兰克福学派学者马尔库塞笔下描述的单向度的人，这样的人自然会成为自然的征服者，为自己的私欲为所欲为，破坏环境自然不在话下，最终必然会导致生态危机。

传统社会由于生产力相对低下，比近现代的人更接近自然，他们在长期与自然的互动过程中，逐渐认识到人与自然不可分割的关系，视自身为自然的一部分，在此背景下构建的道德、伦理、宗教、习俗无不体现出惜物节用、民胞物与的思想，这一思想指导着人们的日常行为，这样的社会倡导的是人与自然和谐相处的价值观。人与自然的和谐相处是传统社会的普遍规律，围绕这一规律，各民族根据所居之地的自然环境衍生出各种人与自然相处的方式，这就造就了差异、多元的社会，正是差异、多元使人类世界别样多姿、蓬勃发展，彰显了人类的无上智慧，塑造了丰富多彩的文明。

现代性与传统在特定时空接触、碰撞时，以其“坚船利炮”敲开了古老文明的大门，不仅击碎了其孱弱的躯体，更毁灭了其绵延生息的精神，掌控传统社会的发展路径，按照有利于经济资本、消费资本的路径对传统社会进行改造、形塑，使其成为现代社会的附庸，从而使社会从传统文明的多元化变成现代文明的同质化。已故学者辜鸿铭先生在《中国人的精神》一书的序言中说：“要估价一个文明，我们必须问的问题是它能够生产什么样的人。”[①] 以此观之，现代文明既剥夺了其他古老文明发展的权利，同时也堵塞了本体文明改进、完善的通道，在毁灭其他文明的同时，无疑也给自己戴上了僵化的锁链，这无疑是人性的退化。

“生态场域”理论认为，传统与现代构成一个“生态场域”，在此“生态场域”内，传统、现代都拥有自身的资本，它们既要竞争又要合作，既要进行资本杂糅、交换，同时更要对特有资本进行重塑，特有资本的某些因子蕴含于传统与现代之中，特有资本却又超越了现有资本，这就需要对传统与现代进行批判、扬弃、吸纳、改造。既要抛弃传统社会中不利于社会进步的一面，又要保存传统社会围绕人与自然和谐相处形成的一套伦理

① 辜鸿铭：《中国人的精神》，海口：海南出版社，1996年，序言第3页。

规范；既要破除现代社会物质至上的一元思维，又要把科学、理性限定在价值、伦理许可的视域之内，使其真正为人类服务。把人类还给自然，要认识到“自然系统的创造性是价值之母”①，通过自然去“接近终极存在”②。这一终极存在就是万物均有其存在和发展的路径和规律，人类社会也不例外，因而只要有利于人类福祉的发展方式都应得到认可和尊重，这就打破了物质至上的一元思维，代之以多向度发展的多元思维，把传统社会的伦理、道德与现代社会的科学、理性融合在一起，最终解放人类自身。

（三）研究区域经济的可行性

关于区域经济的定义甚多，笔者综合考较后认为，“区域经济是按照自然地域、经济的内在联系、商品流向、民族文化传统以及社会发展需要而形成的经济联合体，是特定地区国民经济整体的总称”③这一定义较为准确。从此定义可以看出，区域经济因其地域、民族、文化、习俗独特而具有差异性特征；因其自身资源优势，而与其他区域经济具有互补性特征；因其是一个相对完整的自然地域而具有独立性特征；因其经济内在联系性而具有系统性特征。由区域经济的这些特征可知，针对不同区域的经济发展方案，不能一概而论。

“生态场域”理论认为，每个区域都具有某种显在或隐在的特定资本，这一特定资本是本区域区别于他区域的根本所在。每个区域都具有自身的特定资本，因而在规划产业结构，建构经济体系时不应盲目地模仿、照搬所谓发达国家及地区的发展模式，而是要立足于自身的特定资本进行规划、构建，让其余资本围绕特定资本运转。之所以如此，在于其余资本均由特定资本衍生而出，特定资本是这一区域的灵魂内核，是当地民众安身立命之所在。只有立足于自身的特定资本，才能真正遵循当地人文、自然规律，代表当地民众的利益，在此基础上，当地特色资源、文化、风情、习俗，

---

① （美）罗尔斯顿著，杨通进译：《环境伦理学》，北京：中国社会科学出版社，2000年，第199页。
② （美）霍尔姆斯·罗尔斯顿著，刘耳、叶平译：《哲学走向荒野》，长春：吉林人民出版社，2000年，第233页。
③ 朱传耿：《论统筹区域经济发展》，《光明日报》，2004-05-18。

以及特有精神气质才能回归固有环境中，它们才能彰显出自身的价值。民众才会真正成为发展经济的主导者，才会在设计产品时循其规律、通其性理，使物尽其性；在生产产品时，全心投入、精益求精；在销售产品时，保持诚信、童叟无欺；在售后服务时，细心周到、尽职尽责。区域经济发展之所以具有可行性，除了拥有特定资本外，还在于所处“生态场域”里的行动者，因为此时的行动者拥有自身发展的话语权，他们进行的发展不是基于功利、虚荣、攀比的发展，而是寻求人与自然和谐的发展、人与人负责的发展、人与社会共融的发展，在此前提下，工作与生活合二为一，工具价值与内在价值合二为一，功利让位于人性，浮躁让位于执着，贪婪让位于节制，效率让位于质量，从而使秩序、本位化入心灵。这样，任何资源都具有生命气息，行动者都会对其尊重、呵护。以此理念进行工作，必是愉悦、自足的；以此理念生产产品，必是充满人文情怀的；以此理念销售产品，必是蕴含责任、道义的；以此理念提供服务，必是充满温馨、关爱的。由此，行动者所在区域的经济必定是活力无限、长盛不衰的，因为他们是带着尊严去工作的，这时工作与身心是融为一体、不分彼此的。由此可知，研究区域经济发展的可行性，是“生态场域”应用价值的应有之义，其在于行动者的尊严能否得到捍卫和彰显。

总之，现代性与传统的分离与断裂，产生了物质至上与异化消费的理念，一定意义上导致了社会的失序，使社会回归有序的路径就是建构“生态场域”。作为一个生命系统，就要保持系统内部互补共生；作为一种思维模式，就要使系统内部“主客交融”；作为一种价值观，就要使系统内部守正无偏；作为一个动态性系统，就要使系统内部永葆本真。概言之，“生态场域”就是要使社会按其固有轨迹运作，尊重差异、倡导多元、保持合作、协同发展，让人与物是其所是，得其所归，最终使自然、人、社会回归良性循环状态。本文尽管对“生态场域”的由来、内涵、特征、应用进行了阐述，但离理论建构的目的还相差甚远，权当提供一种分析社会现象的视角、一种剖析社会现象的思路、一种理论建构的方式，提出一个有待解决的议题。“生态场域”若想成为真正的理论，还需学界同仁的不断求索和共同努力。

西北民族地区城镇化进程中的社会稳定问题研究[①]

城镇化是一个农村人口转变为城镇人口、农村地域转变为城镇地域、农村劳动力由第一产业向第二、三产业转移的历史过程。欧美国家城镇化进程起步较早，少数经济高度发达、城市化趋于饱和的国家出现了“逆城市化”现象。《中国新型城市化报告（2012）》指出：“中国城镇化率已突破 50%，城乡结构发生了历史性的变化。”[②] 美国著名的经济学家、诺贝尔奖获得者克里斯曾说过：“21 世纪将有两件大事，美国的高科技和中国的城镇化。”[③] 当前，中国的城镇化正处于推进阶段，而且在今后几十年，城镇化仍是缩小城乡差距、促进经济发展的巨大动力。城镇化是加快西北民族地区经济社会发展的重要途径，但城镇化不仅是农村向城市、农民向市民的简单演变，还涉及旧村拆迁、土地征收、人口流动、户籍改革、社会保障、民族宗教等系列问题。政府作为城镇化政策的制定者和城镇化进程的引导者，工作中的任何纰漏都有可能引发城镇化对象的不满情绪和过激行为，从而导致不同程度的社会失范，甚至社会冲突的爆发。目前，全国城镇化规划草案已拟定，新型城镇化的开展势在必行。为保证新型城镇化

---

① 本文发表于《西北民族研究》2015 年第 4 期，发表时有删节。

② 牛文元：《中国新型城市化报告》，北京：科学出版社，2012 年，第 58 页。

③ 转引自魏建国：全会强调三个平等　民营将是中国发展亮点，新浪网，http://finance.sina.com.cn/hy/20131201/103517491456.shtml.

进程的顺利实施，首先要构建一个和谐稳定的社会环境。

一、西北民族地区城镇化进程中影响社会稳定的突出问题

（一）强制下的“自由”，利益失衡引发的官民矛盾

针对城镇化进程中的房屋拆迁和土地征用问题，西北各省市都根据当地实际情况制定了相应的补偿标准。例如，《银川市征收集体土地及房屋拆迁安置补偿办法》所列“征地区片综合地价汇总表”中规定，农村实际征地区片价为1.7万～6.3万元/亩[①]，而房屋补偿标准中最高一级价格为500元/平方米，最低一级价格仅为80元/平方米。银川市周边郊区家庭土地占有量较少，如按5亩计算，最多可获赔补偿款31.5万元，最少8.5万元。2014年，银川市城镇居民人均消费性支出为20 401元[②]，以四口之家计算，这些土地补偿款最多能维持一个家庭使用3.9年，最少仅为1年。土地是农民生存和发展的资本，在就业及社会保障等方面的制度尚不健全的前提下，偏低的土地征收补偿标准大大降低了农民的生活水平。目前，银川市中心位置在售房屋价格约为6000元/平方米，偏远地区也为2000～3000元/平方米。以房屋最高补偿标准计算，即使在偏远地区购买房屋，所获补偿款最多也只能购买原居住面积1/6的房屋。这无疑增加了农民的生活成本，挤压了他们在其他方面的生活支出。“政府给予的补偿远远不能满足直接参与分配的大多数人的预期获得，这种落差极易造成人们的被剥夺感和不公平感，还会产生以社会侵犯为特征的社会互动模式和不良整合。”[③]土地、房屋补偿价格偏低与市场价格偏高的矛盾给城镇化造成了巨大困难：一方面，政府等受益群体在利益的驱动下，利用公共权力强制利益受损方服从安排；另一方面，利益受损方因不满情绪而以激

---

① 1亩≈666.7平方米。

② 银川市统计局国家统计局银川调查队：《银川市2014年国民经济和社会发展统计公报》，银川日报，2015-03-19。

③ 李培林，陈光金，张翼，李炜：《中国社会稳定报告》，北京：社会科学文献出版社，2008年，第13页。

烈的表达方式抗拒城镇化进程。利益受损方迅速转变成为社会的不稳定因素，甚至直接导致暴力抗拆、冲击政府等社会失范或社会冲突行为的发生，极大地影响了原本稳定的社会秩序。所以，城镇化应该是政府引导下农民自由选择的结果，农民应是选择离开，而不应是被迫离开。

（二）由农民到市民，“户籍隔离”带来的尴尬

旧的城镇化模式多通过损害农民的利益来维护城市居民的利益，在利益再分配过程中，城市居民获得了最大化的利益。这种模式往往导致既得利益者的利益被固化，而中低收入的农民工或失地农民想要转变成市民来分享城市公共服务，就变得尤为困难。在城镇化进程中，受户籍政策的限制，多数农民工或失地农民仍处于“半市民化”状态。他们可能在城镇居住，有着稳定的工作，也逐渐适应城市的生活方式，但农业户籍使其享受不到城市的教育、医疗、社保、住房等方面的福利保障，许多农民是“进了城，上了楼，愁白头”。由于地方政府无力为农民工支付基本社会保险，西北各省各行业农民工的参保率多不及两成。就业困难、城市配套公共服务严重不足等一系列严重的城市问题，促使部分失地农民或进城务工农民铤而走险，成为危害社会稳定的始作俑者。近年来，尽管西北各省都制订了户籍制度改革方案，但仍存在一些问题，如农民转市民门槛高。多数省份将“有合法固定住所、稳定的职业和收入”作为城镇落户条件，有的省份还将土地与户籍挂钩，要求农民必须放弃农村的宅基地和土地，这在很大程度上限制了农民进城落户。即使进城落户的条件放宽，农民变成了城市居民，也没有配套政策上的跟进，这些农民在社保、就业、住房等方面与原城市居民还是有所区别。可见，现有户籍政策已成为城镇化进程中影响社会稳定的重要制度性根源。

（三）从农村到城市，民族宗教问题逐渐凸显

对有宗教信仰的民族而言，宗教活动场所是其日常生活中最重要的场所之一，但在拆迁或农民进城的过程中，由于对宗教场所的保护和设置

不够，难以满足信教群众正常的宗教生活需求，因而引发一些问题。“以回族群众为例，他们是一个全民信仰伊斯兰教的民族，这种宗教信仰是与生俱来的，也是他们日常生活中不可或缺的精神支柱。自古以来，回族就有围寺而居的生活习惯，清真寺作为回族举行宗教活动的场所，不仅处于他们生活家园的核心位置，更是他们精神家园的重要象征。”① 地方政府在城镇规划中对宗教活动场所的设置有一定的限制，一般按人口多少或地域面积确定清真寺数量，但这往往不是建立在完全调查基础上的，因而不能满足回族群众对清真寺的真实需求，影响到他们上寺等日常宗教活动的进行，从而使他们滋生不满情绪。另外，回族信教群众内部还分为大小 40 多个教派门宦。一般而言，各教派门宦都有专属的清真寺，信教群众只能到各自的清真寺进行宗教活动。在某些地区，因城镇规划的需要，只有较大的教派门宦才能设置清真寺，这就在一定意义上剥夺了其他信教群众上寺的权利。相对于宗教问题，民族问题更加复杂。部分少数民族群众在进城就业创业时，往往存在无证营业、强买强卖、违章经营等情况，极容易与城市管理者或其他城市居民产生经济的、民事的纠纷。这些纠纷若处理不及时或处理方式不恰当，很有可能演变成民族性质的矛盾纠纷。还有一些触犯少数民族感情引发的矛盾纠纷，这些矛盾纠纷主要表现为城市管理者及原城市居民不谙少数民族传统文化及风俗民情，无意中伤害了少数民族的民族感情，导致少数民族群众的不满情绪与过激行为。此类事件极易在较短时间内扩散，导致事态扩大和升级，由不同民族个体间的矛盾升级为两个民族间的矛盾，影响到民族团结和社会稳定。

二、城镇化过程中社会矛盾演化的成因及过程分析

城镇化是经济发展的推手，而地方政府为了维持地方经济社会发展，变相地牺牲农村及农民的利益，走上了一条偏离城镇化本源的道路。旧的城镇化，其核心是通过运营土地，促进地方经济社会的快速发展。地方政

① 冯雪红，聂君：《宁夏回族生态移民迁移意愿与迁移行为调查分析》，《兰州大学学报》（社会科学版）2013 年第 6 期，第 56 页。

府先征地拆迁，从农民手中购入土地，再以土地和税收补贴等作为招商引资的丰厚条件，来达到做大经济总量的目的，然后通过拉高地价、推高房价进而获得更多的土地收益和房地产税收。这些土地收益用来支撑地方政府的财政支出，但户籍制度造成的隔离使政府不用担心农民向城市转移所带来的公共服务支出的增加。在这样一个过程中，可以明显地划分出两个群体：受益群体和受损群体。地方政府从总体上规划着土地的运营，操作着整个城镇化的进程。在人口急剧增长的今天，土地作为稀缺资源，存在巨大的升值空间。农民的土地被征用后，有关机构再以相应的价格挂牌出售给房地产开发商。2013 年，×× 市土地征用补偿价格为 4 万元 / 亩，但挂牌出让后最高达到 900 多万元 / 亩，增值约 225 倍。“有关资料显示，农民只能得到土地用途转变增值的土地收益分配中的 5% ～ 10%。”① 显然，土地增值收益分配很不公平，地方政府剥夺了农民土地的大部分增值收益，而且增值收益的绝大部分也没有用在失地农民身上。同时，一些腐败官员故意压低土地补偿价格的不当行为更容易引起失地农民的不满情绪和过激行为。此外，受益群体还包括房地产开发商、较早拥有城市身份的普通民众、拥有多套住房的普通民众和投机者，以及强势获得高额补偿的拆迁户等。虽然这部分人是城镇化的受益者，但他们与失地农民没有直接接触，两者之间不易爆发冲突。受损群体首当其冲的是弱势拆迁户和土地被低价征收者，他们为城镇化廉价贡献了土地资源，但可能要承受高房价、无工作、低保障等负担。另外，还有较晚进城或等待进城的人群及中低收入者，他们是房价泡沫引起的代际不公，以及高房价引起的高消费物价的直接受害者。资源稀缺的现实无法改变，效率被重视，而公平却没有兼顾，资源继续向强势群体的方向转移，以致利益格局失衡。这自然使得人民内部矛盾愈演愈烈，利益格局转变的急速性更导致各方利益冲突的增加，导致社会稳定事件的发生在所难免。

弱势农民失去了房屋及土地，却没有提供良好的就业岗位、社会保障及民族宗教等方面的服务设施作为相应的补偿，利益受损群体可能会以

① 丁旭光：《透析城市发展中失地农民权益受损原因及保障措施》，《特区经济》2006 年第 5 期，第 96 页。

过激行为来表达自己的利益诉求。当其利益未被满足时，他们与政府之间的矛盾极有可能激化，从而采取更为激烈的表达方式再次表达诉求，导致突发性、群体性事件的爆发，给地方社会稳定造成严重影响。

城镇化过程中社会矛盾演化的成因及过程的分析如图5所示。城镇化进程中拆迁与征地中的利益争夺、户籍隔离导致的就业和社保问题，以及民族宗教问题是社会不稳定的主因。而在利益诉求过程中，受损群体的法律意识淡薄、维权意识超前，基层组织社会控制弱化，也是影响社会稳定事件发生的重要原因。首先，基层组织社会控制力弱化导致社会关系紧张。改革开放以来，在政府的指导和监督下，农村逐步实现了自我管理，但农村基层自治水平普遍较低，自治意识薄弱，在失去政府管理后，新的基层社会管理秩序和规范尚未建立健全，社会管理诸多领域出现越位、错位、失位等新情况、新问题。一些基层干部执政能力差、缺乏诚信等问题凸显了基层组织社会控制的弱化，这是推动利益受损群体寻求体制外途径和手段向地方政府表达诉求的重要原因。其次，利益受损群体法律意识淡薄与维权意识超前导致维权方式错误。西北地区农民文化程度普遍偏低，法律意识也比较淡薄，他们极易通过过激行为宣泄内心的不满情绪。近年来，农民的维权意识不断增强，但维权方式与维权意识不相匹配，导致利益诉求表达机制缺失，社会冲突难以得到有效的调节和控制。他们意识到集体力量和集体行为的重要性，一旦个人利益受损，其维权活动往往通过集群行为来表达诉求，以期引起政府部门的重视并施加压力。部分人还抱着“法不责众”的错误观点去行动，不考虑后果，一味“闹”下去，致使矛盾激化，也让社会矛盾失去了最好的处置时机。[①]

实际上，在城镇化过程中，地方政府作为最大受益方，也是社会不稳定的最大受害者。地方政府必须正视城镇化中的各种问题，在新型城镇化政策的指引下，从源头上解决影响社会稳定的各种问题，谋求地方经济社会的可持续发展。

① 李培林，王晓毅：《生态移民与发展转型》，北京：社会科学文献出版社，2013年，第153-155页。

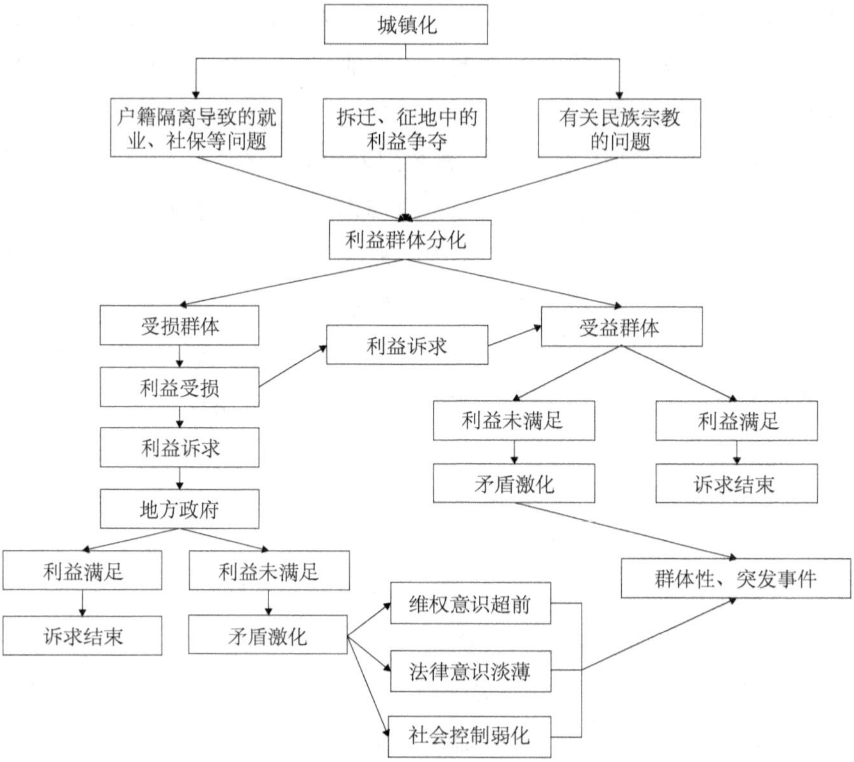

图5 城镇化过程中社会矛盾演化的成因及过程分析

三、新型城镇化与社会稳定的协调并进

2014年3月，随着《国家新型城镇化规划（2014—2020年）》的颁布，我国进入了新型城镇化发展阶段。本文根据该规划的要求及对上述城镇化过程中社会矛盾演化成因及过程的分析，提出相关对策建议，以期促进新型城镇化与社会稳定的协调并进。

（一）进行财税改革，减轻“土地财政”依赖

在宏观方面，国家要对分税制财政体制进行改革和调整，以现行土地政策为指导，合理解决土地征收、挂牌、买卖的权力等相关问题，应当

由中央财政统一管理土地出让金，以利于土地资源的合理利用，降低购房门槛。另外，进一步完善中央财政对地方的转移支付，为地方政府城镇化建设提供充裕资金。在微观方面，要规范地方政府的各项土地收入，如房产税、土地使用税、土地资产收益税等。同时，通过消费税、房产税等税制的改革，完善地方税体系，逐渐提高地方政府财政自给能力，减轻地方政府对“土地财政”的过度依赖。

（二）打破征地垄断，改革土地制度

宅基地使用权、土地承包经营权和集体收益分配权等是法律赋予农民的基本权利。首先，土地制度改革应该依法维护农民的土地承包经营权、宅基地使用权，使农村集体建设用地摆脱政府垄断，以市场化方式运作，同权同价参与城镇开发。其次，要提高农民在土地增值收益中的分配比例，将更多的土地增值收益让渡给拥有土地的农民。最后，鼓励和支持进城人口开展农村宅基地和土地承包经营权的有偿流转或让渡，缓解农民进城资金欠缺的问题。

（三）实现“三化”融合，创造稳定就业机会

稳定就业是农民变市民的必备条件，大量创造稳定的就业机会，才能真正促使农民向市民的有序转变。首先，要推进城镇化、工业化与农业现代化的紧密结合，实现三化同步、三化融合，使城镇化与产业发展形成良性互动，以配套产业发展带动农民稳定就业。其次，充分利用城镇自身各种产业的发展优势，真正培育起具有比较优势和竞争优势的产业，促进人口分布、经济布局与资源环境的协调发展。最后，构建进城人员与企业用工对接的职业培训体系和政府扶持型创业体系，帮助进城人员就业、创业，尽快融入城市生活。

（四）降低城市准入门槛，完善各项配套制度

城镇化中最大的问题是土地城市化和人口城市化的脱节，为此，城

镇化经历了从以土地换土地到以土地换户籍的转变，但人们对这种将土地与农民进城取得户籍挂钩的办法的认可程度不高。因此，要降低城市准入门槛，首先要取消土地与户籍的挂钩。对于农村户籍，不论是否放弃所承包土地和农村宅基地，只要本人申请，均可转为城镇户口，这样更有利于引导农民有序地向城镇流动。其次，要在居住场所、工作、居住期限等方面进一步放宽准入条件，使失地农民和农民工能够根据自己的意愿进入城市。最后，为新落户人口制定相应的配套政策，强化各种手续的转移接续，并尽可能地使他们及其家属享受与所在地城镇居民同等的公共服务。

（五）提高政府执政能力，完善社会公共服务

首先，树立执政为民的理念。在重视城镇化建设的同时，更要重视农民的权利要求与利益诉求，杜绝与民争利情况的发生。其次，树立执法为民的观念。依法行政，提高执法能力和水平。地方政府严格按照法定权限和程序行使职权、履行职责，杜绝不作为、乱作为等。最后，加强失地农民和农民工的服务和管理工作。对户籍迁移、就业服务、子女教育、治安防范、民族宗教事务等他们最关心、最迫切需要解决的问题，及时予以解决，加强政策落实，解除他们的后顾之忧。

（六）规范社会控制，维护社会稳定

社会控制是维持社会秩序、保持社会稳定、化解社会风险的重要手段，又分为外在控制和内在控制。外在控制是通过地方政府来完成的，这就要求地方政府首先要针对矛盾纠纷的诱因，及时调整有关政策法规，使其符合群众的利益需求。其次，构建强有力的执法机构、应急管理专家队伍等，并聘任社会安全、综合管理等方面的专家，强化应急管理的智力、技能支撑，构建布局合理、精干实用的应急队伍体系。最后，要根据西北民族地区信教民众众多的特点，通过宗教事务的规范化管理，不断深化信教民众的自我内在控制。

畜牧业的式微与石刻业的兴盛

——青海和日村藏族生态移民后续产业民族志[①]

黄河、长江和澜沧江三条江河，每年向下游供水600亿立方米，是我国淡水资源的主要补给线，是一笔巨大而不可替代的宝贵财富，也是中国社会经济可持续发展的命脉。三江源地区特有的“高、干、寒”自然条件已使生态环境十分脆弱，而近年来人口增加和人类无节制的生产经营活动大大加速了生态环境的恶化。从本质上讲，三江源地区生态环境退化，是人口增多和日益增长的物质需求与滞后的自然放牧生产方式之间矛盾的表现。因此，要恢复和维护三江源地区的生态平衡，最根本的问题即调整好人与自然的关系，切实解决牧民群众的生计问题。而三江源生态移民工程，就是恢复和维护三江源地区的生态平衡并保持生态、生产和生活协调发展的重要举措之一。本着生态建设与脱贫致富、群众奔小康相结合的原则，在牧民自愿的前提下，实施生态移民，引导有条件的牧民到城镇定居，为发展城镇经济创造条件。[②]

截止到2014年10月，在总结一期工程10年经验的基础上，青海三江源国家生态保护综合试验区二期工程正式启动，总投资160.6亿元。三江源二期保护工程始终以生态环境保护和建设为核心，在加强以草原为重

---

① 本文发表于《西北民族研究》2017年第2期，发表时有删改。

② 青海省发展计划委员会，青海省林业局，青海省农牧厅编制：《三江源规划》（内部资料），2004年。

点的生态建设与环境保护的同时，积极推动经济发展方式转变，大力促进民生改善。[①] 实施生态移民工程，其中一个重要问题就是生态移民在安置区生产和生活的可持续发展，它在很大程度上是指生态移民后续产业发展是否能让移民在搬迁之后的生活真正实现“迁得出、稳得住、能致富”。因此，了解生态移民工程中后续产业发展情况，也是对生态移民工程效益的综合评价。正是在这一背景下，为了解三江源生态移民后续产业发展情况，我们以青海省泽库县和日生态移民新村为田野点，先后于 2014 年 7 月、2015 年 7 ～ 8 月、2016 年 2 月和 2016 年 7 ～ 8 月前往和日村进行田野调查，历时 2 个多月。调查发现，牧民搬迁后，他们通过不断的尝试，实现了对本民族传统文化的自我探索和自我发展，融合传统的手工业，使石刻业逐渐成为移民新村重要的支柱产业，顺利完成产业转变的同时，也带动了村落整体经济水平的提升，真正达到生态移民“搬得出，稳得住，能致富”的目标。基于田野调查，现就和日村生态移民后续产业关联问题予以事实呈现，见微知著。

一、“石雕艺术之乡”：和日村概况

和日村隶属青海省黄南州泽库县和日镇，和日镇政府驻地位于泽库县城西 68 公里处南巴滩次哈吾曲沟口周毛多则塘（“多则塘”系藏语音译，“周毛多则塘”，汉语意为“周毛积石滩”）。镇政府所在地街道呈“T”字形，两旁皆为平房。沿次哈吾曲河北岸呈三角状分布有和日卫生院、兽医站、和日镇人民政府、信用社、公安派出所、农技站、和日完小。[②] 全镇占地面积 1037.47 平方公里。1954 年 8 月，泽库县第一区（后改为和日区）人民政府建立。1969 年改乡为人民公社，1984 年改称和日乡人民政府。2014 年和日乡撤乡建为和日镇，和日村是和日镇下辖的 11 个行政村之一。和日村距镇政府仅 500 米，是泽库县远近闻名的生态移民示范村，有“石

---

① 赵凛松：《三江源生态好转二期工程不再“应急”》，中国新闻网，http：//www.chinanews.com/df/2014/01-10/5724363.shtml[2014-01-10].

② 完全小学的简称，设置有完整的一到五年级。

雕艺术之乡”的美称。站在村口，能够看到位于村子南边山坡上的和日寺建筑群的一部分，而和日石经墙则位于山坡另一侧靠近和日寺主体部分的山崖之上。一栋两层的楼房位于整个村子的中心位置，村子的职能部门都集中在村子里这栋最醒目的楼房内，村民们称这栋楼为活动室。活动室坐北朝南，前面是一大块空地，并设有一个篮球场；东西两侧是两排平房，用来堆放村委会财产和对村民进行石刻培训。

和日村人口基本为藏族，仅有2人是汉族。2005年泽库县执行国家政策，对大部分自然村进行生态移民搬迁。根据规划，和日村属于本地安置，他们从离现居地10多公里的山沟里搬到和日镇东部的政府规划地点。截止到2015年，和日村共有244户879人。村中享受三江源生态移民政策的有100户444人；享受游牧民定居政策的有144户435人。① 村里成年人的受教育程度普遍为小学至初中，老年人大多为小学文化程度，未成年人均已接受义务教育。

二、石刻业：藏族生态移民后续产业的支柱

搬迁前，和日村的大部分村民就已通过家庭或寺院师徒传承习得了在石块上刻制经文和图案的藏族传统石刻手艺。和日村的石刻，在泽库地区甚至整个藏区都很有名。过去，和日村是一个以畜牧业为主的村落，买卖牛羊、牛羊皮毛、奶制品是村民收入的主要来源，销售石经仅是他们家庭收入的一部分，此时的石刻还未形成产业。自2005年实施生态移民搬迁以来，大部分村民主动响应政府的政策，在搬迁的第一年就变卖了家中大部分甚至全部牛羊，搬到现在的和日新村生活。由于和日村是本地搬迁，迁入地与迁出地较近，他们能轻易与搬迁前的生活发生联系，便捷的交通为村民延续“逐水草而居”的生活提供了便利，在一定程度上，放牧仍然是和日村搬迁移民生产生活的组成部分。搬迁后，没了牛羊，在移民的生产生活中，维持生计的主要产业——畜牧业的作用日渐式微，而另一

① 享受三江源生态移民政策的住户中，16岁以下及55岁以上的家庭成员，每人每年可领取生态补助3000～5000元，享受游牧民定居政策的人家则不享受该政策。

种传统且焕发生机的新兴产业日益凸显出来，那就是逐渐兴盛起来的手工业——石刻业，如今，它已成为和日村生态移民后续产业的支柱。下面就和日村生态移民后续产业——石刻业的主要环节及关联问题予以呈现，以期观察生态移民产业转型的关联问题。

（一）石材的选取：吉隆的石头与哈达的石头

藏族石刻文化的传承已近千年之久，在整个藏区的分布极为广泛，而和日地区的石刻艺术自和日寺创立（1831年）以来有将近200年的历史，古时的人们把文字写或刻在竹简、兽骨、绢帛、木头、纸张之上，为的是让当时所存在的文化因子得以传播或传承后世，藏族石刻文化能够演变至今，与和日村村民生活息息相关的和日石经墙、和日石刻艺术，以及这里重要的文字载体——石头是分不开的。和日村的石刻文化及日渐形成的石刻文化产业的发展中，一个重要的环节就是石头的选用。

和日村石刻所用的石头有两个产地：一处是位于村子东面10公里的山沟内叫吉隆的地方；另一处则是沿着621县道继续向东5公里的名叫哈达的地方。村民所用的石头都需从这两个地方选取。2015年8月的一天，我们跟随28岁的村民久美切杨①骑摩托车前往吉隆的采石场，这里的石头是私人所有，采石场的老板讲述了一些关于石头的情况。

> 我的石头一方卖五六百元。夏天太阳比较大，在太阳底下不好人工采石头。采石头都是用铁锹一块一块地凿，然后人工再把采好的石头搬到堆石块的地方，有时我自己采，有时雇人采。家里的石头可以用来刻图案，同德（县）的一个专门刻图案的人，专门来我这里拉石头。来我这儿拉石头的有12个大客户，有青海湖那边的、兴海（县）的、同仁（县）的、同德（县）的，还有和日村的。
>
> 石头上的花纹②利于刻图案，热贡刻图案的想要有这个花纹

① 久美切杨，男，和日村人，15岁便在寺院学习刻石经，获得县级石刻工艺师证书。

② 这些花纹其实是造山运动形成岩石的过程中，一些植物、动物的标本融入到石块后形成的图形。

的石头。客户来买石头都会提前给我打电话，刻图案的话，热贡那边的客户专门挑这种带有花纹的石头。石头表面光滑、颜色较深的石头比较好。石头不能晒，如果晒了的话，石头容易变硬，雕刻的时候就容易坏。这里采石头古时候就有，以前是从山上挖，一点一点采，都是人工背的。

在去往哈达的路边有一家大型的石材加工厂，里面布满了各种用于清洗、搬运、切割石头的大型机器，零星的几个工人正操作着机器，把大块的石头切割、打磨成整齐划一的石板。目睹这一切，不免产生疑问，“为什么和日村村民放着已经切割规则且可送货上门的石头不用，却要到离家十几公里的地方挑选和搬运石头？而工厂能产出大量的规则石块，在村民家中看到的却是来自吉隆的大小不一的不规则石材，这些不规则的石头在村里有什么用处呢？”对此，久美切杨是这样解释的：“我们村里刻石经的人多呀！工厂里切割的石头价格比较贵，比吉隆的石头贵很多；我们村里刻石经的一直就要那种不规则的，方方正正的一直不放到石经墙上，算是我们的传统吧；还有就是我们都用工厂里的石头来刻图案，因为厚度好，还能做立体的图案。反正，刻图案用的石头和刻石经用的石头在很多方面都不同，我们要好好选。”

到达位于哈达的采石场后，我们发现这里充斥着大型采石机器的嘈杂声，一个大型挖掘机正在半山腰上，对着一面切割整齐的山体进行作业。据采石场工作人员讲：“这个采石场从 11 年（2011 年）开始使用，每年冬季停工[①]，所有采集工作使用大型机器，切割山体的工具采用一种名为金刚石串珠绳的工具，利用绳子的硬度和旋转，不断拉扯来切割石体。”相比吉隆的石头，哈达的石头颜色更深，是蓝黑色，颜色较纯，无杂色，石块较厚。哈达这边的石头采集下来之后，直接运送到罗泽河的加工厂进行冲洗、打磨、切割等粗加工，然后再运送到需要的地方。久美切杨选好了自己满意的石头，他拿着一块长 30 厘米、宽 20 厘米、厚 5 厘米左右，约一张 A4 纸大小的长方体石块，用手抹去石块上的石灰，经过反复观察，

① 泽库地区冬季环境恶劣，常有雨雪、大风天气，会严重阻碍采石工作，所以采石场要停工一段时间。

不停地掂量，再用砂纸把石块打磨得尽可能光滑，他说可以通过观察打磨光滑的石材来判断石材的优劣，能用来刻制图案的好石材经过打磨后颜色更深、表面更光滑，和工作人员谈了10分钟，他买下了这块石头。

回村的路上，久美切杨讲了一段意味深长的话。

> 这块石头我必须亲自挑选，买家是镇上的一个干部，他让我刻一幅金刚手菩萨①，买家跟我说要买一块300元左右的石头，价格他来出，我谈了半天，这块石头我卖350元，刻出来之后，他再给我计算手工费。我要对我的作品好啊！选石头就得选优秀的石头，哈达石头最大的好处就是厚度够、颜色好，刻出来能当工艺品，而且刻的是菩萨，更要质量好的石头，有的石头刻到一半就都碎了，这样对菩萨不尊重，对我自己和家人就不好。我就说，好的石头是成功的一半。

回到村里后，我们被径直带到村委会侧面的一小块空地上，另一个疑问也就迎刃而解了。这里存有大量人工切割好的石块，显然石头是分类摆放，每一堆石头都做了记号，原来这里的石头属于村里集体成立的和日石雕艺术有限公司，工厂里切出的石头，大部分被村里集体买下，为的是给公司谈下的几个大型项目提供石经，工厂里加工出的石头与和日村的联系就在于村上公司的出现。当村里集体承接了大型项目时，就需要通过公司与石材加工厂谈判，以最低价格争取到大量石块，然后把购得的石块集中堆放在村委会的空地上，村民从这里领取石块，搬回家中制作，在自家分别完成与村委口头协定的任务，在指定时间—— 1个月左右把成品运送回村委会并领取报酬。刻制石经实行多劳多得的原则，按村民石刻的平均水平计算，1个村民1天可以刻经文2个章节（不以字数统计）的内容，刻制1个章节的经文，村里向村民发放劳务费28元。最后，村委会把集中好的石刻经文成品，统一运送至项目所在地。

可以看到，和日村石刻经文和石刻图案对原材料石材的选取，就已

① 金刚手菩萨，梵文Vajrapani。因手执金刚杵，常侍卫于佛，故称之为金刚手菩萨，具有除恶降魔的广大神力，在西藏地区也是相当重要的雨神。

出现两种形式：一种是村民自己家庭经营的石刻生意，如果刻制经文，他们会毫不犹豫选取吉隆采石场的石头，那里的石头，村民也可以自己动手采集，价格会更低。村民一般租用货车、皮卡等运输工具，以较低的价格把石头拉回家中。如果需要刻制石雕艺术品，特别是有宗教和民族传统的图案时，石头的选取就比较谨慎，在买家无特别要求的情况下，他们一般会专程去选取心仪的石材，再做加工。村民们一再强调，传统和石头的材质是他们最看重的因素，毕竟“好的石头是成功的一半”。另一种是，在村民的集体行为下，公司通过谈判，用庞大的石材需求量压低石材价格和节省运输费用，以此来最大限度地保障村民获得的酬劳，再通过集中发放、统一制作、集体回收和运输，完成项目的整个运作，为公司和村民带来实际的利益。

（二）石材的加工：石刻大师和他的学生

和日村近百户人家中，除几户人家欠缺石刻手艺，主要靠打工、经营商业维持生计外，有近70户，夫妻二人，包括家中小孩、老人，至少一人会刻石经或图案，另外有20多户，夫妻二人均会石刻手艺，并且都是村民朋措家中这样的模式，即男性刻图案，女性刻石经。村里443名女性中，只有一人会刻图案。这是值得思考的一个问题。石刻技艺是通过何种方式进行传承的？其背后又是什么原因导致了这一现状？要解答这一疑惑，就得从和日寺的一位长者说起。

在访谈中，人们普遍提到一位叫贡保才旦的长者，说起他，所有被访者都冠之以“大师”“和日的骄傲”“国家级的大师”等称号。

> 我2005年向大师（贡保才旦）学习刻图案，大师免费教，学了3年的时间，2008年学会。学的时候特别难，第一次去学习，大师只有1个，学生特别多，不懂的地方，不好意思再问大师，大师年龄大了。大师教的时候，做得很麻烦，刻的时候，先画在石头上，再用工具描一下，然后再刻。我们村会刻图案的，基本都是从大师那里学会的。（索南多杰，男，35岁，和日

村人）

自己二十五六岁时，向贡保才旦大师学习刻图案，为了传承技艺，向大师学习。小的时候，村里和寺里有很多刻佛像和刻石经的人，我为了传承这个技术才向大师学，向大师学了4年多，当时跟我一起向大师学习的村里人有很多，我刻的第一幅作品卖掉了。（消理南杰，男，31岁，和日村人）

可以说，贡保才旦这样一位大师在和日村石刻技艺的传承和制作方式上具有举足轻重的作用。后来在寻找大师的过程中，了解到不少有关大师的信息。据村里人说，贡保才旦是土生土长的和日人，1937年出生，细细算来，现在他已是一位耄耋之人。从很小的时候他就对佛像雕刻表现出浓厚的兴趣。通过在和日寺院拜石刻艺人守龙仓、哇布旦等为师，他初步掌握了唐卡、壁画、泥塑等艺术的基本技能，十来岁他就可以自己在石头上独立雕刻了。他的石刻作品《观音菩萨》《唐东杰波》等入选《中国藏族石雕艺术》一书，其作品比例精当、量度精准、线条流畅，更包含刻、雕、凿、钻、打磨、镂空等复杂的技法。他的名字被录入《中国艺术界名人总鉴》。近些年，他一直致力于培养新一代的石刻艺术家，对和日的石雕艺术可谓贡献良多。贡保才旦是和日寺院的一名“阿巴”（和日村称阿卡）僧人。宁玛派是藏传佛教各教派中最古老且在教法教典和传承系统上比较特殊的一派，其“阿巴”僧人分为两种：一种是正式僧人，要在寺院长久居住，并受戒律严格约束；另一种不进佛门，居家娶妻生子，不脱离日常的生产活动，比起俗人来，他们精通密法咒语。[①] 据笔者调查，和日村男性中1/3的人拥有和日寺院阿卡的身份，他们身穿僧服，与住寺僧人相差无几，但是他们却成为和日村接受和传承石刻艺术的基础人群。

和日村村民在这个由地方性知识和本地宗教所组成的场域里享受着传统带来的恩泽，我们在村里也看到了村民们习得石刻技艺的一种外部方式。和日村自2005年实行生态移民搬迁后，在泽库县三江源办公室的支持下逐步重视对村里石刻艺人的技术培训，每年定期在村里举行为期

① 克珠群佩：《西藏佛教史》，北京：宗教文化出版社，2009年，第199页。

1～2周的石刻技术培训班。2007—2009年三次聘请黄南州同仁县的唐卡艺术家，到村里教村民创作和绘制佛教人物、动物、吉祥八宝等石刻所需的图案。村里还邀请贡保才旦大师进行过一次面向全村的集体传授，其他几次都是邀请村上几位跟随大师学习石刻多年并拥有不同级别[①]石刻艺人头衔的刻工，对其他村民进行石刻技巧方面的培训。另外，在县财政的支持下，2013年村里组织10位村民前往天津曲阳雕刻学校学习石刻技术，历时半年。村里只有不到10人会雕刻镂空的石雕艺术品，因此，石刻图案尤其是石刻立体图案，在村里仍属于一项少数人拥有的特殊技能，大多数村民需要的是刻藏族石经的技能培训。和日村自2005年起，在开设石雕图案培训的同时，也向更多的村民提供了刻石经培训，培训仍然由村里那些“大师的学生”授课。村里给每位参加培训的村民1天20元的补助。村民对两种学习石刻技术的方式有不同的看法。当问及“村里的培训班对您的石刻技术帮助大吗？”这一问题，村里较有名的31岁的石刻艺人XLNJ[②]说：“培训对我没什么帮助，主要还是我向大师（贡保才旦）学习的作用大，没有大师教我，我就达不到学习（刻）图案的领悟能力。我跟村里其他大师的学生也一起交流‘怎么刻图案更快，怎么刻更生动’这些问题。有不懂的地方，直接去朋措他们的家里问，他们都会帮助我。”这是刻图案的村民中较具代表性的观点，学会石刻图案技术需要长时间的学习和不断的尝试，一年一次的技术培训并不能带来很好的效果，村民们仍然遵循自己在寺院和村里通过师徒相承方式学到的技能。

还有一些村民早已从家中长辈那里习得石刻的手艺，所以对于培训班里的刻石经培训，已司空见惯。

> 我30多岁的时候会刻石经，村里人人都会刻，自己看看就知道怎么刻了。就像一家有一辆汽车，家里人就会开了，学起来很简单。这是传统文化，所以人人都应该学会。这个村有刻石经的传统，别的村都是近几年才开始刻。（完玛才让，男，53岁，家里没了牛羊之后，主要靠刻石经为生）

① 黄南藏族自治州石刻手工艺人的认证分县级、州级、省级三个级别，省级手工艺人技艺最高。
② 出于田野调查伦理要求，文中部分真实人名以其名字的汉语拼音首字母代替，下同。

同时，我们也要看到，村上组织的石刻培训班对村民石刻技艺的提高也有直接作用，得到了一些村民的认可，他们普遍赞赏热贡艺术家的教学对他们绘制石刻图案很有帮助，并且认同村里其他技艺高超的村民在培训过程中对他们在雕刻技艺上的指导。

2014 年，那次村里组织培训，我丈夫参加的是图案培训，我参加的是石经培训，参加培训可以获得补助，又能提高技术，当然好。我丈夫参加完图案培训之后说仁增多杰[①]教得很好，他自己学到了不少刻石头的方法。我参加了石经培训，老师也是村里人，以前我刻的字体不太好看，就是斜着的那种，老师更正了我拿工具的方法，我刻的比以前更好了。我觉得刻石经的培训对我帮助很大。（藏毛，女，41 岁，家中 5 口人都会刻石经，搬迁之前就已学会石经雕刻）

我学刻石经，也学了刻图案，老师是从黄南州来的，老师讲得很好，培训完石刻方面后，自己刻经的话，字就好看了，速度也比以前快。刻图案是在这儿培训时学会的，老师教图案，以前我画图案画得一般，请来的那个老师教过之后就画得好一点了。村里去培训班当老师的那几个人，教我们刻图案，他们刻得很专心，样子也好看，应该多向他们学习。（久美成列，男，26 岁，是和日寺的阿卡，经常在家跟爷爷学刻石经）

此外，2012—2015 年担任和日村驻村干部的李嘉东知，并非和日村人，但他参与了和日村生态移民后续产业培训、人口调查等工作，对和日村比较了解，他给我们提供了有关信息。

和日村的培训（石刻培训）进行了很多次，我作为村干部也参加了。村民参加培训的热情很高，人太多的话，还得抽签决定谁去参加。教刻图案和刻石经的老师一般都是村里人，倒是有几次邀请了黄南州的绘画老师来给讲怎么画得更好看，一

① 仁增多杰，男，27 岁，和日村生态移民，向和日寺一位受戒僧人学习石刻 5 年，现已成为村里石刻造诣最深的年轻人。

些村民反映说绘画老师教得很好，有些难画的佛像他们也掌握了，比以前画得精细了。参加刻石经的女的多，这个好学一点，而且容易提高，老师讲得好，她们本来也认识些藏字，学得也快，参加完一次基本都会了。

值得一提的是，泽库县会给村里参加石刻图案培训并顺利结业的村民颁发毕业证书，还授予“县级石刻传承人”称号，证书和称号需要在严格的考核和认证后才能获得，一般由泽库县中有更高级别称号的手工艺者进行集体审核，对参加培训的村民所提交的作品进行评比打分，所递交的作品得到大家一致通过才能颁发证书。据统计，和日村获得县级证书和县级石刻艺人称号的有 30 人，其中女性 1 人，男性 29 人，有阿卡身份的 11 人。全村 879 人中获得州级评定的仅有 4 人。调查得知，获得县、州上颁发的证书，对于和日村村民来说，是对石刻艺人技艺的肯定，提升了自豪感，能够为村民带来知名度，他们由此拓宽石刻作品的销路，为和日村打出名声，借助“高原石刻第一村”的美名，推出自己的特色产业，帮助村子整体发展与致富。

（三）产品的去向：去往何处与意义何在

和日村村民自家所刻石经一般都会卖往整个泽库地区，这里的藏族有一个传统，当家中有亲人去世，对亡者进行天葬后，家人会邀请阿卡念经超度，经文内容是《解脱经》，他们称为《檀多经》。这种经文对于藏族的意义，一方面是让亡者灵魂解脱，得到升华；另一方面也是亡者家人对于自己后世的一种积福和修行。经过演变，这里的人普遍把这类经文刻在石板上，在固定时间，如藏历初一或十五，把刻有经文的石头摆放到石经墙上，也有寄托哀思的寓意。藏族的思想核心或者说价值核心是达到人与自然的和谐共生，把经文代表的宗教、信仰符号刻制在石块等自然物质之上，石块所携带的经文便是他们自身意志的体现，再经历与水、气流、土壤等自然实体的进一步接触，这样便达到人与自然的高度融合。在藏族人看来，这样做对自己信仰的前世、今生、来世三重世界都有很大好处。

2014年8月，我们在玉树地区通天河沿岸就曾见过，当地藏族把玛尼经“六字真言”刻在河边浮出水面的石头上，字体的一部分浸没在水流之中。据当地人讲，“让水流冲刷过经文，就等于我们念了一遍玛尼经”。和日村的人把石经堆放在石经墙上，山坡之上气流的活动频繁，风一次次吹过石头表面的经文，也就达到了藏族念诵经文的效果。在过去，和日寺的僧人会时常聚集起来进行转石经墙的活动，是一种集体性的祝福行为。实际上，每户村民家中都会存有至少一部《檀多经》，除去县里各个地方的买家要来购买石经放在石经墙上或者自己村落里，和日村村民也为家人和自身留有一部这样的石刻经文，对于尊重文字经典和信仰前世今生的藏传佛教信众来说，这便是他们对信仰的最好阐释。就像村民拉旦所说："我刻一部《檀多经》就等于念一遍这个经文，再把经文放到石经墙上去，对我的后世是很好的事情。"这样的习俗，正是和日村在很早以前就有了石刻经文的主要原因，石刻经文也是在拥有了这种宗教的功能后，逐步成为和日村所依托的重要生计方式和产业发展的途径。

可以说，和日村的石经以其悠久的传统和独特的雕刻技艺得到了泽库县其他地区藏族群众的认可，而这里的石刻浮雕（图案）和圆雕（立体图案）艺术也受到青海省许多地区收藏家、艺术家、商人的青睐，还有来自美国、不丹和我国香港等国家或地区的买家前来购买石刻作品，将其作为珍藏或馈赠的艺术珍品。石刻图案销售范围较广，一般没有固定买家。近几年，村里一些较有名气的石刻艺人擅长雕刻佛像、八宝吉祥、和睦四瑞等传统藏式图案，也拥有了一些固定买家，他们大多为藏族的企业家、政府官员、艺术家等，对具有藏族传统的艺术品兴趣浓厚，常大批量地购买。

我2013年刻的1幅《唐东杰布》[①]被西宁一个搞工程的藏族老板买去了，他将从哈达买来的石头直接交给我刻，我刻了1个月时间赚了2500元钱，老板买去可能是放到自己家了，他说他喜欢收藏唐卡、石刻这些东西。（KTJ，男，44岁，学习石刻

① 唐东杰布（1385～1464），明代著名建筑师，藏戏的开山鼻祖。藏族人历来把他看作是创造藏戏的戏神和修建桥梁的工匠的“祖师”，是藏族人民心目中智慧、力量的化身。

5年）

我现在刻的这个图案，是刻给泽库县文化局的一个领导，他是我的熟人，他让我刻2幅一样的，可能是要送人吧，刻的内容是和睦四瑞。石头是我自己挑的，我们很早就认识，所以我给他最低的价格，2幅作品我卖给他1800元。（SNLD，男，39岁，20岁便学会刻图案）

没有买家预订我也刻，我在家经常刻，刻得最好的1幅作品要1个月时间，能卖五六千元，我有固定的买家，外地的、本地的都有，外地的主要是果洛、玉树和兴海（县）的，这里面果洛的买家买得最多，买家买去图案用来送人，寺院放着也有。我的作品很好卖，我是村里刻得最好的，买家通过打听都主动来找我，我名声很大。（RZDJ，男，27岁，向和日寺一位僧人学习石刻5年）

自己家刻图案的石头都是有要求的，颜色厚度方面。一块1000（元）左右的石头，我用1个多月时间刻出来，买石头的1000元是买家给的。自己刻1幅图案挣2500元，选石头，我自己去看石头质量，有时买家也规定石头大小和厚度。自家没有固定买家来买图案，兴海那边的人买图案比较多，他们买去图案用来念经，有些经必须买佛像来。（GQDJ，男，30岁，去过青海西宁、河北等地学习雕刻技术）

搬迁前，和日村村民制作的石刻经文和石刻图案就一直有广大的客户基础与市场销路，和日地区甚至整个黄南州的藏族民众成为他们石经的主要顾客，村民不用出去推销，就会有来自各地的顾客到村里购买石经，用石头刻制的佛像、动物等石刻图案，同样也一直是这个地区的畅销工艺品。在调查中我们也看到，98%的村民从来没有担心过自己刻的石经卖不出去，他们普遍反映石经是藏族必须用的东西，而且这一地区只有和日村刻的石经最好，名声最大。在和日镇上一些居民的叙说中，可以听到他们对和日村出品的石刻经文比较一致的观点。

前段时间我的家人出事了（去世），我们就在和日村买的石头，1部石头刻的经文大概2000多元，我们很早就知道和日村全村都会刻，随便找到一家就买上了。他们村子很出名，不光刻石经，还刻各种佛像。（WMJ，男，30岁，和日镇居民，在镇上做服装生意）

我们这里的人都习惯去和日村买石经，那里村民传统上刻得就好，他们村（和日村）跟石经墙关系很好，他们村在黄南州上都很有名，我有亲戚从同德（县）那边过来买石头，有买经文的，也有买佛像的。（华青措，女，43岁，同仁县人，现居和日镇，经营一家餐馆）

如果说过去的和日村人是出于宗教目的把石刻经文和石刻图案放到石经墙上的，而现在石刻经文和石刻图案已经被开发出了商业价值，销路很好，并且大多数村里人已把它们当作维持生计的主要手段。那么，出于个体行为层面，现在村里人刻石经和刻图案就产生了两种目的：一是为了赚钱；二是为了宗教信仰。

"刻石经是为了生活"，是一些和日村人直白的表述。搬到迁入地之后，他们失去了牛羊，迫于生存的压力，只得依靠卖石经来满足比过去高很多的生活成本。他们大多也没有掌握其他生产技术，刻石经已是他们维持生活最基本的手段。村里的老人久科说："我只能靠这个（刻石经）才能生存撒，没有了它，我以后都吃不上羊肉了。"这其中还有人看到了石刻业的良好商机，想要依靠自己的双手发家致富。32岁的BSJM自信地说："我和我的'群嘛'（安多藏语音译，汉语意为'妻子'）都刻石经，基本上每天都刻，刻不完的石头，石头（石经）卖得这么好，我从来没担心过卖不出去，我就想现在多刻一些，等赚了钱还能干点别的。"

而另一些村民，显然更加懂得石刻手艺对和日村的重要意义。相比其他村民，他们可能更加了解藏族历史与文化，看重石经在宗教上的价值，刻石经对他们来说似乎没有功利性。

我刻玛尼石主要是为了信仰佛教，当时大师免费教我，主要是为了传教，“以刻玛尼石为生”好，想像大师一样，把手艺传给别人，这样很好。所以，我早就知道，刻玛尼石也会使自己富有的。（CD，男，45岁，向大师学习过石刻）

我家里世代从事玛尼石刻，自己向贡保才旦大师学过刻石经，因为自己是和尚，就必须要学刻玛尼石，藏族人有这个传统。玛尼石可能不会使自己富有，但是“以刻玛尼石为生”好，刻玛尼石放在那石墙上，心情很好，自己是一个和尚，帮助别人是应该的，希望所有人都能健健康康。（WMCL，男，62岁，从小就在寺里学习石刻）

刻玛尼石，心里觉得刻完之后放在石经墙上很开心，因为是藏族，也喜欢刻，刻玛尼石有传教的意思，我们从小知道石经墙，过节会去石经墙前念经，那里的玛尼石都是以前村里老人刻的，对石经墙是一种崇拜心理，希望永远不要失去这个石经墙，对石经墙感情很深，每年重要节日，村里人会去石经墙献哈达。（JK，男，65岁，家中9口人，和日寺的阿卡）

这个村一起刻《檀多经》，每家分几张，人死了以后啥也没有，刻下了《檀多经》就有了，都是为了以后的自己刻石经，刻石经主要是为了信仰，然后是为了继承这个技术。藏文里面的意思懂一点，也可以学习，活到老，学到老。（DC，男，66岁，当过村副主任）

持有上述观点的村民，大多是寺院的阿卡或者对佛教有深厚理解的人，他们把刻石经当作自己在宗教上的修行，每一次把经文刻在石头上，都是他们对佛教经典表达崇拜，并通过学习对经文再认识的过程。而和日村大多数村民认为，刻石经和图案对他们来说是两种目的的结合。手工一遍遍地刻出石经和图案，不但能够赚钱，更能在宗教上有好处，村民们很乐于以石刻为生。也可以看出，在宗教和文化的直接影响下，他们更倾向于达到宗教上的价值。

当问及“刻玛尼石是为了信仰还是为了谋生？”他们大多是这样讲述的。

刻石经不能有残缺的地方，如果字刻得不好或者残缺，就没人买了。“以刻玛尼石为生”好，在宗教方面好，刻经文是对佛的敬畏，但现在人不信这些。我要是选择的话，选刻石经，刻石经是祖祖辈辈传来的文化，以刻石经做生意能持续下去，打工不能持续很长时间。（WMCR，男，53 岁，家中 7 口人，2 名劳动力）

两个都是，信仰多一些，买家给多少钱就有多少钱，没有更高的价格，要求也不多。“以刻玛尼石为生”好。刻石经或者卖石经，不同于杀牛杀羊，在宗教上是敬畏，总之是做善事，所以比较好。对于选择出去打工还是专门刻石经，我还是选择刻石经。（RZNJ，男，34 岁，家中 8 口人，2 名劳动力）

这是一件两全其美的事，如果自己出钱刻一部，很困难；如果别人能出钱刻，自己不用出钱能刻一部《檀多经》，既是信仰，又是赚钱。校对的时候比较认真，字啊这些都整齐一点，就是对宗教的尊重。刻石经不仅仅是为了赚钱，更多的是为了信仰。不管刻玛尼石好不好，都要靠石经生活—我们这个村，打工不是长久的事，我们这个村主要是靠刻石经，不管好不好都要靠这个生活。（QZJB，男，31 岁，家中 4 口人，2 名劳动力）

从以上叙述可以看出，和日村村民雕刻石经，不仅是为了卖给其他藏族人来赚取金钱，更是为了追求刻石经这一行为背后深刻的宗教意义。他们单纯为了赚钱而刻石经，或者为了宗教信仰而刻石经，抑或二者兼有而刻石经，从他们的行为来看，似乎印证了马克斯•韦伯对人类行为特征的解析。马克斯•韦伯（Max Weber）将行为的“合理性”（rationality）视为目的理性行为与价值理性行为，这两个方面可以相互独立，不断变化。[①] 而“行为的工具合理性是根据运用手段达到既定目的的过程中的有效计划来加以衡量”[①]。“一个行为，如果满足了手段合理性和选择合理性的条件”[①]，韦伯称之为目的理性行为。工具理性是指行动只由追求功利的动

① 〔德〕哈贝马斯著，曹卫东译：《交往行为理论：行为合理性与社会合理化》，上海：上海人民出版社，2004 年，第 166，167，166 页。

机所驱使，行动借助理性达到自己需要的预期目的，行动者纯粹从效果最大化的角度考虑，漠视人的情感和精神价值。价值理性则相信的是一定行为的无条件的价值，强调的是动机的纯正和选择正确的手段去实现自己意欲达到的目的，而不管其结果如何。[①] 从和日村生态移民热衷于石刻的行为来看，他们对自身发展中文化因素的影响比较看重，有了石刻的佛像和经文，有了石经墙及和日寺这些精神的支柱，他们能够获得幸福感。在一定程度上，他们不在乎金钱的多少，无条件地去刻石经和图案，把他们自身的价值赋予石刻之中，用实际行为寻求和崇尚自己的精神家园，虽不排除实际利益的驱动，但他们始终未忘以价值理性为指导的选择，刻石经所蕴含的意义已化作一种坚定的信仰而浸润于他们的身心之中。

（四）"公司加农户"："和日石雕公司"的成立与运行

2015年8月的一天，我们对"和日村石雕艺术有限公司"（下文简称"和日石雕公司"）的总经理——时任村支部书记的才让南杰进行了访谈[②]，下面是才让南杰对和日石雕公司的有关介绍。

> 村上的公司是2009年成立的，我们有想法成立公司，就去县上、镇上，找县委书记、联点的领导，向他们汇报，在领导支持下才成立的。公司是属于整个和日村的，全部村民都能加入，开始加入的时候，110个人加入，现在有264人加入，公司跟他们签了合同，他们自己也签字了，是村委找他们加入的，村上公司不收管理费，帮村民联系项目，村民自己收入自己拿，公司成立的时候，发工资给一些人。公司联系了坎布拉那里的项目，这个项目是村委跑下来的，主要是因为我们石雕传统好，石头是从石材公司罗泽河的公司买的，买来石头发给每家去刻，刻1张（佛经上1张纸的内容）给28元，谁想刻就刻，刻多少就给多少。

① 吴小爽：《试论新公共管理的工具理性》，《辽宁广播电视大学学报》2010年第2期，第107-108页。
② 才让南杰，男，43岁，和日村人，2000—2014年，担任和日村村主任，之后担任村支部书记，2016年7月又去和日村调查时，村支部书记已更换。

村委到省领导那里跑项目，给了钱的话，那个上面章子没有，不行的撒（不可以）。去果洛、海南那些地方签合同要有公司的名字，为了盖章，为了有公章，我们才决定要成立一个公司。再后面，慢慢地，去济南、上海、北京这些地方做宣传，也要有公司，需要有公司的名字。年年去参加青洽会这种展览会，费用是公司出的。自己是村里的经理，村主任是副经理，公司里有一个丫头当出纳会计，专门有5个村民监督公司的运作，主要是资金流向和账本。村干部在公司里当经理没有工资，村委里只有我和村主任在公司里有职位，还有一个村民当保管员。现在公司效益可以，村里最早有7个人给公司刻图案，2009年开始刻，公司选了村里刻得最好的、有技术的村民让他们给公司刻图案，给他们发工资，1个月2000元。来公司买（石刻）图案的人很多，一般都是藏族人，为了送礼物，外国人也有来买的。图案主要是牦牛和佛像买得多，佛像最多，村上人卖（石刻）图案，公司帮着联系，他们自己也卖，自己卖也行，通过公司也行。

希望以后公司组织去外面观摩学习，公司里有村民集体参加刻图案，能集中比7个人更多的人刻图案，现在图案刻得太少。刻字（刻石经）的没有证书，不需要证书。公司除了大的项目，不经营小的石经项目。刻图案的村民都是他们提交申请，村里只是帮他们联系一下，告诉文化局，我们几个人去报到，资料他们自己准备。越多人拿证书对村里越好，买图案的人对证书没有要求，只要是刻出来买家喜欢就行。

从村支部书记的介绍中，我们对和日石雕公司成立的原因、起何种作用、如何运作、与村民的关系、现今境况、未来计划等诸多方面有了初步的了解，同时他也给我们提供了关于公司的详细书面材料。可以看出，以村支部书记、村主任为代表的和日村村委，对于整个村子的发展方向已有了很好的掌握，对成立这样一个类似于“公司＋农户”的后续产业体系，兴许，其利弊只有通过公司的作用和价值与村民利益的相互关联来考察。作为村里的权力核心与掌握“话语权”的人，村支部书记和村主任对村庄的发展都有一种责任感和使命感，为村民服务，让村民得到实际利益是他们的目标。能够感受得出，村民信任的村委领导着这个村，坚定而踏实地走在用石板铺就的道路上，我们为和日村能拥有这样的领头人而高兴。同时，我们也看到，他们坚持着自己的传统，但也积极接受新的公司形式，整个村子团结在一起。

之后，当问及“您知道村上的石雕公司吗”等一些关于村上公司的问题，村民们提出了自己的看法，从中我们了解到和日石雕公司的成立，对于村子的石刻发展及后续产业的转型有很大的帮助。

> 知道村里的石雕公司，加入了石雕公司，村主任组织的，并让我加入，自己村里人办公司很好，公司不给工资，但是可以学石刻，很好。（PC，男，45 岁）
>
> 我知道村上的公司，并加入了，通过公司卖自己的作品，公司是由村委向上级申请后办的，公司属于我们全部村民的，大家都加入了。（GRDJ，男，48 岁，村上有名的石刻手艺者）
>
> 我家刻石经用的石头是公司送过来的，让我刻《甘珠尔》，1 张给我 28 元钱。在山上的时候都是自家刻自家的，现在合起来给公司刻，公司帮我们卖，拉石头也不用自己花钱，都是公司出钱。（LGJ，女，35 岁，村妇委会主任，也是村里公司的会计兼出纳）
>
> 过去我们老人只知道刻石经能卖点钱，搬下来了，成立了公司，公司里的人让我的儿子去刻图案，能赚不少钱。（DBDJ，男，75 岁，以前做过阿卡，现在每天仍然穿着僧服）

和日村会刻石经的家庭基本都加入了公司，一般由公司出面洽谈的大型项目，都会分给村里每一户去完成。在这方面，公司得到了村民们的一致认可。然而，有些村民则有着不同的看法。

> 公司是整个村一起成立的，为了对整个村的收入好，所以

成立公司，我加入公司是因为村委组织让我加入的，我就加入了，能否加入村上的公司是要看技术如何，刻得好，才成为7个人里面的1个。公司成立之后，7个人一起刻，去公司里刻图案就跟上班差不多，有规定的时间，每天是按国家规定的上下班时间工作，刻出的图案都给公司，放在公司销售，公司里收入好的话，每年也给村民们分钱，石头是公司提供的，刻的工具是自家拿的，但切割机（切割石头）这些机器是公司的，现在不去公司刻了，公司里不需要了，人已经够了，就不去了。觉得自己卖图案比在公司卖图案好，自己刻得好一点的牦牛图案就能卖2000元，公司里1个月才发2000元。（CRDZ，男，48岁，把刻图案的手艺传给了儿子，自己在外打小工，如搬砖、沙子等纯体力活）

图案一般都是自己卖给别人，自己卖的话比较赚钱，包装图案的盒子，是从公司买来的，要是给公司再卖，就卖得便宜，钱少。我没有固定的买家来买，都是不同的人主动来找我，我也主动找过买家。如果要是加入公司成为里面的人，就不用自己去找买家。（JMQY，男，33岁）

现在自己的作品自己也卖，活动室（公司）那边也放着，我那时候主动加入了公司，公司里面的几个人（被公司雇佣）主要就是刻图案交给公司卖，我们几个人是培训班的老师，公司给我们发钱。觉得自己的作品很好卖，自己是村里刻得最好的，买家通过打听都主动来找我，我名声很大，州上面、县上面都知道，自己的名声也是村里公司的名声，自己的名声也是公司打出去的。（RZDJ，男，27岁，和日石雕公司主要手工艺人）

结合对村民的访谈可以看出，大家对村里的这个公司有不同看法。专注刻石经的家庭从公司那里获得了利益，他们与公司联合，结成石材选取、石材运输、石材加工、统一销售的一体化的经济实体，公司为他们分担了一部分风险，有效节约了其生产成本，也促使他们转变观念，从以前单一刻石经到现在积极学习石刻艺术。石头有了更高的附加值之后，价格提升，销路也会拓宽。而一直会刻图案的家庭，在本来石刻艺术品销路较好的条件下，面临自主经营和被公司雇佣的选择中，各家结合自身情况对其进行考量，村民们不同的选择，体现出村民在面临发展的问题时，能够积极寻找出路，参与到自家致富与村子整体发展关系的协调之中。

三、余论：生态移民的文化产业展望

我们可以看到，和日村的生态移民在后续产业发展中，依据自己的传统实现了从第一产业“畜牧业”向第二产业石产品加工业“石刻业”的转型，村民们凭借祖传和培训得来的技术在迁入地站稳了脚跟，村里的公司也为拓宽石刻销路竭尽全力。通过调查和访谈来看，和日村以石刻业为支柱产业，这一思路本身没有问题，但是不能仅仅依靠单一的产业来发展，就像一位村民所说：“石头总有采完的一天吧。”在今后可能面临生态、资源、环境等突出问题时，和日村需要作出更合理的应变，可以尝试把石刻产业与运输行业联合起来，从生产到运输进行统一化管理；加强对服务业、商业的扶持，在和日地区培养完善的商贸体系，对于石刻业、虫草产业的发展也有所裨益。

泽库县三江源办公室主任在谈起和日村生态移民的后续产业时，也特别强调了和日石雕公司在今后的发展问题，他认为公司目前这种“公司＋农户”的管理方式需要调整，“这个公司不向村民收管理费，它是集体的大家帮忙的形式。好比卖30块钱，这30块钱就是你（村民）的，它不收取任何费用。作为村委会，把利润全部返给你（村民）的话，以后对公司发展有影响”[①]。面对市场化的竞争，公司需要大量资金维持运作，单靠公司来支撑村民的盈利还不足以产生集体性的效益，公司的发展也需要村民们转变观念，培养市场竞争和公司化管理的理念，村民适当缴纳管理费，用于公司的运行和推广活动也是必要的，能达到双赢的局面是所有人

① 2015年8月17日16：00在泽库县三江源办公室的访谈记录。

都愿意看到的。

和日村生态移民的石刻手工业，可以与和日寺及和日石经墙在原有的联系上发生更深层的互动。现代旅游业在藏区可谓蓬勃发展，越来越多的内地游客选择到青海、甘南、西藏等地体会美丽的风景和淳朴的民风。藏区独有的宗教特征，吸引着游客前往一些地处偏远的藏传佛教寺院。在和日村调查期间，我们曾碰到从内地专门来这里参观和日寺与石经墙的游客，也有一些内地的佛教信徒慕名前往这里参加当地高僧大德的法会、讲经等活动。

对于像和日石经墙这样既体现经济价值又饱含传统宗教意义的景观，在历史发展的大潮中，当地人主动去改变传统宗教符号的意义，并融合市场化的运作，产生一种新的民族文化产业，便是一种积极的尝试。和日村生态移民的后续产业发展，可进一步借用石经墙的现代旅游意义，加深石刻业与石经墙的天然联系，在可能的条件下扩展两者的经济联系，继续挖掘石经墙的文化价值，在非物质文化遗产保护方面加大其知名度，借用石经墙的影响力来宣传和日村的石刻艺术和村里的公司，也可以在石经墙景点内合适的地方销售石刻的图案，加深游客对石刻产品的印象，同时创造效益；进一步开发和日村传承的石刻手工技艺，加大对石刻手工艺人的培训力度，完善技能评价体系。村子的石刻手工技艺可以申报非物质文化遗产；在石经墙景区外围僻静处专门开辟一块地方，用以开展手工艺人现场制作石刻产品的活动，配合当地的藏戏团表演，带动石经墙景区的整体活力。

但值得注意的是，对于石经墙的开发和利用，一定要遵从当地藏族的意愿，充分考虑宗教因素，听取当地民众、宗教人士、政府官员及专家学者等多方意见，在不破坏石经墙自然景观和人文景观的前提下，适度进行商业活动，以及有发展潜力的旅游业等的合理开发。万不可复制个别少数民族地区盛行的村寨旅游业，把宗教仪式表演成舞台剧，把民族文化当成赚钱的工具，在追求商业文明的过程中，弱化其文化的本质内容和精神指向。因此，要合理利用与适度开发。费孝通先生曾说："我们研究各民族社会历史的目的是在帮助各民族发展起来。我们并不是为了解而了解，为提出一些理论而去研究，我们是为了实际的目的，为了少数民族进行社会改革提供科学的事实根据和符合少数民族利益的意见。"[①] 在面对和日村的后续产业发展时，从民族文化产业角度进行一些讨论，以此来表达对研究对象的人文关怀。

① 转引自乔健：《试说费孝通的历史功能论》，《中央民族大学学报》（哲学社会科学版）2007年第1期，第5-11页。

回顾与展望

生态移民研究与反思[①]

人类社会的发展始终伴随着迁移与变动。20 世纪后半期，人类的生存、发展需求与环境的生产、恢复能力之间产生了深刻的矛盾，怎样缓解人与自然紧张尖锐的矛盾便成为急需解决的世界性问题，也成为全球共同关注的主题。1982 年，联合国通过的《世界自然宪章》中提到："因人类活动而退化的地区应予以恢复，用于能配合其自然潜力并符合受损害居民福利的用途。"中国作为最大的发展中国家，经济与社会的快速发展导致了国内生态环境的急剧恶化，人口与环境的矛盾逐渐激化，始于 20 世纪 90 年代的生态移民，便是我国为解决这类问题而进行的一种积极尝试，国内有关生态移民的研究也在这一时期兴起。

20 多年来，随着生态移民实践的不断发展，学界从不同的学科视角出发，对生态移民展开了多层次、全方位的研究，形成了一系列既有开拓性又有见地的研究成果。迄今为止，有关生态移民研究的学术著作较少，代表性的著作有色音、张继焦主编的《生态移民的环境社会学研究》[②]，阿布力孜·玉素甫等的《新疆生态移民研究》[③]，谢元媛的《生态移民政策与地方政府实践：以敖鲁古雅鄂温克生态移民为例》[④]，包智明、任国英主编

① 本文发表于《广西民族研究》2014 年第 4 期。

② 色音，张继焦：《生态移民的环境社会学研究》，北京：民族出版社，2009 年。

③ 阿布力孜·玉素甫，等：《新疆生态移民研究》，北京：中国经济出版社，2009 年。

④ 谢元媛：《生态移民政策与地方政府实践：以敖鲁古雅鄂温克生态移民为例》，北京：北京大学出版社，2010 年。

的《内蒙古生态移民研究》[①]，马伟华的《生态移民与文化调适：西北回族地区吊庄移民的社会文化适应研究》[②]，以及近两年出版的李培林、王晓毅主编的《生态移民与发展转型——宁夏移民与扶贫研究》[③]和王永平、周丕东、黄海燕等所著《生态移民与少数民族传统生产生活方式的转型研究》[④]等。有关生态移民的研究主要见诸各类学术期刊中，笔者在搜集、整理、爬梳新近相关研究成果基础上，现从研究主题对生态移民研究状况进行分类总结与反思，以期为后续生态移民的拓展研究提供参考。

一、关于生态移民界定的研究

1900 年，美国科学家考尔斯“首次将群落迁移的概念导入生态学”，提出了“生态移民”这一概念，并认为“生态移民”是指“出于保护生态环境的目的而实施的移民”[⑤]。自此，他开创了科学研究“生态移民”的历史进程。1993 年，“生态移民”首次出现在国内的文献中，任耀武是国内最早提出“生态移民”概念的学者，他在有关三峡大坝移民问题讨论的文章中，并没有给予“生态移民”一个严格的定义[⑥]，只是在提到缓解脆弱生态环境与解决人口压力的时候，使用了“生态移民”这样一个概念。20 世纪 90 年代，生态环境问题引起了人们的极大关注，我国的生态移民研究也由此进入系统详尽的阶段。对“生态移民”概念进行界定应是研究者首要解决的问题，但学界并没有对此达成共识，学者因视角各异而对这一概念有着不同的理解和界定，可谓见仁见智。较具代表性的生态移民界定主要有以下几种：葛根高娃、乌云巴图认为，“生态移民是指由生态环境

---

① 包智明，任国英：《内蒙古生态移民研究》，北京：中央民族大学出版社，2011 年。

② 马伟华：《生态移民与文化调适：西北回族地区吊庄移民的社会文化适应研究》，北京：民族出版社，2011 年。

③ 李培林，王晓毅：《生态移民与发展转型——宁夏移民与扶贫研究》，北京：社会科学文献出版社，2013 年。

④ 王永平，周丕东，黄海燕，等：《生态移民与少数民族传统生产生活方式的转型研究》，北京：科学出版社，2014 年。

⑤ 转引自一迪：《生态移民的困惑》，《华夏人文地理》2003 年第 5 期，第 135-143 页。

⑥ 任耀武，袁宝国，季风瑚：《试论三峡库区生态移民》，《农业现代化研究》1993 年第 1 期，第 27-29 页。

恶化，导致人们的短期或长期生存利益受到损害，从而迫使人们更换生活地点，调整生活方式的一种经济行为”[①]；刘学敏撰文指出，“所谓生态移民，就是从改善和保护生态环境、发展经济出发，把原来位于环境脆弱地区高度分散的人口，通过移民的方式集中起来，形成新的村镇，在生态脆弱地区达到人口、资源、环境和经济社会的协调发展”[②]；李宁、龚世俊提出，“所谓生态移民，是指在生态系统之中，由于多种原因造成了自然环境的恶劣和自然资源的枯竭，导致人口与资源环境的矛盾激化，人类为了生存而主动调整其自身与资源、环境之间的关系，以保持生态系统内部诸要素的相对平衡所进行的人口迁移”[③]。包智明则认为，“生态移民是因为生态环境恶化或为了改善和保护生态环境所发生的迁移活动，以及由此活动而产生的迁移人口。在这个定义中包括了原因和目的两个方面的含义。不论是原因，还是目的，只要与生态环境直接相关的迁移活动都可称之为生态移民”[④]。

以上几种关于生态移民的界定较为典型，葛根高娃、乌云巴图将生态移民作为一种由生态恶化而引发的自发的经济行为。刘学敏的界定则更强调生态移民是一种政府行为，认为生态移民是一种自上而下的生产布局调整。李宁、龚世俊是按迁移的主要动因即生态环境的变迁，相对于经济、社会、政治、争战、文化等诸因素变迁推动的人口迁移而提出的概念。包智明的定义也强调了生态移民是一种与生态环境相关的迁移活动，同时也将生态移民与其他移民类型做了很好的区别。

一些研究者还曾对生态移民的界定提出过要求和原则，例如，包智明在界定生态移民时提到“其定义既要包括一切与生态环境相关的迁移活动，也要与其他移民类型相区别”[④]。朱文玉、徐晗宇认为，“界定‘生态移民’应包含两个方面的内容：一是移民的动因，即自然环境的恶化、人

① 葛根高娃，乌云巴图：《内蒙古牧区生态移民的概念、问题与对策》，《内蒙古社会科学》（汉文版）2003 年第 2 期，第 118-122 页。

② 刘学敏：《西北地区生态移民的效果与问题探讨》，《中国农村经济》2002 年第 4 期，第 47-52 页。

③ 李宁，龚世俊：《论宁夏地区生态移民》，《哈尔滨工业大学学报》（社会科学版）2003 年第 1 期，第 19-24 页。

④ 包智明：《关于生态移民的定义、分类及若干问题》，《中央民族大学学报》（哲学社会科学版）2006 年第 1 期，第 27-31 页。

口数量超过生态环境的承载容量；二是移民的目的，即为了保护和改善生态环境，提高农牧民整体的生产生活水平”①。

还有学者根据对生态移民这一概念界定的着眼点与角度不同，将现有的生态移民概念进行归纳分类。例如，廖双双将生态移民的概念归纳为原因层面、目的层面、综合层面、其他层面。②史树娜、黄小葵将现有生态移民概念分类为致因和目的层面、原因层面、目的与目标层面，以及从移民行为的角度进行界定四个层面。③马秀霞则主要依据生态移民的目的，将生态移民的内涵归纳为经济行为说、扶贫行为说、生态保护行为说及综合行为说。④

从总体上看，目前学界对于生态移民的界定还处于积极的理论探索阶段。现有概念大多涉及移民主体和移民诱因两个方面，对于生态移民内涵的界定则更多的是围绕生态移民这一行为而进行的，对于政策含义及移民主体两方面的解释稍显欠缺。目前虽然对于生态移民概念的界定众说纷纭、莫衷一是，但学者都把握到了生态移民的核心内涵，即通过人口的迁移达到人与自然的和谐统一，其实质是人与自然的重新调整。正如田红所分析，学者的观点大致趋近于认同“生态移民”是一项涉及面广、综合性强的社会系统工程，它肩负着重塑人地关系和谐的使命，同时还必须对当事人现在与未来的政治、经济、文化负责，还要对迁出区生态恢复承担责任。⑤

二、关于生态移民效应的研究

生态移民是一项综合性的系统工程，它必然会产生相应的各种效应，对其效应进行评估分析，有助于调整生态移民的政策及其实施，实现政策

① 朱文玉，徐晗宇：《土地荒漠化与我国生态移民政策研究》，《环境科学与管理》2006 年第 5 期，第 70-71 页。

② 廖双双：《生态移民研究综述》，《农村经济与科技》2012 年第 4 期，第 173-176 页。

③ 史树娜，黄小葵：《北方少数民族地区生态移民研究文献综述》，《内蒙古财经学院学报》2011 年第 5 期，第 34-38 页。

④ 马秀霞：《我国近几年生态移民理论与实践研究概述》，《宁夏社会科学》2012 年第 4 期，第 56-59 页。

⑤ 田红：《论民族文化在“生态移民”中的定位与价值——以凉山州生态恢复为例》，《云南师范大学学报》（哲学社会科学版）2013 年第 2 期，第 45-51 页。

功能的最优化。在关于生态移民效应的研究中，生态移民的有效性得到普遍认可，但与此同时，也有一些学者对生态移民的实施效果表现出了担忧。

（一）生态移民的正效应研究

学界对于生态移民项目大多持积极的肯定态度，“在保护生态环境的各项举措中，生态移民是成本较少而收益较大的一种方式”[①]，“生态移民的效果是多方面的，除了在整个社会发展中的宏观效应外，在中观和微观上还促进了区域生态系统的修复和经济的发展”[②]。概而视之，生态移民正效应的研究主要集中在生态移民的生态效应、经济效应和社会效应三个方面。

生态效益是生态移民工程实施的基本目标之一，因此，生态移民的正效应首先体现在对生态环境的恢复与保护方面。在生态移民效应研究中，学者普遍谈及生态移民所发挥的积极的生态效应，认为在生态脆弱地区实施生态移民有助于改善环境，促进生态良性循环，实现人与自然的和谐共存。李皓认为，“生态移民就其生态意义讲，是人类活动有意识地从生态脆弱区域退出，从而保证自然界的再生产获得良好的条件，并通过自然界自身的代谢能力实现脆弱生态的重新修复”[③]。生态效应最明显的表现是恢复和保护了迁出区的生态环境，杨红认为，“移民搬迁后，缓解了人口与资源的矛盾，有利于调整土地利用结构和农村产业结构，保护自然植被和陡坡地退耕还林、还草，促进生态系统良性循环”[④]。孙曼莉从三个方面肯定了生态移民的生态效益，“严重沙化草地的防治，最简单、经济、行之有效的办法就是实施生态移民搬迁；生态移民是加速植被恢复的重要途径；

① 孟琳琳，包智明：《生态移民研究综述》，《中央民族大学学报》（哲学社会科学版）2004 年第 6 期，第 48-52 页。

② 周建，施国庆，李菁怡：《生态移民政策与效果探析——以新疆塔里木河流域轮台县生态移民为例》，《水利经济》2009 年第 5 期，第 68-72 页。

③ 李皓：《论生态移民与民族地区现代化》，《黑龙江民族丛刊》2005 年第 1 期，第 32-35 页。

④ 杨红：《关于生态移民后续发展问题的探讨》，《山东省农业管理干部学院学报》2012 年第 5 期，第 11-12 页。

中国西部需要建立更多的生态无人区”，进而认为“生态移民是荒漠化防治的重要措施，也是加速植被恢复的重要途径”[①]。此外，梅花以宁夏地区为例，分析了宁夏实施生态移民的意义与作用，认为生态移民可以“促进沙漠与黄土高原之间国土资源的合理开发利用，建设‘绿色生态屏障’”[②]。

对于生态移民的经济效应，普遍的观点是：生态移民有助于提高移民生活水平，实现移民收入的增长；有利于调整地方产业结构，实现区域经济增长，完成生态移民地区脱贫目标。如同研究者所说，“科学的生态移民对于摆脱因环境压力造成的基础性贫困有重要意义”[③]，“就移民个体而言，其传统的生产方式和产业结构的双向革命提高了经济收益”[④]。“首先，从区域经济发展的产业结构变迁来看，人口的集中是产业不断升级的前提条件，而生态移民为民族地区人口的集中提供了现实可能性；其次，从区域经济发展空间演变过程而言，生态移民为区域增长极的形成和城镇化的发展提供了动力；再次，生态移民对民族地区的脱贫工作意义重大。”[⑤]可以说，在一定意义上，生态移民为民族地区的经济发展提供了难得的契机。

针对生态移民的社会效应，其观点主要集中在以下几个方面：第一，生态移民对全面建设小康社会意义重大。皮海峰认为，“建设高度的生态文明是全面建设小康社会的迫切需要，也是全面建设小康社会的重要内容，而生态移民是解决生态问题的主要途径；生态移民对象是全面建设小康社会的重点和难点，生态移民是贫困地区人民脱贫致富实现小康的重要途径；生态移民是实现民族共同繁荣、巩固边疆、保持社会稳定的需要”[⑥]。第二，生态移民是人口合理再分布的重要途径。何国长认为，“适度的人口迁移非常重要。生态移民是实现我国西部民族地区人口合理再分布

① 孙曼莉：《生态移民是生态环境优化的重要措施》，《农村经济与科技》2006年第12期，第70-71页。

② 梅花：《生态移民战略研究——以宁夏为例》，《农村经济问题》2006年第12期，第64-67页。

③ 贾荣敏：《三江源生态移民对于反贫困问题的意义》，《青海民族学院学报》（社会科学版）2009年第2期，第87-91页。

④ 周建，施国庆，李菁怡：《生态移民政策与效果探析——以新疆塔里木河流域轮台县生态移民为例》，《水利经济》2009年第5期，第68-72页。

⑤ 李皓：《论生态移民与民族地区现代化》，《黑龙江民族丛刊》2005年第1期，第32-35页。

⑥ 皮海峰：《小康社会与生态移民》，《农村经济》2006年第6期，第58-60页。

的重要途径，对于促进本地区山川、城乡之间的交流具有重要的示范作用”[①]。第三，生态移民有助于促进民族地区民族团结和社会稳定。杨红以宁夏南部山区回族聚居区为例进行分析，认为，“移民搬迁的对象中少数民族人口占50%以上，充分体现了党和政府对少数民族的关怀和社会主义大家庭的温暖，也促进了搬迁群众与当地群众的相互往来和交流，增进民族感情，对促进少数民族经济文化发展，实现各民族共同繁荣，维护社会政治的稳定具有重大意义”[②]。焦克源、王瑞娟认为在生态移民实施过程中，“少数民族人民获得了长远发展的资源，生活水平大幅度提高，有助于强化其对党和政府的认同感，有利于民族团结，促进社会稳定”[③]。第四，生态移民有助于转变移民人口思想观念的更新。周建、施国庆、李菁怡认为，“生态移民使封闭的自然经济社会系统逐步向开放的市场经济社会系统转化，必然带动移民的思想观念发生深刻变化”[④]。而学者大多认为这种思想的转变是积极有益的，如移民的科技及教育意识的增强等。第五，生态移民带动了城镇化的发展和新农村的建设。生态移民与城镇化的发展也是当前学界研究的热点问题之一。王小梅、高丽文认为，生态移民与城镇化从本质上来说有一定的联系，这种联系体现在：①空间人口转移的趋同性；②人口功能转变的相似性；③迁移目标的一致性。[⑤]拜琦瑞、马文静从经济学的角度分析西北地区生态移民的城镇化，认为“西北地区城镇化的路径选择较多，通过生态移民的方式促进城镇化，是西北地区城镇化的一条特殊路径。生态移民与城镇化的有效结合，不仅有助于迁出区生态环境压力的减小和改善，也有助于迁入区城镇化的发展”[⑥]。郑瑞强认

① 何国长：《移民是西部民族地区解决地理性贫困的有效途径》，《甘肃科技纵横》2008年第3期，第7-8页。

② 杨红：《关于生态移民后续发展问题的探讨》，《山东省农业管理干部学院学报》2012年第5期，第11-12页。

③ 焦克源，王瑞娟：《少数民族地区生态移民效应分析——基于内蒙古孪井滩的田野调查》，《内蒙古社会科学》（汉文版）2008年第5期，第84-88页。

④ 周建，施国庆，李菁怡：《生态移民政策与效果探析——以新疆塔里木河流域轮台县生态移民为例》，《水利经济》2009年第5期，第68-72页。

⑤ 王小梅，高丽文：《三江源地区生态移民与城镇化协调发展研究》，《青海师范大学学报》（哲学社会科学版）2008年第1期，第6-9页。

⑥ 拜琦瑞，马文静：《生态移民与西北地区城镇化的经济学分析》，《西北人口》2004年第1期，第16-18页。

为，移民集中安置点在建设时要注重与小城镇、小集镇、新农村建设相结合，统筹规划，协调发展，小城镇在移民搬迁进入后，不仅资金、劳动力等生产要素得到进一步聚集，城镇消费也得以扩大，可以促进当地城镇化的发展。①

（二）生态移民的负效应研究

同任何一项公共政策一样，生态移民这项复杂的工程在充分发挥其积极作用的同时，也带来一些负效应。在恢复生态的同时造成新的环境退化，可能产生的社会文明危机，导致移民个体对政策实施满意程度低。②杜小丽在肯定西北沙尘暴地区生态移民积极影响的同时指出："伴随着移民的外迁，更加剧了土地的荒芜和沙化。移民还增加了迁入地的环境压力，造成了迁入地资源利用的紧张。对搬迁的移民而言，在原居地已形成了自己的生活习俗、宗教信仰及生活方式，初到一个地方，极易产生文化震荡。"③而徐红罡则主要从生态角度提出质疑，他通过对内蒙古阿拉善盟草原区的考察分析指出，"'生态移民'有可能产生意想不到的，甚至更为严重的生态破坏：'首先，草原上牧民人口密度的减小，会导致从甘肃等地到草原上挖甘草、搂发菜的流动人口增多，对草地的破坏将更加严重。其次，从熟练的牧民转为熟练的农民不是一件容易的事情'"，"'生态移民'政策实施的结果使原来对草场资源的过度利用转变为对水资源的过度使用"④。

可以看出，生态移民在实现生态环境恢复和改善、解决贫困地区经济状况、促进地方社会发展方面起到了积极而又独特的作用，但同时生态移民在实施过程中产生的一些负面影响也备受关注、令人忧虑。因此，生

① 郑瑞强：《我国西部生态脆弱地区移民工作方式探讨——生态环境保护与扶贫双重目标的移民政策与实践》，《人民长江》2011年第5期，第93-97页。

② 焦克源，王瑞娟：《少数民族地区生态移民效应分析——基于内蒙古孪井滩的田野调查》，《内蒙古社会科学》（汉文版）2008年第5期，第84-88页。

③ 杜小丽：《我国西北沙尘暴地区生态移民研究》，《法制与社会》2009年第2期，第288-289页。

④ 徐红罡：《"生态移民"政策对缓解草原生态压力的有效性分析》，《国土与自然资源研究》2001年第1期，第24-27页。

态移民的具体实施要因地制宜，及时、准确地调整政策及实施方案，争取最大限度地发挥生态移民的正效应，并将其负效应降到最低。对于生态移民效应的研究，我们也不能一概而论，要在承认生态移民所带来的积极效益与影响的同时，正视存在的问题，在研究中做到实事求是，具体问题具体分析。而生态移民是否具有理论和实践上的普遍适应性，也是一个值得我们深入研究的问题。

三、关于生态移民社会适应和文化适应的研究

“生态移民作为公共政策，既是一种经济行为，更重要的是一种文化、社会和生活方式的变迁和适应过程”[①]，迁移不但会使移民的生产生活场所在空间位置上发生变化，而且也会使移民的生产生活方式，以及与此相关联的社会结构和文化习俗发生变化。无论采用什么样的移民方式，这种变化都是很难避免的。[②]近年来，学界对于生态移民适应问题的研究也表现出了高度的关注与热情，主要体现在生态移民的文化适应和社会适应两个方面。

（一）生态移民社会适应研究

第一，对于生态移民社会适应研究的重要性认识比较充足。鲁顺元认为，“社会适应问题是生态移民理论研究的重大命题，与社会学领域移民市民化命题类似。在实践上，它对生态移民行动的成败起着决定性影响”[③]。张铁军也指出，“当前，‘搬得出’对于生态移民而言已是既成事实，我们现在更应关注的问题是生态移民能否适应迁入地的生产生活，‘稳得住’进而达到‘逐步能致富’，即生态移民在迁入地的社会适应过程”，“生

① 敏俊卿，努尔古丽：《生态移民的社会文化适应研究——以塔什库尔干阿巴提镇为例》，《西北民族研究》2008年第2期，第25-31页。

② 包智明：《关于生态移民的定义、分类及若干问题》，《中央民族大学学报》（哲学社会科学版）2006年第1期，第27-31页。

③ 鲁顺元：《三江源区生态移民社会适应问题的调查与思考》，《青海师范大学学报》（哲学社会科学版）2009年第5期，第10-17页。

态移民在迁入地的社会适应是一个综合的社会转变过程，而这个过程对任何形式的生态移民而言都是一个艰难的、渐进的过程”①。解彩霞通过对社会适应与回迁愿望两者之间相互关系的分析，认为生态移民的社会适应程度直接影响移民的回迁愿望，提出要“提高移民社会适应能力，降低回迁风险”②。

目前对于生态移民的社会适应研究多以某个生态移民区域为考察范围，这其中又以三江源地区的社会适应研究最为突出。对于生态移民社会适应研究的基本内容，学者主要从生态移民的生活方式、人际交往、经济生活等方面进行考察。解彩霞在研究生态移民的社会适应问题时，具体描述了调查点的环境和当地移民的生理适应、日常生活适应、生产适应、人际和风俗习惯适应、心理适应几个方面，由此呈现生态移民目前的社会适应状况。除此之外，学者还考察了生态移民社会适应的特点，石德生以青海格尔木市为例，考察了生态移民的生活状况与社会适应状况，认为生态移民的生活方式与社会适应具有“生活方式的传统性特征，心理、观念的文化震荡与边际人格，初级城市化”的特征。③

第二，对于生态移民社会适应的影响因素也颇多关注。索端智认为，“三江源地区生态移民的社会适应受到几个基本因素的影响，一是非自愿移民的心理不适；二是从自给自足到市场经济条件下的竞争环境带来的不适；三是从游牧到非牧的跨文化转型带来的不适；四是人的整体发展能力带来的全面的社会适应困难”④。解彩霞也对影响移民社会适应的因素进行了分析，认为“职业身份的变迁—不确定性；生产技术的不适应—对迁出地的生计依赖；移民指向—从自己负责到国家负责以及其他原因”是影响生态移民进行良好社会适应的主要因素。②

针对生态移民存在的社会适应问题，众多学者也积极参与、献计献

① 张铁军：《生态移民社会适应问题研究》，《理论建设》2012年第3期，第118-121页。

② 解彩霞：《三江源生态移民社会适应与回迁愿望分析》，《攀登》2010年第6期，第101-106页。

③ 石德生：《三江源生态移民的生活状况与社会适应——以格尔木市长江源生态移民点为例》，《西藏研究》2008年第4期，第93-103页。

④ 索端智：《三江源生态移民的城镇化安置及其适应性研究》，《青海民族学院学报》（社会科学版）2009年第2期，第75-80页。

策，提出了很多具有实践价值的解决方案。张铁军认为，生态移民主要面临着严重的社会适应问题，表现为“人力资本较低；社会交往困难；传统文化观念转变困难”，“面对生态移民在社会适应过程中面临的诸多困境，需要从政府层面、主体层面、社区层面和社会层面采取措施，突破其社会适应的困境，让其在迁入地‘落地生根’”①。马宝龙也为生态移民适应能力的提高提出对策：“多途径、多渠道实现生态移民的顺利转产，为移民适应能力的提高提供物质基础；加强以‘实现后续发展’为主题的广泛宣传，打破传统思想对生态移民的影响；重视汉语扫盲培训，加强移民子女基础教育；建构一套适合于三江源区的特殊的生态移民支持政策；尊重藏族生态移民群体特殊的生活和风俗习惯，发扬传统文化在确保移民稳定，移民发展中的积极作用，促进移民适应能力的提高。”②

（二）生态移民文化适应研究

学界对于生态移民的文化适应与社会适应的研究在很多方面存在共性，如对社会适应和文化适应重要性的认识，以及定性分析的研究方法等，但生态移民的文化适应研究也呈现出了有别于社会适应研究的特点。

第一，生态移民的文化适应涉及民族文化保护及宗教问题等。很多学者认为，在少数民族地区开展生态移民项目对于当地的民族文化来说是一场考验，因此，在生态移民地区开展民族文化保护势在必行。对此，祁进玉认为，“生态移民出现较多问题的一般都是在少数民族或族群中，与他们根深蒂固的文化传统观念、价值观、伦理观、宗教观有着密切的联系。但凡迁出祖居地，到了一个相对陌生的社区，尤其是城镇化程度较高的地区，少数族群的移民群体首先面临的就是复杂的社会适应问题。诸如生活方式的转变、生产方式的转变、社交网络结构的变化，甚至更进一步会面临文化传统观念与现代文明的抵触和碰撞以及随之而来的文化变迁的

① 张铁军：《生态移民社会适应问题研究》，《理论建设》2012 年第 3 期，第 118-121 页。
② 马宝龙：《困境与对策： 三江源区藏族生态移民适应性研究——以果洛州扎陵湖乡移民为例》，《甘肃联合大学学报》（社会科学版）2007 年第 3 期，第 13-15 页。

危机”[①]。李菁怡、施国庆、周建认为，“生态移民地区多为少数民族地区，有的民族信教的人口比例较高，有的甚至全民信教。因此在搬迁时，当具有不同宗教信仰的人群、具有宗教信仰和不具有宗教信仰的人被安排到一个社区时，就会面临宗教信仰的社会整合问题”[②]。王放、王益谦为此提出：“少数民族生态移民要尽可能在民族自治区域内部考虑相对集中安置，以利于相同民族与文化、风俗习惯的认同、适应与融入；特别是对那些与村落社区内社会整合有关的宗教信仰、传统和重要的风俗习惯，更是不能掉以轻心，否则会引出许多矛盾，甚至会影响到整个移民安置。”[③]

第二，生态移民文化适应问题解决对策的探讨。百乐·司宝才仁基于三江源生态移民文化变迁的研究认为，文化适应才是三江源地区实现生态移民最终目的的关键，并对此提出建议：“着眼于生态移民的继续社会化，注重发挥文化系统的功能；着眼于解放和发展生产力，强化教育系统的功能；着眼于生产方式的转变，调整结构，培育新的经济增长点；着眼于生活方式的转变，培育新的价值标准；着眼于文化的整合与进化，充分发挥社会群体组织系统的功能。”[④]王朦提出：“树立保护少数民族文化权利的观念，重视在生态移民过程中的少数民族文化；扩大参与主体范围，做到政府、移民、社会组织都参与到生态移民的过程中；加强相应法律、制度以及配套设施、政策的建立，保证生态移民的顺利实施。”[⑤]

显然，生态移民的文化适应和社会适应问题，其意义非同小可，这关乎地方社会发展与稳定，以及民族文化保护等众多方面。目前，对于生态移民文化适应和社会适应的研究有增无减，更多的调查研究与深入讨论也是我们所期待的。

---

① 祁进玉：《草原生态移民与文化适应——以黄河源头流域为个案》，《青海民族研究》2011 年第 1 期，第 50-60 页。

② 李菁怡，施国庆，周建：《生态移民整合研究》，《新疆师范大学学报》（自然科学版）2006 年第 3 期，第 158-165 页。

③ 王放，王益谦：《论生态移民与长江上游可持续发展》，《人口与经济》2003 年第 2 期，第 63-68 页。

④ 百乐·司宝才仁：《谈三江源生态移民及其文化变迁》，《青海师范大学学报》（哲学社会科学版）2006 年第 3 期，第 52-56 页。

⑤ 王朦：《论生态移民中的民族文化变迁》，《原生态民族文化学刊》2011 年第 3 期，第 83-87 页。

四、关于生态移民可持续发展的研究

生态移民在搬迁之后无疑面临着生存和发展问题，怎样实现生态移民的可持续发展，也是一个重要且受到较多关注的问题。

第一，讨论生态移民与地区可持续发展的关系。王放、王益谦分析了长江上游生态移民与可持续发展的关系，并从五个方面讨论了生态移民与经济可持续发展的关系：生态移民与生态环境建设；生态移民与脱贫致富；生态移民与民族团结及社会稳定；生态移民与产业结构调整；生态移民与基础设施建设。①

第二，分析影响生态移民可持续发展的因素及对策建议的提出。尹秀娟、罗亚萍主要针对三江源地区生态移民迁入地，分析了制约可持续发展的主要因素，"后续产业发展缓慢；生态补偿机制建设滞后；生态环境建设难度大；人口增长过快；教育落后，人力资本匮乏"②。有的学者将制约少数民族生态移民可持续发展的因素分为社会因素、经济因素、自然条件和移民自身四个方面，认为每个方面都不同程度地存在制约因素。③针对生态移民可持续发展中呈现的问题，研究者也提出了对策与建议。例如，朱儒顺、史俊宏认为草原牧区生态移民的可持续发展有许多问题值得进一步思考，这些问题的解决方法应包括：选择人口、资源与环境相协调发展的区域为生态移民点；移民过程中需要防止'政府悖论'；走开发型生态移民道路；政府相关部门参与牧民转移；鼓励企业参与牧民转移；设立生态环境税和生态移民转移支付制度。④杜慧莹等基于宁夏地区的分析，提出实现生态移民可持续发展的保障措施，即"注重配套基础设施建设强化

---

① 王放，王益谦：《论生态移民与长江上游可持续发展》，《人口与经济》2003 年第 2 期，第 63-68 页。

② 转引自王朦：《论生态移民中的民族文化变迁》，《原生态民族文化学刊》2011 年第 3 期，第 83-87 页。

③ 金莲，王永平，周丕东，等：《制约少数民族生态移民可持续发展的因素探究》，《生态经济》2012 年第 11 期，第 171-174 页。

④ 朱儒顺，史俊宏：《草原牧区生态移民可持续发展问题研究——以内蒙古乌拉特中旗为例》，《干旱区资源与环境，2007 年第 3 期，第 28-31 页。

政策引导；加强科技服务；大力推进产业化经营；拓宽移民增收渠道”①。周华坤等则以三江源地区为目标，提出了促进三江源生态移民可持续发展的建议：“加快小城镇建设步伐；加强移民的后期扶持力度，多渠道、多形式培育后续产业，实现生态移民的顺利转产；建立完善的多元化生态补偿机制，适当调整生态移民补助标准；加大培训力度，制定合理的培训方案，加强移民子女基础教育；构建一套适合于三江源区的特殊生态移民支持政策。”②

此外，还有学者提到了生态移民可持续发展的目标及原则，金莲等认为少数民族生态移民可持续发展的具体目标应包括社会、经济、生态三个方面；生态移民的可持续发展还应遵循科学规划、合理布局、政府主导、社会参与，移民自愿、以人为本，培育产业、促进就业，改善生态、保护环境，民族团结、和谐发展的原则。③

由上可见，大多数学者根据我国生态移民在各地区的实际发展状况，从重要性、存在问题及解决方法等方面对生态移民的可持续发展问题进行了有效讨论，随着生态移民进程的不断推进，生态移民的可持续发展问题愈显其重要性，这是一个不容忽视的重要问题。

五、关于生态移民后续产业发展的研究

生态移民后续产业发展问题也受到关注，“移民安置和重建发展是生态移民工程中重要的组成部分，因而，生态移民后续产业发展状况对于生态移民的安置以及迁入地的重建发展都起着决定性作用”④。对于生态移民后续产业发展问题的研究，以三江源地区居多，已有研究主要集中在后续

① 杜慧莹，陈延，董宏林，等：《宁夏生态移民可持续发展问题研究》，《安徽农业科学》2012 年第 18 期，第 9903-9905，9960 页。

② 周华坤，赵新全，张超远，等：《三江源区生态移民的困境与可持续发展策略》，《中国人口·资源与环境》2010 年第 3 期，第 185-188 页。

③ 金莲，王永平，周丕东，等：《少数民族生态移民可持续发展的目标及原则》，《才智》2012 年第 27 期，第 330 页。

④ 吴俊瑶：《关于生态移民后续产业定义研究的文献评述》，《赤峰学院学报》（自然科学版）2012 年第 5 期，第 75-77 页。

产业发展的定义、发展模式、产生的问题及对策建议等方面。

吴俊瑶在总结了现有生态移民后续产业发展研究成果的基础上，将生态移民后续产业定义为："在生态环境恶化和生态环境需要保护的地区，生态移民根据地方生态环境与经济社会发展实际，按照遵循国家统一部署，在各级政府财力支持和政策引导下，在退耕还林、天然草原退牧还草、农牧民搬迁转移安置、生态及扶贫移民搬迁安置等项目的实施过程中，逐步从传统农牧业向第二、三产业转产转移、就业并逐步致富的支柱产业。"①

刘晓平基于三江源地区生态移民后续产业发展现状，提出了生态移民后续产业的发展模式，这三类模式分别为：发展循环经济，走农牧产业化道路；发展园区经济，走特色产业加工道路；发展生态旅游产业，走可持续发展道路。② 赵宏利等认为生态移民后续产业在具体实施中要因地制宜、分类指导、逐步推进，这主要分为四个阶段：第一阶段，生态移民转产期——选择维持基本生存型产业模式；第二阶段，生态移民发展期——选择温饱或脱贫型产业发展模式；第三阶段，生态移民稳定发展期——选择小康型产业模式；第四阶段，生态移民可持续协调发展期——选择富裕型产业发展模式。③

对于生态移民后续产业发展中出现的问题，刘学敏和陈静认为这类问题主要表现在政府部门和生态移民家庭之间不对等的权力关系，企业和生态移民之间不对等的利益关系，政策制定、科技支持与现实情况的不匹配关系。④ 马玉成认为三江源地区生态移民后续产业发展存在的主要问题有：安置区社会发育程度低，发展后续产业的空间和条件差；牧民传统观念和生产生活习惯限制了生态移民后续产业的发展；资源环境条件限制了

① 吴俊瑶：《关于生态移民后续产业定义研究的文献评述》，《赤峰学院学报》（自然科学版）2012年第5期，第75-77页。

② 刘晓平：《三江源地区生态移民后续产业发展模式分析》，《社科纵横》2013年第3期，第25-29页。

③ 赵宏利，陈修文，姜越，等：《生态移民后续产业发展模式研究——以三江源国家级自然保护区为例》，《生态经济》2009年第7期，第105-108页。

④ 刘学敏，陈静：《生态移民、城镇化与产业发展——对西北地区城镇化的调查与思考》，《中国特色社会主义研究》2002年第2期，第61-63页。

舍饲—半舍饲畜牧业的发展。[1] 邢晓红针对自己提出的三江源地区生态移民后续产业发展所面临的“主导产业产业化经营水平较低；发展后续产业的空间有限；产业布局发展不合理；移民转产就业渠道狭窄”[2] 等问题，提出了对策与建议，即“加强科学管理，建立生态移民补偿机制；培育主导产业，推进畜牧业产业化经营；实施城镇带动，促进产业布局的合理化；树立创新意识，积极推进移民转产安置；提高移民素质，加强移民转产就业能力”[2]。

另外，《中国西部牧区生态移民后续发展对策探讨》一文总结了青海牧区、内蒙古牧区、新疆及西藏牧区生态移民后续产业发展的现状并针对问题提出了对策，《内蒙古草原生态移民的后续产业发展状况分析》《阿拉善盟生态移民后续产业发展现状与对策研究》等针对内蒙古地区的生态移民后续产业发展问题进行了探讨。这些文章为生态移民的生存与发展提供了有益的理论参考且具有实践指导价值。

六、讨论与思考

总体来看，目前我国生态移民研究体系比较庞大，在生态移民内涵、效应与适应研究、生态移民可持续发展及生态移民后续产业发展等方面取得了比较丰硕的成果。除上述研究外，《生态移民迁移的动因分析——以三江源 X 村生态移民为例》[3] 一文对我们了解生态移民的动力机制也有所帮助；《西部生态移民的相关政策法律研究》一文还梳理了西部地区生态移民的各项政策及法律建设，为我们了解生态移民相关政策提供了有益借鉴[4]；《民族地区生态移民模式探析——以宁夏回族自治区为例》还向我们展示了宁夏地区生态移民的多种模式，为我们了解生态移民模式提供了帮助；等等。毋庸置疑，这些成果对于我国生态移民研究具有重大的理论及

① 马玉成：《“三江源”生态移民后续产业发展的对策措施》，《农业经济》2007 年第 12 期，第 29-30 页。

② 邢晓红：《三江源地区生态移民后续产业发展现状及对策》，《林业经济》2010 年第 7 期，第 95-97 页。

③ 隋艺：《生态移民迁移的动因分析——以三江源 X 村生态移民为例》，《青海社会科学》2012 年第 3 期，第 71-75 页。

④ 张云雁：《西部生态移民的相关政策法律研究》，《前沿》2011 年第 20 期，第 197-200 页。

实践意义。但是不可否认，生态移民研究还存在局限性与诸多不足，为了使生态移民研究能够更深入和全面、系统地展开，笔者认为以下几个方面值得注意。

第一，从研究方法、研究方式来看，研究者应基于多学科视角全面地拓宽生态移民的研究领域，除了要加深生态学、人类学、经济学等单学科对生态移民的研究以外，还应加强交叉学科的生态移民研究，综合多学科力量进行系统的研究。除此之外，生态移民研究还需要在微观层面将定性研究、实证研究与田野调查相结合，丰富和完善生态移民研究方法。

第二，加强对生态移民主体的研究，多关注生态移民这一行为主体的现实状况。对搬迁后移民生产生活的转变、思想意识和风俗习惯的变化，以及移民所经历的文化变迁及社会、文化适应状况等方面进行深入的考察研究。其中尤其要注重对生态移民返迁、回流问题的研究，这将影响到生态移民政策的制定与实施。

第三，生态移民的重点在西部，现有生态移民项目大多开展于西部少数民族地区，这就与民族问题联系在一起，因此生态移民项目不仅涉及生态、经济、社会等方面，更关乎民族文化、宗教信仰等重要问题，甚至对于社会稳定、民族团结都有着重要影响，因此研究者应注重对少数民族地区的生态移民研究，更多地关注对少数民族地区生态移民状况，尤其是少数民族生态移民的研究。究竟怎样实现民族地区生态移民的生态、经济、文化的协调发展，是值得我们深入讨论的问题。

藏族生态移民研究回顾与展望[①]

人类在漫长的发展中以其优良的技术手段征服自然、改造自然，赢得了丰富的成果，经济发展，物质财富增加。在“人定胜天”口号的激励下，“人类中心主义”的观念扫荡了人类自古以来对自然的敬畏心理，伴随着私欲的无限膨胀和科技的迅猛发展，人类肆意掠夺、破坏赖以生存的自然环境，导致资源不断减少，生态环境日益恶化。[②]于是，为了把握现代发展与自然保护的平衡，我国在20世纪90年代末出现了生态移民的概念。随着生态环境的日益恶化，人们保护自然环境意识的增强，生态移民的实践在全国各地广泛展开，学术界对生态移民的研究也越来越多。

目前，以生态移民为研究对象的文章主要集中在期刊论文，硕士、博士学位论文，以及少量的著作中。截止到2014年12月，在中国知网以“生态移民”为关键词跨库检索，共获得566篇相关文章、113篇硕士、博士学位论文，并且这些文献有逐年递增的趋势。近年来，关于生态移民研究的著作较少，具代表性的有阿布力孜•玉素甫等著的《新疆生态移民研究》[③]，谢元媛著的《生态移民政策与地方政府实践：以敖鲁古雅鄂温

① 本文发表于《西南边疆民族研究》2015年第18辑。

② 韦仁忠：《环境困境与文化审思——文化生态视域下藏族生态民俗文化溯析》，《北京理工大学学报》（社会科学版）2013年第4期，第144-148页。

③ 阿布力孜•玉素甫，等：《新疆生态移民研究》，北京：中国经济出版社，2009年。

克生态移民为例》[1]，包智明、任国英主编的《内蒙古生态移民研究》[2]，马伟华著的《生态移民与文化调适：西北回族地区吊庄移民的社会文化适应研究》[3]，杜发春著的《三江源生态移民研究》[4]。另外，有的学者在其著作的部分章节中也对生态移民进行了讨论，苏发祥主编的《安多藏族牧区社会文化变迁研究》[5]即是其一。

藏族生态移民是由于藏族世代居住的我国生态核心区生态环境的恶化，为改善和保护生态环境所发生的政府主导型迁移活动，以及由此活动而产生的以藏族为主体的人口迁移。我国目前正在实施的生态移民项目中，以藏族人口为主体的生态移民项目主要有青海省三江源生态移民、甘肃省甘南藏族自治州和天祝藏族自治县生态移民、四川藏区生态移民（包括阿坝藏族羌族自治州、甘孜藏族自治州、木里藏族自治县），其中又以三江源地区生态移民最为典型。藏族生态移民，尤其三江源藏族生态移民处于我国环境保护的核心区，又是以藏族为主体民族的人口迁移，具有鲜明的民族特征。因此，藏族生态移民工程是我国以改善生态环境为目标的整体生态移民工程的关键组成部分。

从已有研究看，国内关于生态移民的研究已取得较为丰富的成果，但有关藏族生态移民或藏区生态移民的研究在其中所占比重却很少，有关藏族生态移民的文章仅有146篇，相比宁夏、内蒙古等地生态移民研究，藏族或藏区生态移民研究成果相对较少；以藏族生态移民为主题的博士、硕士学位论文也仅6篇；著作屈指可数，较系统的著述仅有杜发春的《三江源生态移民研究》，该书基于长期的田野观察和思考，以生态移民的后续生计为研究主线，客观分析了青海三江源地区藏族牧民生态移民的逻辑动因、搬迁过程、后续生计、就业类型、文化变迁、移民冲突、迁出地的生态环境和社区扶贫等问题。作者首次提出了“三江源生态移民飞地”的

① 谢元媛：《生态移民政策与地方政府实践：以敖鲁古雅鄂温克生态移民为例》，北京：北京大学出版社，2010年。

② 包智明，任国英：《内蒙古生态移民研究》，北京：中央民族大学出版社，2011年。

③ 马伟华：《生态移民与文化调适：西北回族地区吊庄移民的社会文化适应研究》，北京：民族出版社，2011年。

④ 杜发春：《三江源生态移民研究》，北京：中国社会科学出版社，2014年。

⑤ 苏发祥：《安多藏族牧区社会文化变迁研究》，北京：中央民族大学出版社，2009年。

概念，探讨了生态移民飞地的脆弱性、冲突和整合；用大量调查数据分析了三江源搬迁牧民构成、后续生计和就业类型。作者认为有限的政府补助难以维系搬迁牧民的后续生计，移民就业率低、城镇适应性弱、迁出地环境恢复效果差；强调要尽量避免或减少生态移民可能导致的社会问题，使目前的生态移民社区由依赖国家逐渐向自主推进的方向发展。显然，国内对藏族生态移民的研究力度还有待拓展和深入。有鉴于此，本文主要对2014年以前有关藏族生态移民研究的论文进行分类总结，提出几点思考和建议，期望对丰富和拓展已有研究提供一些参考和帮助。

一、有关藏族生态移民社会适应和文化适应的研究

对于世代居住在牧区的藏族牧民，离开他们栖居的“故土”并不是最大的困难，更大的挑战是他们能否适应相对现代化的城市生活方式和生活节奏，学界关注到了这一问题。张娟认为，“一个民族从几千年的生存环境突然间走向另一环境，而且从事他们从不熟悉的生产活动，其适应的过程必将是一个漫长的、艰难的，也必将是产生剧烈的阵痛的过程”[①]。鲁顺元认为，“社会适应问题是生态移民理论研究的重大命题，与社会学领域移民市民化命题类似。在实践上，它对生态移民行动的成败起着决定性影响”[②]。所以，藏族生态移民在搬迁之后急需解决的是能否“稳得住”的问题。

（一）藏族生态移民社会适应研究

一些学者从藏族生态移民出现的社会适应问题入手，展现藏族生态移民搬迁后的困境。杨萍等从经济发展问题、文化差异问题、社会归属和身份问题这三个突出的方面表达了他们对藏族生态移民社会适应问题的担忧，认为“事实上，生态移民很难在短时间内就能顺利完成社会和文化适

① 张娟：《对三江源区藏族生态移民适应困境的思考——以果洛州扎陵湖乡生态移民为例》，《西北民族大学学报》（哲学社会科学版）2007年第3期，第38-40页。

② 鲁顺元：《三江源区生态移民社会适应问题的调查与思考》，《青海师范大学学报》（哲学社会科学版）2009年第5期，第10-17页。

应，面对新的生产方式和环境，生态移民需要再社会化，其适应的过程必将是一个漫长的过程”[①]。张娟通过田野调查，则更加细致和具体地提出藏族生态移民的社会适应问题主要体现为生产环境和生产方式的不适应、生活方式的不适应、语言环境的不适应、思想观念的不适应，认为“三江源高山牧民进入城镇，表面上看，是由牧区到城镇的生活空间的变化，但实际上这牵涉到牧民生活方式、生产方式、价值观念、社会组织形式等众多内容的系统变化，这一变化具有很强的突变性”[②]。此外，解彩霞在其研究中也描述了藏族生态移民社会适应的几个方面，即生理和环境适应、日常生活适应、生产适应、人际和风俗习惯适应、心理适应。[③] 以上研究致力于发现和提出藏族生态移民在社会适应方面出现的问题，它们从物质、生活、文化层面展现了搬迁后藏族生态移民的生活状况，以及出现的不适应状况，这不但引起学界对这一问题的关注，也为之后更进一步的研究提供了一定的参考。

有些学者把研究主题集中于分析导致或影响藏族生态移民产生社会不适应的原因。索端智认为，“三江源生态移民的社会适应受到几个基本因素的影响，一是非自愿移民的心理不适；二是从自给自足到市场经济条件下的竞争环境带来的不适；三是从游牧到非牧的跨文化转型带来的不适；四是人的整体发展能力带来的全面的社会适应困难”[④]。石德生结合“生活方式”“社会适应”“文化震荡与边际人格”“城市化”等理论对三江源生态移民社会适应问题进行了理论联系实际的社会学分析。[⑤] 韦仁忠从介绍“社会融合”理论入手，通过对藏族生态移民经济层面、社会层面、心理和文化层面的社会融合研究，从社会理论的角度寻找生态移民社会适

① 杨萍，张海峰，高丽文，等：《三江源区生态移民适应问题研究》，《青海环境》2013 年第 2 期，第 73-89 页。

② 张娟：《对三江源区藏族生态移民适应困境的思考——以果洛州扎陵湖乡生态移民为例》，《西北民族大学学报》（哲学社会科学版）2007 年第 3 期，第 38-40 页。

③ 解彩霞：《三江源生态移民的社会适应研究——基于格尔木市两个移民点的调查》，《青海统计》2009 年第 5 期，第 62-84 页。

④ 索端智：《三江源生态移民的城镇化安置及其适应性研究》，《青海民族学院学报》（社会科学版）2009 年第 2 期，第 75-80 页。

⑤ 石德生：《三江源生态移民的生活状况与社会适应——以格尔木市长江源生态移民点为例》，《西藏研究》2008 年第 4 期，第 93-103 页。

应问题背后的原因。[①] 显然，这些学者不仅结合当地情况对藏族生态移民社会适应问题的原因和影响因素进行分析，还引用一些理论、概念进行不同学科视角的学理分析，探索出不同的路径，对这一问题进行更加全面而深入的研究。

还有一些学者则把目光投入在努力提出政策性建议和较实际解决问题的对策上。马宝龙认为，“多途径、多渠道实现生态移民的顺利转产，为移民适应能力的提高提供物质基础；加强‘以实现后续发展’为主题的广泛宣传，打破传统思想对生态移民的影响；重视汉语扫盲培训，加强移民子女基础教育；建构一套适合于三江源区的特殊的生态移民支持政策；尊重藏族生态移民群体特殊的生活和风俗习惯，发扬传统文化在确保移民稳定、移民发展中的积极作用，促进移民适应能力的提高”[②]。杨萍等也从建立多层次的生态补偿体系和“生态购买”政策、设立专门机构和逐步健全社会保障制度、加强人文关怀、提高移民的语言交流能力和文化水平等几个方面为藏族生态移民过程中出现的不适应问题提出了一些合理化建议。[③]

（二）藏族生态移民文化适应研究

关于藏族生态移民文化适应的研究，主要集中于由于宗教、习俗、生产生活方式等文化因子发生文化变迁所导致的藏族生态移民在适应新的文化环境时出现的文化适应问题。百乐•司宝才仁认为，“三江源生态移民的文化变迁是一个特定领域的特定族群文化的整体性、结构性的变迁，涉及物质、精神、制度等文化的不同结构层次”；“三江源生态移民与文化变迁要成为一种文化进化，也离不开积极的文化控制，其中坚持以人为本

---

① 韦仁忠：《藏族生态移民的社会融合路径探究——以三江源生态移民为例》，《中国藏学》2013 年第 1 期，第 120-125 页。

② 马宝龙：《困境与对策：三江源区藏族生态移民适应性研究——以果洛州扎陵湖乡移民为例》，《甘肃联合大学学报》（社会科学版）2007 年第 3 期，第 13-15 页。

③ 杨萍，张海峰，高丽文，等：《三江源区生态移民适应问题研究》，《青海环境》2013 年第 2 期，第 73-89 页。

是原则，强化文化控制是手段，实现文化进化是根本的目的”[①]。周甜则使用“社会角色”理论中的“角色冲突”“角色中断”等概念分析了搬入城镇后藏族生态移民出现的社会角色的边缘化问题。[②] 桑才让针对藏族生态移民文化适应中出现的困境，结合西方心理学相关理论，提出了几种文化调适方案，即复原性调适、创新性调适、产业发展性调适、长远性调适[③]，在解决藏族生态移民文化适应难题上，做出了积极的探索和努力。

从已有研究看，我国目前对于藏族生态移民社会适应和文化适应这两个问题的分析方法和路径比较接近，且两个问题出现的原因和影响因素比较相似，所提出的解决方案也有相同之处。笔者认为，一方面，社会适应和文化适应两个概念在界定时就有相通重叠之处，也有相互借鉴的地方，使得学者在使用时可能会有交叉使用的情况。而另一方面，社会适应是站在社会系统、社会运行的角度对藏族生态移民进行考察，而文化适应更多的是从文化及文化人类学等视角展开研究。所以，我们有必要对二者进行更具专业性和学理性的区分。

二、有关藏族生态移民后续产业及发展问题的研究

藏族生态移民社会适应和文化适应方面的研究，可为定居城镇附近的牧民融入迁入地的社会环境提供一定的帮助和指导，使他们首先“稳得住”。而近年来关于藏族生态移民后续产业及可持续发展的研究更提醒我们，能够真正使定居的藏族牧民实现转变和发展的是他们是否“能致富”的问题，这也是考验藏族生态移民工程能否继续实施的关键因素。邢晓红认为，“解决好生态移民后续产业发展是保护和建设三江源地区生态环境的基础，是建设社会主义新牧区，实现共同富裕，构建和谐社会的要求”[④]。

① 百乐·司宝才仁：《谈三江源生态移民及其文化变迁》，《青海师范大学学报》（哲学社会科学版）2006年第3期，第52-56页。

② 周甜：《牧民？农民？市民？——浅议三江源生态移民社会角色的特殊性》，《青海民族研究》2009年第4期，第144-146页。

③ 桑才让：《对三江源生态移民文化适应性问题的调查与思考》，《攀登》2011年第6期，第15-20页。

④ 邢晓红：《三江源地区生态移民后续产业发展现状及对策》，《林业经济》2010年第7期，第95-97页。

任善英、朱广印通过调查发现，三江源地区生态移民后续产业培育和发展存在许多问题和不足，如“经济腹地狭小，市场容量低，发展空间小，金融体系不健全，资金匮乏，融资困难，工业发展受阻，相关产业滞后，技术含量低”[①]。梁倩也认为，“社会发育程度低，后续产业发展条件差，主导产业经营水平低，传统文化观念的束缚，教育发展滞后，缺乏深层次技能培训”[②]等问题制约了三江源地区生态移民后续产业的发展。

针对现有问题，一些学者提出了相关对策建议。周华坤等对三江源地区生态移民可持续发展提出具体措施：“加快小城镇建设步伐，加强移民的后期扶持力度，实现生态移民顺利转产，建立完善的多元化生态补偿机制，适当调整生态移民的补助标准，加大培训力度，大力发展特色产业，建立新的生态移民管理机制。”[③]基于田野调查，僧格则提出实践性较强的建议：“村委会应该将有劳动能力的牧民以类似劳务入股的形式集中统一管理，安排他们参加各种生产活动，并制定从经营收益中付以工资、报酬及奖罚等措施，激发他们的致富欲望；生态移民进城以后，应该和城镇居民一样，享受国家社会保障的有关待遇。”[④]

也有许多关于三江源地区生态移民后续产业发展模式的研究。赵宏利等构建了三江源生态移民后续产业发展的模式，主要分为四个阶段：第一阶段，生态移民转产期——选择维持基本生存型产业模式；第二阶段，生态移民发展期——选择温饱或脱贫型产业发展模式；第三阶段，生态移民稳定发展期——选择小康型产业模式；第四阶段，生态移民可持续协调发展期——选择富裕型产业发展模式。[⑤]刘晓平通过构建经济模型，对三江源地区生态移民后续产业进行了实证分析，提出了三江源地区生态移民

---

① 任善英，朱广印：《三江源生态移民后续产业发展机制研究》，《生态经济》2012年第10期，第107-110页。

② 梁倩：《三江源生态移民区后续产业发展困境及对策研究》，《山东农业工程学院学报》2014年第4期，第73-75页。

③ 周华坤，赵新全，张超远，等：《三江源区生态移民的困境与可持续发展策略》，《中国人口·资源与环境》2010年第3期，第185-188页。

④ 僧格：《发展三江源生态移民后续产业的思考》，《中国民族报》2008-05-16。

⑤ 赵宏利，陈修文，姜越，等：《生态移民后续产业发展模式研究——以三江源国家级自然保护区为例》，《生态经济》2009年第7期，第105-107页。

后续产业的发展模式：第一，发展循环经济，走农牧产业化道路；第二，发展园区经济，走特色产业加工道路；第三，发展生态旅游产业，走可持续发展道路。[①]桑才让、冯永香则从国家战略的宏观角度提出："三江源地区生态移民后续产业发展模式选择包括产业滚动模式、大推动模式、优区位开发模式、增长极模式、产业化模式。"[②]

另外，张涛等认为三江源生态移民在选择后续产业过程中应参考特色经济原则、民族经济原则、外部驱动原则、科技驱动原则、稳步推进原则等，为三江源地区采用何种后续产业发展模式提供了原则和标准。[③]还有学者希望从金融、信贷行业对三江源生态移民后续产业的发展提供支持，为后续产业发展寻找出路。[④]

三、有关藏族生态移民政府政策方面的研究

毫无疑问，政府是整个藏族生态移民工程的带头者和主要实施者，因为只有在政府巨大的影响和组织能力下，规模如此巨大的移民工程才能得以顺利实施。近几年政府在藏族生态移民过程中的作用已得到学界的一致肯定，主要从移民的安置模式、生态移民补偿机制等方面进行了研究。

（一）关于藏族生态移民安置模式的研究

三江源自然保护区的生态移民采取了多种移民安置模式，主要有本地就近安置和异地城镇化安置模式，其中异地安置模式成为主要的移民方式。祁进玉认为城镇化定居的生态移民群体在日常生产和生活中面临着诸多问题，如户籍身份不明确、就业率低、政府发放的补贴满足不了城市中

① 刘晓平：《三江源地区生态移民后续产业发展模式分析》，《社科纵横》2013年第3期，第25-29页。
② 桑才让，冯永香：《三江源地区生态移民后续产业发展问题探讨》，《攀登》2012年第6期，第61-68页。
③ 张涛，张潜，张志良，等：《三江源区生态移民的规模及其后续产业的选择》，《中国人口科学》2010年第6期，第28-33页。
④ 人行西宁中心支行课题组：《金融支持三江源移民后续产业发展问题研究》，《青海金融》2007年第5期，第3-7页。

的日常开销；城镇化异地安置与属地化行政管理的困境仍然存在。[①]索端智实地调研认为三江源的藏族生态移民工作需要进一步改善，“一是尊重发展个体的主体性，强调参与式发展理念，尊重当地人的发展意愿和地方性知识。二是广大移民希望以牧为本，实现移民搬迁。一些移民提出‘根留牧业、定居城镇’的安置模式，建立二元钟摆式的移民生活社区。三是转变政府在移民工作中的职能，积极引导社会变迁。四是三江源生态移民的城镇化安置一定要考虑到文化的维度”[②]。陈洁通过实地调查发现在整体搬迁的过程中，有一些游牧人口因为户口问题未能享受到生态移民补偿政策的优惠。并且，整体异地搬迁后的生态移民不再从事牧业，而后续产业的发展又困难重重，一些生态移民返迁意愿强烈。[③]

（二）关于藏族生态移民工程生态补偿机制的研究

陆家芬、曾辉从建立三江源生态补偿机制的战略地位和重大意义、建立三江源生态补偿机制的必要性、生态补偿机制的思路、确保生态补偿机制实施的政策措施等四个方面，强调建立三江源生态移民补偿机制的重要性，并试图结合“帕累托最优理论”分析和制定出适合当地的生态移民补偿机制。[④]李屹峰等使用统计模型和数量分析指出：“针对不同情况，综合考虑牧民经济收入、搬迁前后不同居住地发展水平差异、牧民自身限制、牧民损失的草场面积、草场出租的价格、牲畜经济价值等因素制定三种类型的生态补偿标准”[⑤]。这为进一步改进和完善生态移民补偿机制提供了参考。绽小林、马占山则从生态补偿自身重新审视和反思，对生态补偿机制的目标和原则、主体和客体进行专门论述，并尝试建立三江源生

① 祁进玉：《三江源自然保护区的生态移民异地安置模式及其影响初探》，《青藏高原论坛》2014年第7期，第11-17页。

② 索端智：《三江源生态移民的城镇化安置及其适应性研究》，《青海民族学院学报》（社会科学版）2009年第2期，第75-80页。

③ 陈洁：《青海省三江源退牧还草和生态移民考察——基于玛多县的调查分析》，《青海民族研究》2008年第1期，第110-115页。

④ 陆家芬，曾辉：《青海省三江源地区生态系统补偿机制的探讨》，《安徽农业科学》2009年第5期，第12253-12256页。

⑤ 李屹峰，罗玉珠，郑华，等：《青海省三江源自然保护区生态移民补偿标准》，《生态学报》2013年第3期，第764-770页。

态补偿机制的框架，通过度量分析和途径选择对现行的生态补偿政策进行补充。[①]穆赤•云登嘉措、苏海红借鉴20世纪80年代以来我国部分地区最早施行的补偿政策，即流域间补偿、区域间补偿、资金补偿、财政转移支付、异地开发，以及国外关于生态补偿机制的优良做法，提出了“加快建立生态补偿的立法工作、建立三江源生态补偿机制的框架、推行特殊政策、建立补偿资金的多元化融资方式等多项建议”[②]。通过调查，刘红针对生态移民补偿机制存在的问题提出几点建议：倡导广大牧民参与的生态补偿机制，扩大生态移民迁入地的选择范围，进一步完善生态移民的补偿方案，科学制定后续产业发展扶持规划，多方筹集生态移民补偿资金。[③]

此外，一些相关问题的探讨充实了藏族生态移民政府政策的研究。例如，张凯、孙饶斌对三江源生态移民基本社会保障体系的建立提出了自己的看法[④]；田朝晖致力于分析三江源生态移民贫困问题和社会救助策略的制定[⑤]；拉毛才让讨论了社会工作专业对于政府在生态移民区建立社会保障体系的积极作用，运用社会工作的专业方法支持地方政府的安置措施[⑥]，等等。

四、有关藏族生态移民效应方面的研究

藏族生态移民工程作为一项兼有保护生态平衡和实现藏族游牧民人口定居的安居工程，是一项关乎藏族群众千秋万代的大工程，是游牧民族生产生活方式的一场重大变革，在搬迁后的发展中，其积极的效应正在逐

① 绽小林，马占山：《三江源区藏民族生态移民及生态环境保护中的生态补偿政策研究》，《攀登》2007年第6期，第91-95页。

② 穆赤•云登嘉措，苏海红：《三江源生态补偿机制研究》，《藏学学刊》2006年第3期，第143-201页。

③ 刘红：《三江源生态移民补偿机制与政策研究》，《中南民族大学学报》（人文社会科学版）2013年第6期，第101-105页。

④ 张凯，孙饶斌：《如何健全三江源生态移民基本社会保障体系——三江源果洛新村调研之思考》，《中国经验研究》2012年第7期，第230-231页。

⑤ 田朝晖，孙饶斌，张凯：《三江源生态移民的贫困问题及其社会救助策略》，《生态经济》2012年第9期，第167-172页。

⑥ 拉毛才让：《社会工作专业模式介入三江源生态移民社会保障体系的思考》，《青海师范大学学报》（哲学社会科学版）2012年第3期，第6-9页。

步凸显。

尕丹才让引用西方经济学理论分析了三江源生态移民发展，认为“除了政策外，人力资本发展不足是制约三江源区生态移民经济社会发展效应提高的最大瓶颈。要从提高资源配置效率、提升区域内整体人力资本存量等方面提升三江源区的发展效应”[①]。刘学敏从生态移民项目对生态环境的保护、对牧民生产生活的影响、移民地区产业结构调整等方面，肯定了生态移民工程取得的成绩；同时提出应将生态移民作为西北地区城镇化的特殊途径加以推广。[②] 李皓认为，“首先，从区域经济发展的产业结构变迁来看，人口的集中是产业不断升级的前提条件，而生态移民为民族地区人口的集中提供了现实可能性；其次，从区域经济发展空间演变过程而言，生态移民为区域增长极的形成和城镇化的发展提供了动力；再次，生态移民对民族地区的脱贫工作意义重大”[③]。贾荣敏讨论了三江源生态移民对于反贫困问题的意义，认为“移民社区基本公共服务方面的改善对提高人的素质和反贫困发挥着非常重要的作用，除了社会保障的作用以外，从长远看，公共服务为改变贫困面貌带来新的推动力，有利于解决贫困与建立社会公正”[④]。

五、讨论与展望

除上述研究外，还有学者不乏从其他方面关注和研究藏族生态移民。陈绍军、隋艺从三江源生态移民养老问题入手，探讨了生态移民社会福利建设[⑤]；张立站在法律学科角度研究了生态移民的权益保障问题[⑥]；武永亮

① 尕丹才让：《三江源区生态移民研究——基于经济学视角》，西安：陕西师范大学博士学位论文，2013 年。

② 刘学敏：《西北地区生态移民的效果与问题探讨》，《中国农村经济》2002 年第 4 期，第 47-52 页。

③ 李皓：《论生态移民与民族地区现代化》，《黑龙江民族丛刊》2005 年第 1 期，第 32-35 页。

④ 贾荣敏：《三江源生态移民对于反贫困问题的意义》，《青海民族学院学报》（社会科学版）2009 年第 4 期，第 87-91 页。

⑤ 陈绍军，隋艺：《生命历程视野下老年生态移民养老方式探讨——基于青海省三江源区生态移民的调查》，《青海民族研究》2013 年第 4 期，第 60-63 页。

⑥ 张立：《三江源地区生态移民的生存现状及其权益保障》，《长春教育学院学报》2014 年第 4 期，第 46-47 页。

等对藏族生态移民继续教育和职业培训问题进行了研究。[①] 尹秀娟、罗亚萍认为生态移民的发展与迁入地的城镇化是分不开的，“在移民进入城镇的同时必须相应地推进城镇化，走生态移民与小城镇建设相结合的城镇化道路”[②]。王小梅、高丽文提出“以生态移民为契机，加快源区城镇合理发展的基本思路”[③]。可以说，国内关于藏族生态移民的研究已经能够比较全面地展现这一宏大工程所取得的阶段性成果和其担负的历史使命。毋庸置疑，这些成果可为正在开展的藏族生态移民工程提供一定的理论指导。为了使生态移民工程的实施能够取得更好的成效，藏族生态移民的研究将会有更广阔的学术前景，对此，笔者就今后研究的开展提出几点建议和希望。

第一，从现有研究看，学者已经探索运用多学科交叉研究的方式，但在研究方法上还需多样化、丰富化。首先，民族学和人类学田野调查获取的第一手调查资料应该成为今后研究的一个重要支撑和理论依据。其次，不仅要大量收集和使用藏族生态移民相关的统计数据，更要对数据的真实性和实用性进行甄别，以达到准确、全面的研究目的。最后，定量研究和定性研究相结合，把数据资料和访谈资料综合起来进行分析，为得出更具说服力的研究结果而努力。

第二，在关于生态移民效应的研究中，应该重视项目评估方面的研究。只有建立完善的评估方法和准则，才能对项目的效应进行更科学的评判。我们可以采用国内较为先进的项目评估技术，也可以借鉴国外的一些做法。

第三，在研究中要多关注那些藏族生态移民群体的要求，因为他们才是整个生态移民工程真正的参与者。可以多从藏族生态移民自身参与的角度展开研究，或使用参与式的研究方法，比如PRA，把这些方法应用

① 武永亮，胡文平，马会军，等：《三江源生态移民继续教育研究的实践意义》，《理论前沿》2014年第6期，第16-17页。

② 尹秀娟，罗亚萍：《三江源生态移民与迁入地城镇化建设》，《青海师范大学学报》（哲学社会科学版）2007年第2期，第15-19页。

③ 王小梅，高丽文：《三江源地区生态移民与城镇化协调发展研究》，《青海师范大学学报》（哲学社会科学版）2008年第1期，第6-9页。

到生态移民项目上，必定更受生态移民的拥护和支持。

第四，在对藏族生态移民的研究中，可以更多地从文化、宗教方面进行挖掘。对于全民信仰藏传佛教的藏族来说，宗教在他们的生活中扮演着十分重要的角色，这样的研究更能贴近藏族生态移民的生活，反映他们对生态移民工程的看法和诉求。笔者认为，如何使藏族生态移民的社会、文化、经济达到一种发展上的统一，是我们需要继续努力和实现的研究目标之一。

藏族石刻文化研究述评[1]

藏族是一个伟大的民族，大部分藏族人常年生活在环境极其恶劣的高海拔地区，在恶劣的环境中，孕育了令人称叹的文化，石刻文化便是其中的佼佼者。穿行于藏区，随处可见堆放在山头、山坡、桥边、渡口、河湖周围，以及村寨入口或方或圆、或小或大的石堆，这些石堆被称为“玛尼堆”“玛尼石刻”，或简称为“玛尼石”。在藏区除了随处可见的“玛尼堆”之外，还有很多绘凿在悬崖峭壁上的摩崖石刻，有的以雕刻着佛像、菩萨而闻名遐迩，有的因雕刻着相关历史事迹而成为人们争相追捧的旅游胜地。除了玛尼石刻和摩崖石刻，在藏区还有为数不多的石碑或碑刻，如“赤德松赞墓碑”“琼结桥头碑”“唐蕃会盟碑”等，它们记载了历史上有关藏族的政治经济、典章制度、文化生活、民族交融等重要内容，可补正史之阙，对研究藏族石刻文化大有裨益。

藏族石刻文化历史悠久，在我国少数民族石刻文化中，具有突出的地位，但相关的学术著作，鲜见于史。目前国内外研究藏族石刻文化的著作有十余本，从其刊文形式来看大致可分为三类：①图文结合类。例如，张鹰主编的《人文西藏：宗教艺术》[2]一书，将石刻艺术归于藏族雕塑艺术之下，与藏族的绘画、宗教音乐和乐器，以及宗教舞蹈，构成整个藏族的

---

① 本文发表于《西南边疆民族研究》2016 年第 20 辑。

② 张鹰：《人文西藏：宗教艺术》，上海：上海人民出版社，2009 年。

宗教艺术文化。与此类似的还有吕军编著的《中国红：西藏艺术》[①]，书中将西藏艺术划分为宗教艺术、民间艺术两大类，石刻则归属于宗教艺术之下的雕刻艺术范畴。另外，还有张超音著的《中国藏族石刻艺术》[②]一书，以藏区寺院为纲，按地区分类，施以浓墨，辅以图片，介绍了各大寺院保存较好的宗教石刻艺术品，并在最后一章介绍了藏族的其他石刻艺术，包括洮砚、石经墙。整体来说，该书所搜集的藏族石刻艺术品，具有很高的学术价值。②图画集类。例如，韩书力主编的《西藏民间艺术丛书·玛尼石刻》[③]，搜集了西藏各个地区的玛尼石刻图片，将其按"灵石崇拜""佛与菩萨""护法神及高德大僧""灵兽与石经"进行分类，还对每一幅石刻作品都做了相关出处和雕刻时间的考证，并注于图下，具有较高的学术参考价值。③文字类。一是将石刻文化置于整个藏族宗教艺术文化之下，谈其起源、雕刻内容和雕刻技艺，如扎雅·诺丹西绕著、谢继胜译的《西藏宗教艺术》[④]；二是以藏族石刻文化中的某一石刻类型作为研究对象，或收录，或研究，不一而足。对摩崖石刻的研究，有谢佐著的《青海金石录》[⑤]和唐晓军著的《甘肃古代石刻艺术》[⑥]。谢佐遍寻青海，收录了青海地区100多处摩崖石刻，但并未进行细致的研究。唐晓军也只是在书中最后一章的一小节中，简单提及了藏传佛教"六字真言"石刻。

此外，对碑刻的收录和研究，是最引学界关注的领域，从古至今，国内有萨迦·索南坚赞著的《西藏王统记》[⑦]、达仓·班觉桑布著的《汉藏史集》[⑧]、巴俄·祖拉陈瓦著的《贤者喜宴》[⑨]，这三本书虽不是研究碑刻的专门性著作，但分别收录了唐蕃会盟碑、达扎路恭记功碑和桑耶寺碑的铭文，对保护和记录碑刻上的文字，以及研究藏族的政治经济、典章制度、

① 吕军：《中国红：西藏艺术》，合肥：黄山书社，2012年。
② 张超音：《中国藏族石刻艺术》，北京：中国藏学出版社，1995年。
③ 韩书力：《西藏民间艺术丛书：玛尼石刻》，重庆：重庆出版社，2001年。
④ 扎雅·诺丹西绕著，谢继胜译：《西藏宗教艺术》，拉萨：西藏人民出版社，1989年。
⑤ 谢佐：《青海金石录》，西宁：青海人民出版社，1993年。
⑥ 唐晓军：《甘肃古代石刻艺术》，北京：民族出版社，2007年。
⑦ 萨迦·索南坚赞著，刘立千译：《西藏王统记》，北京：民族出版社，2000年。
⑧ 达仓·班觉桑布著，陈庆英译：《汉藏史集》，拉萨：西藏人民出版社，1986年。
⑨ 巴俄·祖拉陈瓦著，黄颢、周润年译：《贤者喜宴：吐蕃史译注》，北京：中央民族大学出版社，2010年。

文化生活起到了重要的作用。清末金石学家罗振玉、罗常培分别对唐蕃会盟碑的原碑和拓片进行了考释和研究，其研究作品分别收录在《西陲石刻录》[①]和《神州国光集》[②]中。其后，我国著名藏学家王尧先生于 1982 年出版了《吐蕃金石录》[③]一书，书中收录吐蕃时期遗存于世的碑刻，并对其进行了补正和考释，为后世的研究奠定了基础。近年来，对藏族碑刻颇有研究的还有恰噶•丹正，其在《藏文碑文研究》[④]一书中收录了北京、西藏、青海等境内的藏文石碑近 90 座，并把碑文如实地记录下来，还把有些碑文的内容翻译成了汉文，对进一步的研究大有益处。国外学者或机构也对藏族碑刻做了相关的研究，其中最早可以追溯到英国人布希尔对“唐蕃会盟碑”的研究，虽只是初步解读，但标志着国外学者对藏族石刻文化关注的开始。时至 20 世纪 40 年代，英国人黎吉生来到西藏考察了拉萨地区的“雪碑”和“唐蕃会盟碑”，回国后发表了相关的学术文章，并于 1985 年出版了《早期西藏碑铭汇编》[⑤]（*A Corpus of Early Tibetan Inscriptions*），但是在王尧看来，这本书有歪曲历史事实之嫌，而且错漏颇多，不足为信。1987 年美籍华人李方桂和他的学生柯蔚南出版了英文版的《古代西藏碑文研究》[⑥]（*A Study of the Old Tibetan Inscriptions*），后来这本书由王启龙翻译，其对某些碑刻的文字进行了校注和释读。2009 年，日本东京大学外国语学院亚非语言研究所编辑出版了《古藏文碑铭》[⑦]（*Old Tibetan Inscriptions*），该书对古藏文的研究，可供国内研究者借鉴和参考。

除上述屈指可数的著作外，学界对藏族石刻文化的研究，实际上以论文居多。我们在中国知网以“藏族石刻文化”为主题跨库检索，得到 212 篇相关文献，其中中文期刊数据库有 125 篇，中国优秀博士、硕士学位论文数据库有 28 篇，中国重要报纸数据库有 20 篇，中国会议数据库有

---

① 罗振玉校录：《西陲石刻录》，辽阳：辽阳书社，1990 年。
② 黄宾虹：《神州国光集》，杭州：浙江人民美术出版社，2014 年。
③ 王尧：《吐蕃金石录》，北京：文物出版社，1982 年。
④ 恰噶•丹正：《藏文碑文研究》，拉萨：西藏人民出版社，2012 年。
⑤ Richardson H E. A Corpus of Early Tibetan Inscriptions. Hertford：Royal Asiatic Society，1985.
⑥ 李方桂、柯蔚南著，王启龙译：《古代西藏碑文研究》，北京：清华大学出版社，2007 年。
⑦ Kazushi Iwao，Nathan Hill，Tsuguhito Takeuchi.Old Tibetan Inscriptions. Tokyo：Research Institute for Languages and Cultures of Asia and Africa，Tokyo University of Foreign Studies，2009.

4 篇，其他数据库有 35 篇，对这 200 余篇文献进行爬梳和分析，以期充实藏族石刻文化研究，并以此为观测点，进而挖掘和深化对藏族文化及藏区社会相关问题的探讨。从研究主题看，已有论文主要集中于以下方面。

一、对藏族地区岩画的研究

原始社会时期，人们在洞穴或崖壁绘出狩猎、军事、祭祀等活动场景，历经千年，形成远古岩画，如今这些岩画成为研究原始社会生产、生活最为可靠的历史遗存。有关藏区岩画的研究，仅有 7 篇论文，主要涉及藏区岩画的分布、遗存形式、制作手法和题材。

得荣•泽仁邓珠在《简述藏族岩画、石窟、石碑的分布与内容》[①] 一文中，从宏观上指出了藏区远古岩画最早的形成时间、现今的分布，以及它们的绘画题材和技法形式。南加才让在其硕士学位论文《略论藏族石刻文化》[②] 中，指出远古岩画是藏族石刻文化的一部分，1985 年在西藏阿里地区的日土县，考古人员发现了青藏高原上最早的岩画地点，并同样以宏观的视角，分析了藏区岩画的分布、遗存形式、制作手法和内容。此述二者，虽从宏观上对岩画进行了一定的总结，有重要参考价值，但其对岩画背后所蕴藏的文化价值和艺术价值，却惜字如金，不曾下墨。侯希文、李祝喜合撰《论西藏岩画的“准文字档案”保护》一文，从档案学的角度分析了西藏岩画的文字属性和档案属性，指出岩画是研究“西藏地方社会变迁和发展的重要史料的‘活化石’，亦是研究西藏地方档案起源珍贵的第一手历史资料”[③]。苏和平在《试论西藏岩画艺术》[④] 一文中，在论及藏区岩画分布、分期、内容的基础上，指出了藏族先民思维的改变和审美意识的形成。

以上对藏区岩画的研究是从宏观角度出发的，分析了其分布、分期、

① 得荣•泽仁邓珠：《简述藏族岩画、石窟、石碑的分布与内容》，《西藏民俗》2000 年第 3 期，第 36-39 页。

② 南加才让：《略论藏族石刻文化》，北京：中央民族大学硕士学位论文，2004 年。

③ 侯希文，李祝喜：《论西藏岩画的“准文字档案”保护》，《档案》2015 年第 4 期，第 12-16 页。

④ 苏和平：《试论西藏岩画艺术》，《甘肃理论学刊》2007 年第 2 期，第 126-128 页。

内容等。但也有学者从微观角度出发，以某一地区或某一处的岩画为研究对象，例如，许新国和格桑本在《青海省哈龙沟、巴哈毛力沟的岩画》①一文中，从考古学的角度，对哈龙沟和巴哈毛力沟发现的远古岩画进行了相关的数据收集，标绘出每一幅岩画的大小和内容，从岩画所刻内容及相关文献的分析，指出这两处岩画遗存有可能是古代游牧民族遗留下来的作品。阿顿•华太多在《柴达木地区的古代石刻岩画》一文中，简单梳理了柴达木地区从东到西的岩画遗存，有“天峻县境内卢森岩画、鲁芒岩画，南部乌兰境内的牦牛山岩画和巴里河岩画、柯柯河岩画，都兰县境内的巴哈莫力岩画、上庄岩画、热水沟岩画，西部格尔木市境内的野牛沟岩画等”②，并且指出岩画所反映的内容与现在的自然环境相距甚远。例如，岩画中描述的有大树、有花草的柴达木，与现在的柴达木地区的戈壁荒漠形成了鲜明的对比，这佐证了学界对青藏高原曾经也是气候湿润、植被茂盛的推断。德却卓玛的《论西藏狩猎岩画对远古先民经济行为的纪录》一文③，是对西藏狩猎岩画的解读，结合了考古学、人类学和原始宗教学的观点，对西藏狩猎岩画进行了大致的分类，指出狩猎岩画是西藏岩画的主要题材类型，狩猎岩画存在的背后反映的是由狩猎、采集经济形式到游牧经济形式的转变过程，最后以唯物史观总结出，经济决定上层建筑，随着经济形式的转变，人们的思想观念也逐渐改变，进而形成了巫术观念。

不难发现，目前国内对藏区岩画的研究主要集中在分布、遗存形式、制作技法和内容上，对其所具有的文化、艺术、考古等价值研究不深。因此，对藏区岩画价值的探讨、遗存的保护，可作为后续深化研究的重点。

二、对玛尼石刻的研究

玛尼石刻在青藏高原上随处可见，是藏族民间和宗教文化中的瑰宝，学界探讨较多的是玛尼石刻的成因、分类及价值。

---

① 许新国，格桑本：《青海省哈龙沟、巴哈毛力沟的岩画》，《文物》1982 年第 2 期，第 80-83 页。

② 阿顿•华太多：《柴达木地区的古代石刻岩画》，《西藏艺术研究》2006 年第 2 期，第 49-50 页。

③ 德却卓玛：《论西藏狩猎岩画对远古先民经济行为的纪录》，《商业文化》（学术版）2007 年第 11 期，第 162 页。

（一）关于玛尼石刻成因的研究

藏族学者尕藏加在《果洛石经产生的历史背景》[①]一文中，以青海果洛地区的石经为研究对象，分析了果洛石经产生的地理因素、人的因素和历史渊源因素，并且从微观角度指出了果洛石经的创建过程。但是论及果洛石经文化产生的历史原因，他只着重分析了其受中国汉地，以及印度、尼泊尔的影响，而没有触及其根本的缘由——信仰。而凌立在《浅谈藏族崇尚嘛呢堆的缘由》一文中，着重分析了信仰的来源，指出“它既是藏族原始部落时期认为万物有灵，对天地山水包括人体本身（阳神和战神也居于人体神）进行崇拜的巫文化的反映，又是藏族社会处于军事部落时期或英雄史诗《格萨尔王传》中反映的民族、部落争战不息时期留下的风俗祭祀”[②]。与凌立的分析类似，康•格桑益希指出玛尼石刻的形成，源自藏区原始的自然崇拜和万物有灵观念，而后形成了因为祭祀“拉则”（“拉则”系藏语音译，汉语意为“神宫”）而形成的祭祀石堆的崇拜，最后慢慢演变成了玛尼石刻。[③]在此基础上，有学者指出，玛尼石刻的历史渊源还跟苯教和佛教有关，张鹰在《有藏人的地方就有玛尼石》一文中认为，“玛尼石是苯教与佛教文化相互融合的产物”[④]。目前，国内还没有学者对玛尼石刻的成因进行归整，但综合上述学者的观点，可对玛尼石刻的成因有一个比较立体的了解：①玛尼石刻源于藏族原始自然崇拜和万物有灵信仰；②玛尼石刻是苯教和佛教相互融合的产物，佛教的“不杀生”观念正好同原始的自然崇拜相吻合，因此佛教传入之后，玛尼石刻已不再像以前堆在路边、河边、山间用来当作路标或者简单祭祀山神的石堆那样，这时候雕刻玛尼石已成为宗教信仰的生活方式；③青藏高原有得天独厚的自然环境，石材易于采挖，同时，石质较软，易于雕刻。因此，蔚为壮观的玛尼堆、玛尼墙，甚至是玛尼城便形成了。更求多杰的硕士学位论文《玉树嘉

① 尕藏加：《果洛石经产生的历史背景》，《西藏研究》1996年第3期，第107-114页。
② 凌立：《浅析藏族崇尚嘛呢堆的缘由》，《康定民族师范高等专科学校学报》2005年第1期，第8-12页。
③ 康•格桑益希：《辉宏拙朴的藏族民间玛尼石刻文化》，《西藏艺术研究》2011年第1期，第21-28页。
④ 张鹰：《有藏人的地方就有玛尼石》，《旅游》2003年第12期，第44-46页。

那嘛呢石研究》[①]，探讨了玉树嘉那嘛呢石的形成、发展及其文化特点，此研究相对完善。

（二）关于玛尼石刻分类的研究

李翎在《藏族石刻艺术概述》一文中[②]，从造像类别将玛尼石刻归结为三类：一是单体造像，分为佛、佛母、护法、罗汉、度母、成就师、菩萨和天王；二是组合造像，分为怙主三尊、双身像、长寿三尊、宗喀巴师徒三尊、坛城主尊及眷属；三是塔及文字，分为塔、六字真言和经文。而张虎生在《嘛呢石：信仰生活与乡民石刻艺术》[③]一文中，按玛尼石雕刻的内容和题材，将玛尼石概括为三类，即文字类、图像类和器物类。文字类包括六字真言、经文；图像类包括佛、菩萨、护法神等宗教或社会世俗形象；器物包括佛教的各种法器。另有康•格桑益希在《玛尼：藏族民间石刻文化》[④]一文中，按玛尼石刻的表现内容，将其大致分为四类，即灵兽动物类；兽头人身神祇类（后转化为护法神）；经文咒语六字真言及其他符号类；佛、菩萨、高僧大德类。在笔者看来，藏族雕刻玛尼石，若从素材来源看，大体可分为以下三类：一是世俗素材；二是民间传说；三是宗教素材。其中，世俗素材包括社会生活和动植物形象；民间传说素材包括格萨尔石刻；宗教素材包括六字真言、神佛菩萨、高德大僧、器物及经文。

（三）关于玛尼石刻功能或价值的研究

从现有文献来看，对玛尼石刻功能或价值的研究，大多散见于综合性较强的文章中。吕春祥在《藏传佛教嘛呢石刻艺术的精神内涵及其意义》[⑤]一文中指出，嘛呢石刻艺术具有促进社会和谐、社会教化和心理疏导

① 更求多杰：《玉树嘉那嘛呢石研究》，北京：中央民族大学硕士学位论文，2008 年。
② 李翎：《藏族石刻艺术概述》，《西藏研究》2003 年第 4 期，第 72-80 页。
③ 张虎生：《嘛呢石：信仰生活与乡民石刻艺术》，《齐鲁艺苑》2006 年第 4 期，第 87-93 页。
④ 康•格桑益希：《玛尼：藏族民间石刻文化》，《世界宗教文化》2004 年第 2 期，第 24-27 页。
⑤ 吕春祥：《藏传佛教嘛呢石刻艺术的精神内涵及其意义》，《中央民族大学学报》（哲学社会科学版）2009 年第 4 期，第 129-131 页。

的意义。罗桑开珠在《玉树嘉纳嘛呢石及其文化价值》[①]一文中认为，嘉纳嘛呢石城中遗存的苯教嘛呢“玛哲米叶”，以及唐代文成公主进藏路过此地时留下的石刻佛像、嘛呢石等文化遗迹，对研究整个藏族的历史、宗教、文化和汉藏关系提供了参考价值极高的实物资料。李杰在《藏北嘛呢石刻》[②]一文中指出，玛尼石具有很高的历史、佛教、人文、艺术价值，但并没有对此做深入的解析。韩书力在《西藏玛尼石刻浅析》[③]一文中，也认识到了玛尼石所具有的宗教价值，并指出玛尼石刻的主要意义还在于为宗教服务。宋卫哲在《青海藏族石刻艺术的现代流变》一文中探讨了玛尼石刻的文化变迁，并且指出其在突出民族精神、时代特征、艺术传承等方面所起的作用。[④]此外，索南卓玛的硕士学位论文《和日石雕起源及艺术特点研究》(藏文)[⑤]，以青海泽库县和日村为中心，叙述了石雕艺术的历史起源、发展及近况，解析了和日石雕的工具、雕刻内容和刻法，进而探讨了和日地区石雕艺术的特点和价值，对拓展和日石刻文化研究有重要参考价值和有益的启示。

三、对碑刻的研究

藏族碑刻同中原地区大多数碑刻一样，起着记言传事、歌功颂德的作用，因其有着很高的历史文献价值，所以相关的收集和录用，很早就已经开始了，但基本上集中在各州各县的州志或县志当中，除前文述及碑刻研究的相关著作，论文主要集中于碑刻的分布和规格、碑刻文字的释读及对碑刻所反映出的历史事件的解读等。

一些学者关注和探讨了碑刻的分布及规格。李永明的《藏族金石文献源流》[⑥]一文，搜集了藏族上起吐蕃时期，下迄元明清三代，共61块藏族

① 罗桑开珠：《玉树嘉纳嘛呢石及其文化价值》，《青海民族大学学报》（社会科学版）2010年第2期，第76-79页。

② 李杰：《藏北嘛呢石刻》，《中国西部》1996年第4期，第60-63页。

③ 韩书力：《西藏玛尼石刻浅识》，《美术》1985年第8期，第58-60页。

④ 宋卫哲：《青海藏族石刻艺术的现代流变》，《湖北第二师范学院学报》2012年第11期，第60-62页。

⑤ 索南卓玛：《和日石雕起源及艺术特点研究》（藏文），北京：中央民族大学硕士学位论文，2015年。

⑥ 李永明：《藏族金石文献源流》，《西藏民族学院学报》（社会科学版）1995年第4期，第70-77页。

碑刻文献，并标注其雕刻的大致时期和原碑所在地；杨从彪在《佛塔·石刻·碑铭·印经院：布达拉宫散记》[①]一文中，指出了拉萨地区所遗存的石碑的规格大小；巴桑旺堆在《吐蕃石刻文》[②]一文中，指出了“雪碑”“谐拉康西碑”“谐拉康东碑”“琼结桥头石碑”“工布朗噶碑”等的分布。虽然这些研究基本上只是对相关碑刻的简单介绍，并未做更深入的解读，但对后续研究依然具有参考价值。值得一提的是，朝本加的硕士学位论文《浅谈吐蕃赞普时期的石碑及摩崖石刻文献》（藏文）[③]，阐述了吐蕃时期石碑和摩崖石刻的文献价值，按时间顺序整理了吐蕃各赞普时的碑铭，并对其进行了分类整理。

一些学者则从历史学角度，对相关碑刻进行了收录和解读。姚薇元的《唐蕃会盟碑跋》[④]、张政烺的《跋唐蕃会盟碑》[⑤]、王尧的《唐蕃会盟碑梳释》[⑥]，均对碑文进行了抄录，并且逐渐深入，更正了之前有关碑文的错漏。此外，还有汶江的《赤松德赞碑铭试解》[⑦]、张永发的《吉隆唐碑记》[⑧]、吴景山的《塔尔寺四通汉子碑正误》[⑨]等，均是对某一碑刻的研究，但基本上只涉及具体碑刻文字的释读、校注、翻译，以及历史事实的解读，即只注重了其所具有的文献价值，而没有注意其所具有的艺术价值，更没有从人类学的角度去审视其所具有的功能和价值。

四、对摩崖石刻的研究

对摩崖石刻的研究，人们很早便有关注，但基本上也只是集中在各县的县志当中，局限于收录，没有做过多的研究和解读。从相关论文来

---

① 杨从彪：《佛塔·石刻·碑铭·印经院：布达拉宫散记》，《风景名胜》2000年第3期，第14-17页。
② 巴桑旺堆：《吐蕃石刻文》，《西藏研究》2009年第1期，第121-123页。
③ 朝本加：《浅谈吐蕃赞普时期的石碑及摩崖石刻文献》（藏文），北京：中央民族大学硕士学位论文，2007年。
④ 姚薇元：《唐蕃会盟碑跋》，《燕京学报》1934年第15期。
⑤ 张政烺：《跋唐蕃会盟碑》，《文物》1959年第7期，第9-11页。
⑥ 王尧：《唐蕃会盟碑梳释》，《历史研究》1980年第4期，第93-102页。
⑦ 汶江：《赤松德赞碑铭试解》，《西藏研究》1982年第5期，第39-47页。
⑧ 张永发：《吉隆唐碑记》，《中国民族》2003年第3期，第62-63页。
⑨ 吴景山：《塔尔寺四通汉字碑文正误》，《中国藏学》1999年第2期，第104-116页。

看，大多是对其艺术特征和文化内涵的扼要介绍。

近代以来，首先对藏族摩崖石刻有所关注的是藏族学者巴桑旺堆，其在《新见吐蕃摩崖石刻》①一文中指出，通过实地查看，考古发现了洛扎摩崖石刻，并对其上的文字进行了翻译和考释，囿于时代和技术原因，对文字的翻译和考释不免有所纰漏，但却为后人的研究打下了基础。所以才有后来的霍巍、新巴·达娃扎西，以及江荻这几位学者分别从历史学和文字学的角度，对洛扎摩崖石刻进行了研究和解读。其中霍巍和新巴·达娃扎西合写的《西藏洛扎吐蕃摩崖石刻与吐蕃墓地的调查与研究》②一文，分析了洛扎摩崖石刻与吉堆吐蕃墓地的关系；江荻的《西藏洛扎吐蕃摩崖石刻的语法特征及翻译》③一文，通过对洛扎吐蕃摩崖石刻盟誓文本进行逐行逐字的分析，归纳出古藏语的部分语法特征和书写特征，并在语法分析的基础上，重新释读摩崖文本的内容，对前人的翻译进行了校正，提出了新的中文译文，如此，便为后人的研究提供了较为可靠的文字材料。格桑多杰在其硕士学位论文《浅析吐蕃王朝时期碑文之洛扎石刻》（藏文）④中，对吐蕃时期洛扎石刻的原文进行了较为细致的分析和研究，并考证了其大致的凿刻时间。许新国的《露斯沟摩崖石刻图像考》⑤一文，对青海海西蒙古族藏族自治州都兰县“露斯沟”或“骡子沟”石刻内容、年代、族属，以及反映出的历史有关问题予以考证。之后很长一段时间，藏族摩崖石刻的研究成果寥寥无几，但桑德布金和达哇扎西的硕士学位论文，论述较为全面。其中，桑德布金的《玉树地区吐蕃时期摩崖石刻考述》⑥，通过对玉树地区两处摩崖石刻造像及题记的考察和解读，阐述其特点，并指出了两处摩崖石刻对藏族艺术文化所做的特殊贡献。达哇扎西的《玉树贝多普贤行愿品摩崖石刻研究》（藏文）⑦，通过对贝多普贤行愿品摩崖石刻和昌都丹

① 巴桑旺堆：《新见吐蕃摩崖石刻》，《西藏研究》1982 年第 2 期，第 94-95 页。

② 霍巍，新巴·达娃扎西合：《西藏洛扎吐蕃摩崖石刻与吐蕃墓地的调查与研究》，《文物》2010 年第 7 期，第 52-64 页。

③ 江荻：《西藏洛扎吐蕃摩崖石刻的语法特征及翻译》，《民族翻译》2014 年第 4 期，第 36-43 页。

④ 格桑多杰：《浅析吐蕃王朝时期碑文之洛扎石刻》（藏文），北京：中央民族大学硕士学位论文，2011 年。

⑤ 许新国：《露斯沟摩崖石刻图像考》，《青海社会科学》1994 年第 2 期，第 78-83 页。

⑥ 桑德布金：《玉树地区吐蕃时期摩崖石刻考述》，北京：中央民族大学硕士学位论文，2008 年。

⑦ 达哇扎西：《玉树贝多普贤行愿品摩崖石刻研究》（藏文），兰州：西北民族大学硕士学位论文，2014 年。

玛岩石刻密切关系的考证，借以研究唐蕃关系，资料弥足珍贵，并且对贝多普贤行愿品摩崖石刻的字体、现行藏文字体及古藏文文献中提及的相关字体进行了比较研究，进而分析总结了贝多普贤行愿品摩崖石刻内容和结构的特点。

五、对格萨尔石刻的研究

《格萨尔王传》是一部对藏区人民影响至深的英雄史诗。它在流传过程中形成了多种多样的传播方式，既有浅显易懂的说唱方式，也有诸如文字史诗、石刻雕像、唐卡等具体的传播形式，石刻雕像就是其中独特的存在形式。格萨尔石刻艺术中最负盛名的要数位于四川甘孜藏族自治州、阿坝藏族羌族自治州两州交界地区的莫斯卡。我们从现有数量不多的相关论文可洞察有关格萨尔石刻研究的基本倾向。

（一）格萨尔石刻的分布与存放方式

最早接触四川莫斯卡格萨尔石刻的要数杨嘉铭，他在《两进莫斯卡——寻访格萨尔石刻》[①]一文中，以自叙的方式，将自己如何进入莫斯卡，如何发现格萨尔石刻的经过，娓娓道来，在谈及第二次进入莫斯卡的时候，对莫斯卡现存的格萨尔石刻艺术品进行了搜集整理，发现了“格萨尔喇空”“卡斯甲都格萨尔塔”“吉尼沟青麦格真神山”三处依然保存有格萨尔石刻的地方，为后来的研究打下了基础。谢祝清在《四川甘孜遗存格萨尔石刻现状考》[②]一文中，首先指出了四川格萨尔石刻的分布，并且着重分析和总结了它们的存放方式，有露天堆放、室内存放、龛窟存放和镶嵌四种，最后对如何保护遗存的格萨尔石刻，提出了对策建议。岗•坚赞才让在《格萨尔石刻艺术的调查与思考》[③]一文中，指出除了莫斯卡有格萨尔石刻，位于川、青、藏边界地区的石渠县也保存着大量的格萨尔石刻，并

① 杨嘉铭：《两进莫斯卡——寻访格萨尔石刻》，《中国西藏》（中文）2004年第4期，第9-15页。
② 谢祝清：《四川甘孜遗存格萨尔石刻现状考》，《四川民族学院学报》2014年第5期，第13-17页。
③ 岗•坚赞才让：《格萨尔石刻艺术的调查与思考》，《西藏研究》2006年第3期，第81-84页。

且通过调查发现，目前对格萨尔石刻的保护存在着两种方式，一是抢救性保护，二是生态性保护。作者在比较两种保护措施异同的基础上，提出了经济性保护，即把格萨尔石刻当成艺术品，以供买卖。

（二）格萨尔石刻的分类和艺术特点

杨环在《试论莫斯卡格萨尔石刻文化特性》①一文中，首先分别从莫斯卡格萨尔石刻遗存的数量、分布、刻制时期、存放方式及分类，概述了莫斯卡格萨尔石刻的大致情况，而后分析指出了莫斯卡格萨尔石刻的艺术特点，即类型一致、谱系完整、忠实于《格萨尔王传》文本、地域特色浓厚、精湛的艺术性等特点，最后从生态环境和人文环境指出格萨尔石刻得以在莫斯卡长期传承的原因。仁钦东珠和兰却加合撰的《文化人类学视角下的格萨尔石刻艺术》②一文，在分析格萨尔石刻艺术形成背景的基础上，指出格萨尔石刻艺术具有形象单一但表现形式细腻、深受藏传佛教影响、忠实原创、整体性、神灵体系几个特点。

（三）格萨尔石刻的功能及意义

公保才让在《格萨尔石刻文化的人类学解读——论康区宁玛派与格萨尔文化的渊源关系》③一文中指出，在莫斯卡，格萨尔王就是当地的保护神，格萨尔石刻蕴含着整合及约束新部落的文化功能。因地理气候条件的变化，或部落内部的矛盾，或生存空间的不适，游牧部落的迁徙历来很频繁，在迁徙过程中还有整合的现象，人烟稀少的青藏高原是游牧部落的生息地，这些游牧部落在迁徙的过程中必须遵循的一个原则是“游而不散，移而不流”，以维持一定的部落组织规模和保证一定人口数量。为了达到这一“群居”目的，不得不用一个通惯“全体”的总保护神来约束，

① 杨环：《试论莫斯卡格萨尔石刻文化特性》，《西藏研究》2014年第3期，第66-72页。

② 仁钦东珠，兰却加：《文化人类学视角下的格萨尔石刻艺术》，《中央民族大学学报》（哲学社会科学版）2015年第3期，第142-145页。

③ 公保才让：《格萨尔石刻文化的人类学解读——论康区宁玛派与格萨尔文化的渊源关系》，《青海社会科学》2010年第3期，第140-142页。

而莫斯卡的“全体”的保护神便是格萨尔王神了。另外，格萨尔石刻的另一效应是文化需求的补充，对在酷寒环境中生存的藏族人来说，不仅需要物质上的满足，还应有足够的精神生活之渴望。在农闲牧余之际，融文化娱乐、联络情感、释放压抑、增强认同感为一体的各类祭祀仪式，便是弥补这一精神缺憾的有效能量。这种仪式活动的核心轴就是对格萨尔王多角度的供养和祭祀，如煨桑呼唤、膜拜转圈、跳神舞巫、插箭竖旗、放飞风马、念经颂词、说唱咏诗、马术竞技等具体活动。格萨尔石刻的功能，显而易见。有学者明确解析了格萨尔石刻的文化功能，即格萨尔文化的阐释功能、传承功能、民族精神凝聚功能。谢祝清、唐星明合撰的《论藏族格萨尔石刻艺术的文化意蕴》[①]一文，通过对格萨尔石刻艺术的研究，窥见了古代藏族的文化心理、人文特征及历史文化内涵，指出格萨尔石刻艺术表现了藏族勇敢坚韧、开拓进取的民族个性和锄强扶弱、除恶扬善的道德精神，这便是格萨尔石刻所带来的价值和意义。

格萨尔石刻是藏族石刻文化的重要组成部分，从以上分析来看，对格萨尔石刻的研究，自2002年杨嘉铭发现莫斯卡格萨尔岭国人物谱系石刻至今，成果多以论文的形式出现，涉及的学科有历史学、人类学、艺术学。除上述三方面的研究外，有关格萨尔石刻文化传承与保护的研究尚不够。

值得注意的是，还有许多报纸、旅游散记中记载了藏族石刻文化，虽非学术性研究，但文中所描写的某一大石刻文化遗址或遗存，或某处的摩崖石刻，或行走在路边偶然发现的某一碑刻，对后续的研究，依然大有裨益，如黄河发表在《中国青年》的《藏地玛尼石》[②]，林森发表在《旅游纵览》的《镌刻在石头上的经文——瞻访和日石经胜迹》[③]，解琛发表在《对外传播》的《青海“和日石经墙”》[④]。另外，诸如《新华每日电讯》所刊载的吴光于的《新寨玛尼堆又见朝圣者》[⑤]，《光明日报》刊登的刘鹏、祁万强的《镌刻

① 谢祝清，唐星明：《论藏族格萨尔石刻艺术的文化意蕴》，《艺术探索》2011年第6期，第49-50页。
② 黄河：《藏地玛尼石》，《中国青年》2011年第2期，第34-35页。
③ 林森：《镌刻在石头上的经文——瞻访和日石经胜迹》，《旅游纵览》2008年第11期，第40-43页。
④ 解琛：《青海“和日石经墙”》，《对外传播》2000年第7期，第45页。
⑤ 吴光于：《新寨玛尼堆又见朝圣者》，《新华每日电讯》，2005-05-15。

在长江源头的经卷》[1]等的报刊文章，还有10余篇，其中有对藏族石刻艺术品分布区域的论述，有对当地人文环境的介绍，它们对后续研究都有重要的文献参考价值。

六、几点思考与展望

综上所述，目前学界对藏族石刻文化的研究，著作偏少，论文较多，但其选题和成果大多类似，有些是重复性研究。从学科角度来看，基本只涉及历史学、考古学、文字学、宗教学四个学科，其他学科参与性不高，已有成果，略显单薄。从研究主题看，较为单调，基本集中在对文字的释读、翻译上，勒石年代的考证，以及藏区岩画、玛尼石刻、摩崖石刻、碑刻和格萨尔石刻分布区域的考察等方面，而对其文化艺术价值、功能、传承与保护等方面的关注和研究明显不够。因此，笔者认为应该从以下方面入手，充实和完善藏族石刻文化的研究。

首先，从整体看，应探索建构藏族石刻文化的研究体系。可以看出，对藏族石刻文化的研究，各学科基本上各自为战，交流互补甚少，造成对某一问题的重复性研究和对某一研究成果的重复性使用的问题较为突出，从而造成观点的陈旧和类似成果的泛化。因此，在一定程度上，效仿和借鉴汉族地区的石刻文化研究，构建藏族石刻文化研究体系，迫在眉睫。

其次，从研究主题看，应适当拓展藏族石刻文化的研究范围。石刻不仅是人们创造的文化，也是一门艺术，它包含绘画艺术、造像艺术、雕刻艺术和书法艺术等。其研究范围不应局限于历史学、文字学、宗教学、考古学。近年来，随着青海三江源生态移民工程的实施，不少藏区牧民搬迁到了州府、县府驻地及乡/镇所在地或靠近城镇的地方，传统的藏族石刻在有的移民新村已逐步发展成为新的产业——石刻业，这也成为牧民搬迁后解决生计问题的后续产业之一，青海泽库县和日生态移民新村就是一个典型的例子。基于田野调查，从民族学、人类学学科领域寻找和挖掘有关藏族石刻文化的新的议题，还有很大的研究空间。

① 刘鹏，祁万强：《镌刻在长江源头的经卷》，《光明日报》，2015-07-22。

再次，从研究主体看，应兼顾藏族石刻本身和刻工的互动研究。对藏族石刻文化的研究，不仅需关注石刻本身，还应注意对“朵噶”(“朵噶”系藏语音译，汉语意为“刻工”）的研究，只有关注二者的互动，才能更深层次地理解“朵噶”刻石经、佛像的文化内涵，以及藏族石刻文化所蕴含的宗教信仰、文化传承、艺术欣赏等意义。如今，石刻所蕴含的意义不仅已化作一种坚定的信仰而浸润于藏族人的身心之中，其经济价值也日益彰显。因而，石刻本身和刻工的互动，以及石刻文化的走向等延伸问题都值得关注。

最后，从研究方法看，应进行多学科方法的交叉研究。在发扬继承前人研究方法的基础上，根据实际，扩展和使用其他学科的方法。例如，民族学、人类学的定性、定量研究方法可以运用到田野考察中，以便田野资料的获取、数据的收集及二者的相互印证；对“朵噶”的研究，可以充分使用参与观察和主位、客位相结合的方法，由此审视“朵噶”与石刻的互动；还可运用口述史方法，以便从微观上深入了解某一小范围的具体区域石刻的缘起、分布、特点及功用，或用以系统、全面、深入了解某一处石刻或石刻某一具体方面的相关信息。另外，在进行田野工作的时候，利用录音笔、照相机等现代媒体设备，记录下“朵噶”的一言一行，不仅非常必要，而且还需加强，以保证运用民族学、人类学方法进行藏族石刻文化的民族志研究时，其描述、分析的科学性和真实性。正如克利福德•格尔茨所说：“民族志描述有三个特点：它是解释性的；它所解释的是社会性会话流；所涉及的解释在于将这种会话‘所说过的’从即将逝去的时间中解救出来，并以可供阅读的术语固定下来。这类描述还有第四个特点，至少，我是这么做的：它是微观的。”①

① 〔美〕克利福德•格尔茨著，韩莉译：《文化的解释》，北京：译林出版社，2006年，第27页。

西部民族地区城镇化研究现状与走向述评[①]

20 世纪 60 年代，欧洲与美国、日本等发达地区和国家先后完成了城镇化。发达国家的经验告诉我们，城镇化的过程会给一个国家或一个地区带来全面的发展，包括经济快速增长、城市人口增加、人民生活水平提高等，还对满足民众精神需求、提升幸福感等产生正向影响。作为相对处于后发展位置的国家，我国在东部及一些内陆地区也陆续开展为达到上述目的而进行的城镇化发展尝试，同时探索出诸如“苏南城镇化模式”“温州城镇化模式”“珠江三角洲城镇化模式”[②] 等具有中国特色的城镇化模式。按照我国城镇化表述规则，2014 年我国城镇人口 74 916 万人，占总人口的 54.77%，城镇化率比 2013 年的 53.72% 提高了 1.05 个百分点。[③] 可见，我国的城镇化发展快速而稳定。更有学者通过实证研究预测，2020 年我国的城镇化率将达到 59.17%。[④]

聚焦我国西部民族地区，“城镇发展的落后性、内部发展的差异性、

---

① 本文发表于《中南民族大学学报》（人文社会科学版）2016 年第 3 期。

② 刘文静，郭宁，李美荣：《我国内地城镇化模式对新疆城镇化的启示》，《改革与战略》2009 年第 7 期，第 113-116 页。

③ 中华人民共和国国家统计局：《2014 年国民经济和社会发展统计公报》，中华人民共和国国家统计局网站，http：//www.stats.gov.cn/tjsj/zxfb/201502/t20150226_685799.html[2015－02－26]。

④ 简新华，黄锟：《中国城镇化水平和速度的实证分析与前景预测》，《经济研究》2010 年第 3 期，第 28-39 页。

城镇规模不合理"[①]等问题，都引起了国内学者的关注。关于城镇化的研究成果不胜枚举，而把西部民族地区城镇化作为考察对象的成果则主要集中于期刊论文和硕士、博士学位论文，著作相对较少。具有代表性的著作有王雅红、李澜、蒋彬、刘晓鹰、毛生武及闵文义等学者的著述。[②]

一、对城镇化概念界定的研究

中国的城镇化概念来自"城市化"，即对英文单词 urbanization 的翻译，但国内一些学者认为城市化只包含城市（city），不包含城镇（town）的含义。我国有大量的农村人口需要转移，必须注重小城市的发展。鉴于此，有学者把 urbanization 翻译成"城镇化"[③]，它是本土化的城市化概念。[④]所以，学界对于两个概念的争论也持续至今。

首先，傅晨根据国外对于城市的定义（美国对城市的定义是人口超过 2500 人的居住区[⑤]）指出，"显然，2500 人只能是一个镇，城市化这个用语本来就是包括镇在内的。所以，如果这样来看，城镇化可能是一个'多余的用语'"[⑥]。他主张使用"农村城市化"概念。而孙中和则认为，"'农村城市化'的侧重点主要是以农村人口向大、中城市转移的'城化'过程……而'农村城镇化'则主要是指农村人口向农村区域内的小城镇转移和积聚的'镇化'过程"[⑦]。因此，他赞同使用"农村城镇化"的提法，不仅是对"城镇化"和"城市化"概念的进一步细化，而且承认了二者的独立性。胡序

① 冯尚春，张永山：《西部民族地区城镇化的落后性与发展方式选择》，《贵州民族研究》2005 年第 5 期，第 63-68 页。

② 王雅红：《西北民族地区城市发展研究》，北京：民族出版社，2005 年；李澜：《西部民族地区城镇化：理论透视·发展分析·模式构建》，北京：民族出版社，2005 年；蒋彬：《四川藏区城镇化与文化变迁——以德格县更庆镇为个案》，成都：巴蜀书社，2005 年；刘晓鹰：《中国西部欠发达地区城镇化道路及小城镇发展研究》，北京：民族出版社，2008 年；毛生武：《西北民族省区城镇化模式与制度创新》，北京：中国经济出版社，2011 年；闵文义：《西部民族牧区城镇化模式研究——以畜牧业产业化链条、信息化建设为支撑的城镇化》，北京：民族出版社，2012 年。

③ 辜胜阻：《非农化及城镇化理论与实践》，武汉：武汉大学出版社，1999 年，第 6 页。

④ 聂伟，风笑天：《城镇化：概念、目标、挑战与路径》，《学术界》2014 年第 9 期，第 82-92 页。

⑤ 谢文蕙，邓卫：《城市经济学》，北京：清华大学出版社，1996 年，第 6 页。

⑥ 傅晨：《城市化概念辨析》，《南方经济》2005 年第 4 期，第 29-30 页。

⑦ 孙中和：《中国城市化基本内涵与动力机制研究》，《财经问题研究》2001 年第 11 期，第 38-43 页。

威认为，“不能把‘城市化’片面理解为主要发展现有大中城市，也不能把‘城镇化’片面理解为重点发展小城镇，这都是对‘城市化’或‘城镇化’本意的扭曲”①。聂伟、风笑天则把两个概念提炼、融合，认为“广义的城市化包含城镇化概念，城镇化是城市化的起点，是城市化进程的过渡模式”②。

其次，国内学者也从不同角度对城镇化的概念提出了自己的理解。周加来认为“城镇化是农村地域向城市地域的转化过程”③。辜胜阻认为“城镇化是指农村人口向城镇区域转移的过程”④。显然，他们主要是基于城镇化过程的某一方面进行阐释，如地域转换、人口转移，还需要在概念的广度和整合度上作出突破。也有学者把城镇化看作一个综合系统的转变。彭启鹏、曾文棣认为城镇化内涵应包含人口城镇化、地域城镇化、经济活动城镇化、生活方式城镇化等。⑤倪鹏飞则认为“城镇化不仅表现为城镇数目的增多、城市面积的扩大、城市人口增加，还包含人口职业、产业结构、空间形态的变化，也包含人类社会的组织方式、生产方式和生活方式的变化”⑥。

显然，已有研究对于“城镇化”“城市化”概念的澄清、细化，以及对于城镇化概念系统性的定义，不仅体现了学界对所关注研究对象的严谨态度和治学精神，也说明城镇化发展在我国整体发展中的重要性，同时也为西部民族地区城镇化发展研究打下了理论基础。可以说，西部民族地区城镇化是位于我国西部的少数民族地区人口、地域、经济活动、生活方式等从农村转向城市的综合性转变过程，它是广义上城市化的一种重要发展形态，具体表现为城市人口增加、城镇数目增多、生产方式变迁、社会结构变化等诸多方面的变化，是我国城市化战略目标的重要组成部分。

① 胡序威：《论城镇化的概念内涵和规律性》，《城市与区域规划研究》2008 年第 2 期，第 26-42 页。
② 聂伟，风笑天：《城镇化：概念、目标、挑战与路径》，《学术界》2014 年第 9 期，第 82-92 页。
③ 周加来：《城市化·城镇化·农村城市化·城乡一体化——城市化概念辨析》，《中国农村经济》2001 年第 5 期，第 40-44 页。
④ 辜胜阻：《非农化及城镇化理论与实践》，武汉：武汉大学出版社，1999 年，第 6 页。
⑤ 彭启鹏，曾文棣：《广东城镇化进程分析》，《南方人口》2003 年第 2 期，第 36-44 页。
⑥ 倪鹏飞：《新型城镇化的基本模式、具体路径与推进对策》，《江海学刊》2013 年第 1 期，第 87-94 页。

二、对西部民族地区城镇化自身作为发展过程的研究

在我国推行的以全面、协调、可持续为特征的发展浪潮中，西部民族地区的城镇化必然成为构成社会层面整体发展的重要部分。

（一）西部民族地区城镇化发展制约因素的研究

制约西部民族地区城镇化发展的因素有地理区位、自然环境、管理体制、人口特征等。覃晚萍认为，在广西的城镇化发展中，“政府认识与民族素质和心理的制约、各种资源的制约、交通环境条件的制约、体制与政策方面的制约”[①]等对广西民族地区城镇化产生了不利影响。蒋焕洲指出阻碍贵州少数民族地区城镇化发展的因素主要有“脆弱的自然环境、土地细碎化、区域产业结构不合理、农村劳动力素质偏低、民族地区城镇集聚人口的能力弱、农村劳动力转移的制度不完善”[②]。安瓦尔·买买提明基于调查数据的分析认为，新疆城镇化总体发展水平低、城镇分布不均衡、城市职能的趋同性强、产业结构失衡等问题的出现，是没有很好地解决人口结构、人才紧缺、城乡收入差距、城市管理体制滞后等问题导致的。[③]张克俊则指出西部民族地区城镇化建设一些共有的制约因素，主要是“投资渠道狭窄，资金短缺严重；农民走向城镇化的观念、技能和文化不适应；体制与政策上的障碍；西部自身地理、经济社会发展基础的限制；城镇研究和管理工作相对滞后”[④]，并提出了自己的解决思路。

（二）西部民族地区城镇化发展动力机制的研究

西部民族地区城镇化发展动力机制既具有与全国其他地区的相似性，

---

① 覃晚萍：《试析广西民族地区城镇化的制约因素与对策》，《广西民族学院学报》（哲学社会科学版）2003年第6期，第60-62页。

② 蒋焕洲：《贵州少数民族地区农村人口城镇化的制约因素及发展路径》，《安徽农业科学》2009年第9期，第4866-4868页。

③ 安瓦尔·买买提明：《推进新疆新型城镇化建设路径探索》，《新疆师范大学学报》（哲学社会科学版）2013年第6期，第16-24页。

④ 张克俊：《西部民族地区城镇化建设的对策思路》，《经济问题探索》2005年第7期，第136-139页。

又有自身的独特性，随着经济全球化和社会主义市场经济的发展，其动力机制表现出主体多元化、空间上不均衡、时间上动态演进等特征。丁生喜、王晓鹏以环青海湖地区为例，认为新时期环青海湖少数民族地区城镇化的动力可概括为“特色产业发展的推力、地区城镇发展对农牧民的拉力、城镇化的政策与制度催动”这三个方面。其中，特色产业发展又包括特色农牧业发展的推动力、工业发展积累经济实力、第三产业促进城镇集聚效应。[①]王沣等通过引用国外的经济增长模型对宁夏隆德县进行实证分析提出，西部欠发达地区的城镇化应当着重培育和提升人力资本，同时要汲取少数民族政策的有利影响，以此来实现当地的城镇化。[②]刘林、龚新蜀使用定量研究中的多元统计分析方法，对新疆地区城镇化的数据进行综合性比较分析，构建出了一套适合新疆城镇化动力机制的指标体系（第一产业发展形成的推动城镇化的初始动力；工业化推进形成的根本动力；第三产业发展形成的后续动力[③]），以期实现对西部民族地区城镇化进行实证研究的合理化探索。

（三）西部民族地区城镇化发展模式及对策的研究

1. 西部民族地区城镇化发展模式研究

高新才、毛生武在总结以往研究“折射出传统的由政府‘安排’城镇化道路或政府主导城镇化进程的计划经济的干预冲动”的部分特征之后，提出了西北民族地区城镇化建设应选择市场主导型多元城镇化模式。它具体包含城镇规模结构多元化、城镇空间布局多元化、城镇产业定位多元化、城镇近域扩张多元化、城镇人口聚集多元化。[④]他们对于政府规制与市场机制之间辩证关系的讨论，以及引出把握两者平衡点的思路，值得

---

① 丁生喜，王晓鹏：《青藏高原少数民族地区特色城镇化动力机制分析——以环青海湖地区为例》，《地域研究与开发》2012 年第 1 期，第 65-69 页。

② 王沣，张京祥，罗震东：《西部欠发达地区城镇化困局的特征与机制——基于宁夏南部山区调研的探讨》，《经济地理》2014 年第 9 期，第 40-47 页。

③ 刘林，龚新蜀：《新疆城镇化动力机制的实证分析》，《改革与战略》2009 年第 10 期，第 109-112 页。

④ 高新才，毛生武：《西北民族省区城镇化战略模式选择与制度创新》，《民族研究》2002 年第 6 期，第 21-31 页。

进一步研究。闵文义等对阿克塞哈萨克族自治县的牧业地区城镇化进行了调查和分析，并以此提出了牧区城镇化的新模式。首先，制定“战略—规划—引导”的思想路线，完成“游牧—定居—城镇化”的“三级跳”，实现“脱贫—小康—富裕”的跨越式发展，促使“牧民—居民—市民”的角色转化。[①]方创琳根据西藏地区城镇化的特殊性，制定了就近就地镇民化的渐进城镇化模式，“实现以小城镇为主导的农牧民镇民化，而非市民化；推进以农牧民社区建设为主导的渐进城镇化，以标准化农牧民社区拉动人口集聚；推进渐进城镇化的自主模式，尝试以股份制合作将农牧民变为股民”[②]。

2. 西部民族地区城镇化对策思路研究

从目前已有研究看，国内学界对于西部民族地区城镇化甚至中国的城镇化研究，都呈现出一种趋势，即着重关注对城镇化发展出路的讨论和向政府职能部门建言献策，提出对城镇化未来道路的规划蓝图。例如，江世银提出，在宁夏城镇化道路的发展上，应当充分发挥区域性中心城市的带动和辐射作用；发挥区域经济中次中心的作用；加快地区中等城市的基础设施建设，增强其辐射力度；统一认识，科学规划；加快工业化、现代化步伐。[③]也有学者提出，城镇化发展要遵循“科学定位、全面规划、突出重点、体现特色、放开搞活、综合管理的总思路”[④]。沈茂英指出，四川藏区要根据当前产业结构和城乡人口结构特点，完善现有小城镇的基础设施与城镇功能，拓展城镇发展空间，促进生产要素向小城镇聚集，合理规划空间布局，大力推进民营经济，加大农村扶贫工作的力度。[⑤]

毋庸置疑，有着经济学、政治学、社会学等学科背景的学者对于西部地区城镇化对策思路的重点关注是必需的，但笔者认为，与提出足“量”

① 闵文义，才让加，戴正：《城镇化：西部民族地区草原牧区可持续发展的必由之路——阿克塞县草原牧区可持续发展模式调研报告》，《西北民族研究》2004年第3期，第188-195页。

② 方创琳：《西藏新型城镇化发展的特殊性与渐进模式及对策建议》，《中国科学院院刊》2015年第3期，第294-305页。

③ 江世银：《宁夏城镇化道路的实证研究》，《宁夏社会科学》2005年第3期，第65-71页。

④ 袁仲由：《关于加快实施民族地区城镇化战略的思考》，《中南民族大学学报》（人文社会科学版）2003年第1期，第24-28页。

⑤ 沈茂英：《少数民族地区人口城镇化问题研究——以四川藏区为例》，《西藏研究》2010年第5期，第112-120页。

的对策同样重要的是，学者应当加强对西部民族地区城镇化转变中当地少数民族群体的“质”的关注，全面、充分了解民族地区的特殊性和少数民族群众的物质文化需求，成为体现当地少数民族群众需求的“代言人”，协调城镇化与本土体系的良性互动，实现稳步的、真正以人为本的西部民族地区的城镇化。

三、对城镇化与西部民族地区经济发展相协调的研究

相关研究主要集中于两个方面：一是对西部民族地区城镇化与当地经济相互影响的研究；二是重点关注了西部民族地区产业结构与城镇化发展的互动关系。

（一）西部民族地区城镇化与当地经济发展关系的研究

田烨提出，“城镇化与地区经济发展之间是一种交互的关系”，他认为“在良性环境下，民族地区经济发展促进了城镇化进程，城镇化进程又能拉动民族地区经济发展；在非良性环境下，民族地区经济发展的滞后性会阻碍民族地区城镇化进程，城镇化进程的低下又会限制民族地区经济的发展”[①]。蒋彬从讨论城镇化的集聚效应与区域经济发展的关系入手，着重分析了城镇化滞后对地区经济产生的三个负面影响：生产资料低效益使用，市场难以有效集聚投资和信息，不利于教育现代化和民族素质。[②]尤鑫使用差异分析和回归分析等方法对西部地区 12 个省区人口和经济的数据进行了实证研究，并提出“西部地区城镇化水平与经济呈正相关关系，地区经济越活跃，城镇化发展水平越高；经济发展仍是推动西部各省（区）提高城镇化水平的主要源动力”[③]。

此外，吴家琴、姜知焘通过采用建立模型、因果关系检验等定量分

① 田烨：《略论城镇化对民族地区经济社会发展的影响》，《广西青年干部学院学报》2014 年第 3 期，第 70-72 页。

② 蒋彬：《民族地区城镇化滞后的负面效应分析》，《民族研究》2002 年第 6 期，第 18-25 页。

③ 尤鑫：《西部地区城镇化水平与经济人口发展变化研究——基于 2000 ～ 2010 年西部地区十二个省区面板数据》，《地理科学》2015 年第 3 期，第 268-274 页。

析方法，提出了西部民族地区城镇化与经济发展应有机结合来对农民增收产生合力作用，“西部民族地区城镇化和经济发展是农民增收的重要途径，相比而言，经济发展政策短期效应较好，而城镇化政策长期效应更为显著”①。

（二）西部民族地区城镇化与产业发展关系的研究

闵文义等通过分析西部民族牧区的特征，呈现了民族地区牧业产业化与城镇化的互动关系，并进一步提出“畜牧业产业化链条建设是牧区城镇化的主导”②。贺坤通过对新疆多个地区城镇化与工业化发展的综合比较，发现新疆城镇化与工业化互动过程中已有的问题，并认为现阶段仍需以工业化带动城镇化的发展，工业化处于发展的主导地位。③杨丽琴等则根据宁夏地区旅游业的实际情况，在分析有关数据的基础上指出，宁夏的城镇化与旅游业的发展存在长期稳定的互动关系，但是旅游业的发展对于城镇化的贡献处于不稳定的状态，相反，城镇化对于旅游业的推动作用是明显的。④郝希亮、王成龙则讨论了甘肃地区三次产业产值结构和三次产业就业结构与城镇化存在长期协调、均衡的关系，并指出甘肃城镇化与产业结构之间还需进一步互动和调适，同时提出加快甘肃城镇化发展，促进产业优化升级，加快发展第三产业的措施。⑤杨明洪、张强另辟蹊径，通过研究中央财政对西藏地区第二、三产业的大量投资，间接却有效地指出了投资与城镇化发展的深层关系。⑥还有学者讨论了中小企业发展与西部

① 吴家琴，姜知焘：《西部民族地区城镇化进程、经济发展与农民增收关系的实证研究——以贵州、四川、云南三省区为例》，《黑龙江民族丛刊》2014年第3期，第63-68页。

② 闵文义，关春玉：《西部民族牧区城镇化与畜牧产业化互动模式研究》，《西北第二民族学院学报》（哲学社会科学版）2008年第3期，第74-78页。

③ 贺坤：《新疆城镇化与工业化协调发展研究》，石河子：石河子大学硕士学位论文，2010年。

④ 杨丽琴，刘海兵，梁婷：《西北民族地区城镇化与旅游业发展互动关系研究——基于宁夏回族自治区的实证研究》，《西北人口》2015年第1期，第102-104页。

⑤ 郝希亮，王成龙：《甘肃城镇化与产业结构关系的实证研究》，《开发研究》2014年第5期，第64-67页。

⑥ 杨明洪，张强：《投资与西藏城镇经济增长的实证分析》，《财经科学》2005年第6期，第144-151页。

民族地区城镇建设如何产生联动效应的问题。[①] 另外，金融业对于西部民族地区城镇化的支持也得到了学者的关注。[②]

可以看出，如果把西部民族地区的城镇化看作是一项整体性工程，那么与这项工程紧密相关的就是以产业发展、收入增加为表现的地区经济发展。可以说，二者是相互作用、相互影响的，甚至是“你中有我，我中有你”的。我们从以上研究中可得到两点启示：首先，对于城镇化的研究应当尝试突破城镇化自身的空间、时间或组织等单一向度，应用整体性的分析方式，多方面、跨角度地来理解城镇发展问题。将城镇化置于以牧业、农业为基础，以工业化为主要动力的西部民族地区经济整体发展的空间内，提倡邻县、邻市（州）的连接和省（区）际的合作。其次，在研究中，要注意区分西部民族地区少数民族传统的生计方式，因地制宜地对牧区、农区、半农半牧区的城镇化模式进行探索，继续探索三大产业在当地经济发展中处于何种地位，如何形成完整的产业链等问题。

四、对城镇化背景下西部民族地区民族文化走向的研究

西部民族地区的城镇化不同于东部、中部等国内其他地区，其特殊性不单表现在历史、自然环境、人口等因素导致的城镇发展先天不足，还表现出以宗教多元性、文化多样性为特征的少数民族文化共同体与以城镇化为代表的现代发展话语发生互动，甚至产生变迁和不适的现象。

（一）城镇化背景下民族传统文化的变迁和调适研究

蒋彬以四川藏区为例，讨论了城镇化进程的加速推进影响了当地传统文化的全面变迁，甚至出现文化失调和文化冲突的情况。城镇化作为文化变迁的重要动力，会导致文化发生质变，同时他也讨论了作为双向互动

① 孙光慧：《论西部民族地区城镇化建设与中小企业发展》，《生产力研究》2010 年第 9 期，第 222-224 页。

② 周宇騉：《西南民族地区城镇化与金融支持》，《贵州民族研究》2013 年第 5 期，第 132-135 页。

过程，文化变迁也对城镇化产生了深刻的影响。[①] 麻三山总结了民族地区城镇化进程中少数民族文化保护的严峻形势，“民族地区传统民居和相关建筑被大量拆迁破坏，文物古迹被摧毁；民族服饰逐渐消失，民族语言被弱化，民族文化活动销声匿迹，民族文化被炒作滥用，民族习俗价值被否定”[②]。张文礼、王瑞萍通过分析城镇化进程中民族文化调适的原因和条件，进一步指出民族文化在面对城镇化时，要从自身的心理调适，如培养对本民族文化的价值认同、挖掘民族文化的内在价值等方面，以及从政府层面对民族文化进行调适。[③] 另外，季晓杰也提出了在城镇化背景下少数民族文化需要遵循“多元一体、民族性与现代性相结合、继承性与创新性相结合”等调适原则。[④]

（二）城镇化背景下民族传统文化的保护和传承研究

“文化始终是处于变迁之中的，希望用某种方式，尤其是借助某种外力，让一个曾经在特定的情况下非常繁荣的文化重新按照过去的繁荣方式再繁荣起来是不现实的。”[⑤] 为了走出传统文化保护的困境，高永久、刘庸提出了保护西北少数民族文化的具体措施，即“全面准确把握民族传统文化的现状，改变‘文化缺失’问题，保护民族传统的物质文化，传承各民族的活态文化”，并进一步提出帮助少数民族传统文化进行自我功能挖掘的可行性对策”[⑥]。在讨论社会转型的背景下，李艳萍通过解析西部民族地区城镇化与民族文化传承的相关性，指出城镇化的推进为民族文化的传承带来正、反两方面的效应，并认为使用具体的实践方法，能够构建起与西

① 蒋彬：《试论四川藏区的城镇化与文化变迁》，《西南民族大学学报》（人文社会科学版）2005 年第 8 期，第 30-36 页。
② 麻三山：《浅探民族地区城镇化中的少数民族文化保护》，《民族论坛》2005 年第 12 期，第 48-49 页。
③ 张文礼，王瑞萍：《城市化进程中的民族文化及其调适研究》，《长江论坛》2008 年第 6 期，第 71-75 页。
④ 季晓杰：《少数民族城市化进程中民族文化调适原则》，《福建省社会主义学院学报》2008 年第 3 期，第 57-61 页。
⑤ 林庆，李旭：《城市化进程与中国少数民族传统文化的生存前景》，《云南民族大学学报》（哲学社会科学版）2009 年第 4 期，第 17-21 页。
⑥ 高永久，刘庸：《城市化背景下西北少数民族文化的保护与开发利用》，《西北民族大学学报》（哲学社会科学版）2005 年第 6 期，第 48-54 页。

部民族地区城镇化相适应的民族文化。[①]范生姣也提出，民族文化的保护需要在全面调查的基础上遵循“分类分层”的保护原则，把保护民族传统文化纳入城市建设规划，并且各级党委和政府要重视民族传统文化的保护工作，同时发挥教育和舆论的导向作用，以此来实现少数民族传统文化的保护和传承。[②]冯瑞等则以甘肃阿克塞的哈萨克族为例，探讨了西部地区畜牧经济文化类型的传承和保护问题。[③]

“文化自觉”是费孝通先生1997年提出的概念，其意义“在于生活在一定文化中的人对其文化有‘自知之明’，明白它的来历、形成的过程，所具有的特色和它的发展趋势”[④]。从城镇化与西部民族地区少数民族传统文化关联的一些研究可以看出，部分学者仅是强调了对少数民族文化的外部影响因素，对于少数民族文化面对城镇化时应当呈现的自主性缺乏认识。实际上，少数民族传统文化是有其自身的主体性和能动性的，文化的变迁是时代变化的产物，而不仅仅是城镇化这一个方面所能影响的。今后的研究应当更多地从少数民族自身的视角出发，坚持发展主体的自觉主张和行为，同时仍不能缺少外部环境的持续影响，因此，如何把外力作用转化为内在的发展动力，是值得深入研究的问题。

五、讨论与思考

总体来看，目前学界对于西部民族地区城镇化的研究主要集中于城镇化概念讨论、城镇化自身发展、城镇化与经济发展、城镇化与民族文化等方面，并已取得了比较丰硕的成果。除上述研究外，刘学敏、陈静从生态移民与城镇化关系的讨论入手，指出了西北地区生态移民的特殊城镇

① 李艳萍：《西部地区城镇化进程中的民族文化保护与传承》，《经济问题探索》2009年第5期，第162-165页。

② 范生姣：《论民族地区城市化进程中的民族传统文化保护》，《贵州社会科学》2005年第4期，第42-45页。

③ 冯瑞，艾买提，马磊：《城镇化发展中的少数民族文化传承与重构——以甘肃阿克塞哈萨克族为个案》，《新疆大学学报》（哲学·人文社会科学版）2008年第5期，第87-90页。

④ 费孝通：《费孝通论文化与文化自觉》，北京：群言出版社，2007年，第390页。

化路径。[①] 张进军则引入社会资本概念，以此来讨论城镇化的社会治理问题。[②] 还有学者研究了西部民族地区城镇化发展质量的问题，例如，魏丽莉以甘肃省临夏回族自治州为例，使用定量研究中的数据分析法，讨论了城镇化质量的测度和评价体系。[③] 另外，也有学者关注了城镇化过程中农民的社会保障问题。[④] 毋庸置疑，这些成果对于我国西部民族地区城镇化研究具有重大的理论及实践意义。但是不可否认，此类城镇化的相关研究还存在局限性与诸多不足，笔者认为以下几个方面值得注意。

第一，国内一些研究在讨论民族地区、西部地区等相对后发展地区的城镇化时，会吊诡地把这些地区的城镇化看作是将来要实现的地区范围内城市化的一个必经阶段。可以说，这不但涉及对两个概念的进一步讨论，也是一个需要我们在研究思路上注意的问题。例如，西北民族地区的游牧民族，把习惯于分散经营的牧民集聚在城镇后是否就能简单地用城镇人口的标准去要求他们；从草场走向城镇或城市，是否就能使失去牛羊的他们真正得到发展的结果；西部民族地区的城镇化是否要沿着东部地区的发展道路走下去。这些都是我们需要反思的现实问题。因此，充分考虑当地的地理特征与宗教、社会组织、习俗、生计方式等文化因素的综合影响，探索出以当地文化为主体的、自主的发展模式，把城镇化定义为广义城市化的多种发展形态之一，更具有说服力。

第二，对于西部民族地区城镇化的研究，应当摆脱西方霸权话语和思维定式的“枷锁”，以人文关怀为核心来思考经济增长、人口聚集发展、城市规模扩大等现代性话语是否能够融入以互惠、集体、社会价值为特征的民族文化系统的情境中。在以城镇化作为西部民族地区发展基本模式的一元格局下，该如何与多元因素产生互动和调适，实现新形式的整合，更多地调查和真实地反映西部民族地区少数民族群体的现实需求和发展愿

① 刘学敏，陈静：《生态移民、城镇化与产业发展——对西北地区城镇化的调查与思考》，《中国特色社会主义研究》2002 年第 2 期，第 61-63 页。

② 张进军：《社会资本视阈下民族地区城镇化的治理》，《贵州民族研究》2014 年第 12 期，第 21-23 页。

③ 魏丽莉：《西北民族地区城镇化质量的测度与评价——以甘肃省临夏州为例》，《兰州学刊》2014 年第 12 期，第 185-190 页。

④ 闻丽英：《少数民族地区城镇化进程中的失地农民社会保障问题研究》，《贵州民族研究》2015 年第 4 期，第 21-24 页。

望，或许是我们在今后的研究中需要关注的重点问题之一。

第三，在今后的研究表述中，慎用“欠发达”“不发达”等术语来形容西部民族地区的现状。从某种角度来看，这是一种缺乏实证的知识建构，可使用“后发展”来代替有关表述。另外，要根据具体情况谨慎使用“跨越式发展”等概念，因为对于包括城镇化在内的民族地区来说，任何一种文化变迁都是缓慢的，面对快速发展带来的冲击，可能会出现许多预想不到的问题。

第四，西部民族地区城镇化的关键不是城镇人口数量或城镇规模达到一种数据上的标准，而是城镇化的价值取向问题。对于后发展的民族而言，“他们不是一个个经济动物，而是拥有骄傲的历史记忆和丰富的精神生活的鲜活的文化生命。族群文化生命的延续比个体经济生活的富足更重要”[①]。所以，以超越发展数据为目标的城镇化是不能反映和满足一个民族的发展诉求的。

① 陆德泉，朱健刚：《反思参与式发展——发展人类学前沿》，北京：社会科学文献出版社，2013年，第41页。

2002—2012年和谐民族关系研究综述[①]

我国各族人民在长期的历史发展中共同缔造了一个统一的多民族国家，民族关系贯穿于民族存在和民族发展的全过程，是社会关系中至关重要的一部分。长期以来，我国的民族关系表述为“平等、团结、互助的社会主义民族关系”。2002 年前后，学术界开始讨论和谐民族关系问题。[②]2005 年 5 月 27 日，在中央民族工作会议暨国务院第四次全国民族团结进步表彰大会上，胡锦涛同志首次提出：坚持巩固和发展平等、团结、互助、和谐的社会主义民族关系。这就在原来的社会主义民族关系基本特征的概括中创造性地加入了“和谐”一词，使民族关系理论得到了提升。此后，学术界开始更多地关注和探讨和谐民族关系相关问题，研究成果不断涌现。党的十七大报告进一步指出：“社会和谐是中国特色社会主义的本质属性……促进政党关系、民族关系、宗教关系、阶层关系、海内外同胞关系的和谐，对于增进团结、凝聚力量具有不可替代的作用。”[③]党的十八大报告强调全面正确贯彻落实党的民族政策，巩固和发展平等、团结、互助和谐的社会主义民族关系，促进各民族和睦相处、和衷共济、和

① 本文发表于《贵州大学学报》（社会科学版）2013 年第 5 期。

② 张立辉，赵野春：《和谐民族关系研究综述》，《西南民族大学学报》（人文社会科学版）2008 年第 12 期，第 53-58 页。

③ 胡锦涛：《中国共产党第十七次全国代表大会报告》，北京，2007-10-24。

谐发展。报告指出要加大对民族地区的扶持力度，促进民族关系的和谐[①]。可见，和谐民族关系有广阔的领域值得深入研究。

从已有研究看，和谐民族关系研究著作很少，有的仅为某些章节间接论及，代表性的著作有林伦伦、单纬东主编的《南方少数民族传统文化与和谐社会关系》[②]，中国回族学学会编的《回族学研究文集》[③]，中国社会科学院社会政法学部编的《科学发展 社会和谐——构建社会主义和谐社会的理论与实践》[④]，廖杨的《民族关系与宗教问题的多维透视——以广西为考察中心》[⑤]，孙韡的《西部民族法制建设与社会和谐》[⑥]等。截止到2012年，在国内发表的以和谐民族关系为主题的论文共有500余篇，在此，主要就2002—2012年和谐民族关系研究论文作一梳理，以为民族关系研究寻找新的议题提供一定的参考。

一、关于和谐民族关系内涵的研究

2006年10月，中国共产党第十六届中央委员会第六次全体会议通过了《中共中央关于构建社会主义和谐社会若干重大问题的决定》，其中涉及和谐民族关系科学内涵的论述有："认真贯彻落实党的民族政策，牢牢把握各民族共同团结奋斗、共同繁荣发展的主题，广泛开展民族团结进步活动，巩固和发展平等、团结、互助、和谐的社会主义民族关系，使各族人民和睦相处、和衷共济、和谐发展。"学者对和谐民族关系的内涵也从不同角度给出了各自的解释。

有的学者对和谐民族关系给出了直接的解释，例如，金炳镐在《和谐民族关系与和谐社会构建》一文中认为："和谐民族关系是各民族的民族权利分配公平、合理，民族利益的享有公允、同等，民族发展的发展机

---

① 胡锦涛：《中国共产党第十八次全国代表大会报告》，北京，2012-11-08。

② 林伦伦，单纬东：《南方少数民族传统文化与和谐社会关系》，广州：暨南大学出版社，2009年。

③ 中国回族学学会：《回族学研究文集》（内部资料），2008年。

④ 中国社会科学院社会政法学部：《科学发展 社会和谐——构建社会主义和谐社会的理论与实践》，北京：社会科学文献出版社，2007年。

⑤ 廖杨：《民族关系与宗教问题的多维透视——以广西为考察中心》，北京：民族出版社，2009年。

⑥ 孙韡：《西部民族法制建设与社会和谐》，北京：民族出版社，2009年。

遇均等、发展条件同等、发展结果大致相同的民族关系。”① 杨鹍飞和田振江认为和谐民族关系是：“在多民族国家里，各族人民‘共同团结奋斗’追求各民族‘共同繁荣发展’的过程中，在各民族及其成员之间形成的经济互助、政治平等和文化相容的社会关系。”② 彭谦给出了一个更为简洁的直接定义：“和谐民族关系是指相互尊重、平等友爱、融洽和谐的民族关系。”③

除上述直接定义之外，一些学者还从和谐民族关系相关问题阐释了对和谐民族关系内涵的理解。例如，王思彩从构建和谐民族关系的角度出发来理解和谐民族关系的内涵：“民族问题的正确处理是构建和谐民族关系的重要内容；各民族共同繁荣发展是构建和谐民族关系的重要目标；各民族平等、团结、互助、和谐是构建和谐民族关系的重要保证。”④ 张立辉、赵野春认为和谐民族关系就是“各民族人民和睦相处、和衷共济、和谐发展”⑤。这既是和谐民族关系的内涵，也是其运行的目标和要坚持的基本道路。张银花认为民族和谐是一个多层次、立体性的概念，既是一个目标概念，也是一个过程概念：“从和谐内容上分析，民族和谐是指民族自身、民族与民族、民族与社会、民族与自然之间的全面和谐；从和谐层次上来看，可以划分为三个层次：地区的民族和谐、国家内民族和谐、世界民族和谐；从动态视角来看，民族和谐的目标是民族和谐发展，即民族自身、民族与民族、社会、自然等全面、共同、协调、持续发展。”⑥ 相关解释还有很多，此不一一详述，每个学者对和谐民族关系内涵的理解都有自己独到的见解与认识，各类解释已基本涉及、涵括了和谐民族关系的方方面面，虽然理解角度不同，但各类解释中都有本质与核心的类同，而从不同侧面阐释和谐民族关系的内涵，更可以丰富拓展我们对于这一问题的

① 金炳镐：《和谐民族关系与和谐社会构建》，《西南民族大学学报》（人文社会科学版）2007年第193期，第1-5页。

② 杨鹍飞，田振江：《国家认同、法治与爱国主义：和谐民族关系的实现路径》，《宁夏大学学报》（人文社会科学版）2012年第5期，第54-59页。

③ 彭谦：《试论和谐的民族关系与社会主义和谐社会的构建》，《满族研究》2006年第1期，第28-33页。

④ 王思彩：《论构建和谐的民族关系》，《贵阳市委党校学报》2005年第5期，第17-18页。

⑤ 张立辉，赵野春：《和谐民族关系运行机制构建初探》，《中共云南省委党校学报》2010年第3期，第161-164页。

⑥ 张银花：《民族和谐发展：理论与实证》，呼和浩特：内蒙古教育出版社，2007年。

认识。

二、关于前人和谐民族关系思想的研究

和谐的民族关系是中国共产党关于民族关系理论的又一伟大创新，但这一创新并不是无源之水、无本之木，历史上很多重要人物都曾有过关于和谐民族关系思想的论述，梳理总结这些内容能够为今天我们理解和谐民族关系理论提供经验与启示。孔子是中国古代伟大的思想家、教育家。作为儒家学派的创始人，他的思想理论集华夏上古文化之大成，为中华民族传统文化的形成奠定了深厚的根基。孔子的思想在内容上涉及方方面面，其中他的民族观也对后世产生了深远的影响。董强在其《孔子的民族观与构建和谐民族关系》一文中将孔子的民族观总结为“华夷之辨与用夏变夷；华夷之别与四海之内皆兄弟；仁政与修文德以来之；大一统于和合思想”①四部分内容。他认为和谐思想是孔子“和合”理念的体现，“孔子丰富并发展了和合思想，并应用于处理民族关系问题上，对于我们正确制定民族政策、正确处理民族关系有着重要的借鉴意义”①。其他学者对孔子和谐民族关系思想的研究则主要集中在其“和而不同”这一理论主张上。“和而不同”是孔子提出有关君子的判定标准，而这其中的思想内涵又与和谐民族关系的要求不谋而合。例如，李建通过研究与解读“和而不同”得出了重要启示：“和谐是处理民族关系的首要准则；‘和’是‘不同’中的和谐，我们要尊重其他民族的差异性；‘和’中包含着原则性的‘不同’，我们处理民族关系时要坚持正确立场；辩证把握‘和而不同’，从‘求同存异’中走向民族和谐。”②而吴用在其《“和而不同”对构建和谐社会民族关系的启示》一文中，则从构建和谐民族关系的角度出发，论述了“和而不同”思想在处理民族关系时的具体运用。毛泽东的民族思想是他在中国革命的具体实践中逐步总结并发展起来的，他的民族思想体现了“和谐”的理念和精神，为当今的社会主义和谐民族关系的构建提供了重要指导。

① 董强：《孔子的民族观与构建和谐民族关系》，《满族研究》2011 年第 1 期，第 110-116 页。
② 李健：《孔子“和而不同”与和谐民族关系的构建》，《文史新鉴》2010 年第 3 期，第 131-132 页。

研究者所总结的毛泽东和谐民族关系思想主要包括：政治上坚持民族平等和民族团结；经济上实现民族互助与民族发展；制度上实行民族区域自治制度；文化上倡导国家统一和民族精神，大力培养少数民族干部等。而这些思想内容对于构建和谐民族关系意义深远。陈其胜撰文认为："毛泽东的民族平等、民族团结思想，为社会主义和谐民族关系的构建奠定了坚实的政治基础；民族互助和发展，为和谐民族关系的构建夯实了物质基础；毛泽东坚持的国家统一和民族精神，是和谐民族关系构建的历史纽带和深厚的文化基础。"[①] 侯丽清《毛泽东民族思想对新时期民族和谐的意义》一文认为："坚持和完善民族区域自治制度，是实现民族和谐的制度保证；发展民族地区经济，是实现民族和谐的物质基础保障。"[②] 王亚然还认为："毛泽东在继承和发展马克思主义和谐民族关系思想基础上提出了丰富的和谐民族关系思想，为当今构建社会主义和谐民族关系和社会提供了有益的历史借鉴。"[③] 学界的相关研究不限于此。聂文晶和魏新春《论孙中山构建和谐民族关系思想》一文认为："孙中山作为中国民族革命的伟大先行者，民族主义是其政治思想的重要组成部分。孙中山提出的民族平等、民族团结、民族发展等思想，对我们今天构建社会主义和谐民族关系具有重要启迪作用。"[④] 此外，相清平认为，中华人民共和国成立后周恩来在协调民族关系的过程中形成了独具特色的民族和谐思想，这包括"坚持民族平等原则；推行民族区域自治基本政策；坚持民族团结原则；促进民族关系进一步凝聚；坚持民族共同发展原则，促进各民族共同繁荣"[⑤]。而准确把握和理解前人关于和谐民族关系的论说，为当前和谐民族关系的构建提供了可资参考的重要理论支撑。冉光仙、陈瑛则从构建和谐民族关系的视角，认真分析了邓小平的《关于西南少数民族问题》这一历史文献，认为

① 陈其胜：《毛泽东思想与和谐民族关系的构建》，《黑龙江民族丛刊》2007 年第 2 期。
② 侯丽清：《毛泽东民族思想对新时期民族和谐的意义》，《包头职业技术学院学报》2012 年第 3 期，第 23-25 页。
③ 王亚然：《毛泽东和谐民族关系思想及其当代启示》，《前沿》2012 年第 23 期，第 48-49 页。
④ 聂文晶，魏新春：《论孙中山构建和谐民族关系思想》，《黔南民族师范学院学报》2007 年第 5 期，第 35-38 页。
⑤ 相清平：《建国后周恩来的民族和谐思想及其现实启迪》，《内蒙古社会科学》2010 年第 1 期，第 6-9 页。

其中蕴含着丰富的和谐民族关系理论，对深化构建社会主义和谐民族关系有着重要的指导意义。从两千五百多年前的孔子到新时期的邓小平，他们的思想理论中都不同程度地蕴含着和谐民族关系的理念，民族和谐发展是从古至今，人们的不懈追求。如今，我们汲取前人智慧，认真研究前人的和谐民族关系思想，这对于丰富、充实我国现有和谐民族关系理论体系大有裨益。

三、关于和谐民族关系与和谐社会二者关系的研究

和谐社会的构建是一个庞大而又系统的工程，其中包括经济和谐、政治和谐、区域和谐及民族关系和谐等诸多方面的内容。2005 年，胡锦涛同志在中央民族工作会议上的讲话中指出："民族关系是多民族国家中至关重要的社会关系。正确处理民族问题，使各族人民和睦相处、和衷共济、和谐发展，对于我们建设社会主义物质文明、政治文明、精神文明与和谐社会，具有十分重大的意义。"① 这一论述表明了民族关系在构建和谐社会方面的重要性，一直以来，学者也非常关注和谐民族关系与和谐社会之间的互动关系，研究成果颇丰。首先，和谐民族关系在构建社会主义和谐社会中的地位备受关注。学界普遍认为和谐民族关系是构建和谐社会的重要内容，是和谐社会的基础和根基。罗英姬撰文指出和谐民族关系在构建和谐社会中的地位："和谐民族关系是构建社会主义和谐社会的重要内容；和谐民族关系是构建社会主义和谐民主政治的重要保证；和谐民族关系是全面建设小康社会的重要条件。"② 于桂荣认为建设和谐的民族关系是构建社会主义和谐社会的重要内容和客观要求："作为构建和谐社会工作体系中一个不可或缺的重要部分和子系统，构建和谐社会与巩固和发展和谐的民族关系，在主旨和目标上存在着高度的一致性，促进社会和谐，首先要实现民族和谐。"③ 宋孔翊认为和谐的民族关系是构建和谐社会的根

① 胡锦涛：《在中央民族工作会议暨国务院第四次全国民族团结进步表彰大会上的讲话》，《今日民族》2005 年第 6 期。

② 罗英姬：《浅析和谐民族关系与和谐社会》，《满族研究》2007 年第 2 期，第 11-14 页。

③ 于桂荣：《和谐民族关系，构建和谐社会》，《辽宁省社会主义学院学报》2006 年第 28 期，第 23-24 页。

基："可以说，没有民族关系的健康发展，就没有全国社会关系的健康发展；没有各民族的和谐发展，就无法构建社会主义和谐社会。只有深刻认识民族和谐与社会和谐的关系，深刻认识到民族工作始终是党和国家事业发展全局的一项重大工作，才能深刻理解构建社会主义和谐社会的重大意义。"① 其次，和谐民族关系对构建和谐社会的意义受到重视。李大健认为民族关系和谐是构建和谐社会的重要条件："和谐社会是社会关系稳定发展的社会。民族关系和谐有助于增进各民族间的联系和了解，有利于消除误会、猜忌和成见，有利于增强民族间的互相适应性，有利于接受对方、宽容对方、减少摩擦。"② 胡清惠从政治、经济、文化三方面出发，总结出和谐民族关系对于构建和谐社会具有重要的现实意义："统一的多民族国家的巩固和发展离不开和谐的民族关系；民族地区发展的滞后性严重影响着和谐民族关系与和谐社会的构建；民族文化与中华文化的发展将为巩固发展和谐民族关系与构建和谐社会提供精神动力。"③ 马黎晖、夏冰认为和谐的社会主义民族关系对构建和谐社会具有重要的时代意义："和谐的民族关系的构建直接关系到和谐社会的构建、社会主义事业的胜利和中华民族的伟大复兴。这既是时代的机遇，又是时代的挑战。"④ 殷宏晖认为和谐民族关系对于和谐社会的意义在于："平等、团结、互助的民族关系是民族地区经济社会发展的保障和助推器；和谐的民族关系是民族地区社会稳定的坚实保障。"⑤ 我国著名学者金炳镐则认为："和谐民族关系是民族和谐发展的前提；和谐民族关系是民族地区经济社会发展的推动力；和谐民族关系是民族地区社会稳定的可靠保证。"⑥ 另外，还有学者提到和谐民族关系与和谐社会两者的互动关系，认为两者互为前提、相互促进。例如，

---

① 宋孔翊：《和谐的民族关系是我国和谐社会的基石》，《黑龙江民族丛刊》2007年第1期，第40-43页。

② 李大健：《论以民族关系和谐促进社会和谐》，《黑龙江民族丛刊》2010年第6期，第16-22页。

③ 胡清惠：《浅谈和谐民族关系与和谐社会》，《广播电视大学学报》（哲学社会科学版）2005年第4期，第90-92页。

④ 马黎晖，夏冰：《和谐的社会主义民族关系对构建和谐社会的重要意义》，《新疆师范大学学报》（哲学社会科学版）2007年第1期，第70-73页。

⑤ 殷宏晖：《发展和谐民族关系与民族地区构建和谐社会》，《新疆社科论坛》2006年第4期，第43-47页。

⑥ 金炳镐：《和谐民族关系与和谐社会构建》，《西南民族大学学报》（人文社会科学版）2007年第193期，第1-5页。

马明忠认为："一方面，和谐的民族关系是实现和谐社会的重要内容，是民族地区和谐社会构建的基础和前提。另一方面，社会的和谐发展是民族关系和谐的推动力和必然结果，没有社会主义和谐社会也就没有和谐的民族关系。"① 韩毅和程伟从部分与整体的系统论的哲学原理出发，认为"我国是由 56 个民族组成的大系统，和谐社会建设有赖于各个民族地区的相互促进、和谐发展；同时，社会的发展是社会系统本身的整体发展，从系统的整体性来看，就是政治、经济、文化等的全面发展"②。关于和谐民族关系与和谐社会二者关系的研究成果还有很多，这类文章将我国社会主义和谐民族关系置于大的时代背景之中，与和谐社会的构建相结合，得出了很多积极并有借鉴意义的结论，笔者认为，这一问题仍将成为之后和谐民族关系研究的焦点与热点。

四、关于构建和谐民族关系影响因素及对策建议的研究

（一）构建和谐民族关系影响因素

目前，民族关系和谐发展是民族关系的主流趋势，但我们必须清醒地认识到在我国社会全面进步、全面建成小康社会的重要阶段，影响民族关系和谐发展的制约因素依然存在。认识、了解这些制约因素有利于我国进一步改善民族关系，推进民族关系发展。已有关于和谐民族关系影响因素的研究深入且客观，从已有观点看，现阶段影响我国民族关系和谐发展的因素主要分为国内因素和国际因素。

1. 国内因素

在影响民族关系的诸多因素中，经济条件是首要因素。学者普遍认

① 马明忠：《民族关系和谐始终是社会和谐的重要组成部分》，《广东省社会主义学院院报》2008 年第 2 期，第 86-89 页。

② 韩毅，程伟：《试论民族和谐与构建社会主义和谐社会的辩证关系》，《系统科学学报》2011 年第 3 期，第 71-73 页。

为在我国当前的市场经济条件下，经济发展水平对于民族关系的影响至关重要。例如，庞文和胡灵的《影响和谐民族关系的经济因素分析》一文对影响我国和谐民族关系的经济因素进行了总结："少数民族地区社会经济发展与东部发达地区的差距持续拉大；经济交往中民族纠纷增多；市场经济的运作不利于民族地区发展。"① 彭谦认为在构建和谐民族关系的过程中"社会转型、东西部差距、利益分配"② 是影响因素中经济方面的表现。孙懿还认为，影响和谐民族关系的经济问题"还会通过落后地区民族心理不平衡、通过对资源开发的不同认识表现出来"③。在政治制度方面也存在一些影响民族关系和谐发展的因素，如"自治权利问题，实行民族自治地方与非自治民族地方的地位问题，干部的培养和使用问题，党代会、人大、政协中各个民族的代表比例等"④。此外，制约因素还主要表现在文化方面。彭谦认为我国和谐民族关系面临的挑战有："民族人口流动；民族意识增强；一些宗教活动不规范；民族交往方式多样化；民族知识宣传不够；文化兼容，观念趋同。"② 张立辉、赵野春认为："人口素质不高，人才缺乏，科技水平较低；民族传统文化的挖掘整理和抢救跟不上形势发展的需要；医疗发展滞后，缺医少药的情况严重；社会保险体系没有建立健全；一些地方存在不同民族由于信仰不一致而引起的冲突；一些民族文化中不健康或滞后的成分难以加以辨别、扬弃；个别民族地区群众在与外部交往之中产生了不适应、不和谐的情感，有抵触、排斥和对抗情绪；等等。不解决这些现实问题，和谐民族关系的良性运行就不可能实现。"⑤

2. 国际因素

在考虑和谐民族关系的影响因素时，学者已普遍认识到国际因素对

① 庞文，胡灵：《影响和谐民族关系的经济因素分析》，《思茅师范高等专科学校学报》2008 年第 4 期，第 40-43 页。

② 彭谦：《和谐社会构建中民族关系面临的挑战》，《大连民族学院学报》2006 年第 2 期，第 18-21 页。

③ 孙懿：《正确处理民族关系与构建和谐社会》，《满族研究》2006 年第 2 期，第 1-6 页。

④ 曹清波：《正确认识和处理民族问题，构建社会主义和谐民族关系》，《法制与社会》2009 年第 6 期，第 190-191 页。

⑤ 张立辉，赵野春：《和谐民族关系运行机制构建初探》，《中共云南省委党校学报》2010 年第 3 期，第 161-164 页。

于我国和谐民族关系的影响。孙懿就国际上影响我国和谐民族关系的多方面因素总结指出："首先是国际反华势力为达到遏制乃至分裂我国的目的，不断借口我国'民族问题'挑起事端，或扶持分裂势力来恶化我国的民族关系。其次是我国有30多个跨界民族，由于地缘和血缘上的原因，境外政治环境的变化也会对我国民族关系的发展形成影响。最后是分裂势力的存在与境外反华势力的勾结。"[①] 黎昡还认为："境外民族主义思潮的渗透，以及国内国外分裂势力勾结，与之相伴的'三股势力'严重影响了我国的民族关系，威胁到我国西北边疆乃至全国的安全稳定。"[②] 显然，影响和谐民族关系构建的因素是复杂多元的，分析主要的影响因素可以让我们在认清问题的基础上，进行积极的引导或改善，及时化解问题和矛盾，形成良性的民族间互动关系，从而促进和谐民族关系的建立。

（二）构建和谐民族关系对策建议

构建我国的社会主义和谐民族关系，意义重大。因此，如何及时处理民族关系中出现的问题、矛盾及新情况，进而推进我国和谐民族关系向前发展，是一项需要不断关注和研究的重要论题。近十年来，关于我国社会主义和谐民族关系的实现路径也是学术界研究的重点，学者提出了很多方面的建议。

第一，政治方面。发展社会主义和谐民族关系，应该坚持和完善民族区域自治制度，加强民主法制建设，健全民族问题处理机制，注重培养少数民族干部等。例如，陈凤林认为："首先，在宏观政策层面上即国家发展战略上，摒弃忽视少数民族自治权利和正当利益诉求的做法；其次，完善民族区域自治制度；再次，深化行政体制改革，努力提高自治机关的自治能力。"[③]

第二，经济方面。农淑英谈及："经济基础决定上层建筑，发展和谐

---

① 孙懿：《正确处理民族关系与构建和谐社会》，《满族研究》2006年第2期，第1-6页。
② 黎昡：《试论和谐社会视野下的民族关系》，《中国民族》2009年第3期，第60-61页。
③ 陈凤林：《构建社会主义和谐民族关系对策的思考》，《湖北省社会主义学院学报》2009年第3期，第6-9页。

融洽的民族关系、解决社会主义初级阶段我国民族问题的根本途径是加快民族地区的经济发展。”① 构建和谐民族关系，加大国家的扶持力度和加快少数民族地区的自身发展是民族地区经济社会发展的根本。罗英姬认为：“我们一定要把加快少数民族和民族地区经济社会发展，摆到更加突出、更加重要、更加紧迫的战略位置，坚持用科学发展观统领民族地区经济社会发展，按照‘五个统筹’的要求，以提高人民生活水平为基本出发点，坚持国家帮助、发达地区支援与民族地区自力更生相结合，缩小地区间发展差距，实现民族地区的快速、健康和可持续发展，实现各民族和谐发展、共同繁荣。”② 加快少数民族和民族地区的发展，能够为民族和谐关系发展奠定物质基础。就此，陈凤林认为加快少数民族和民族地区经济的发展，必须协调和处理好几个关系：“少数民族经济发展与民族自治地方经济发展之间的关系；跨越式发展与可持续发展之间的关系；‘输血’与‘造血’的关系；国家整体利益与民族自治地方利益和少数民族群众利益的关系。”③ 他还提出在大力发展民族区域经济的同时，要保护民族地区的生态环境，走可持续发展的道路。③

第三，文化方面。要尊重各民族的风俗习惯和宗教信仰，促进各民族的文化繁荣发展。“构建和谐民族关系要尊重和保护少数民族使用本民族语言文字的权利；抢救、挖掘和保护民族传统优秀文化；努力弘扬和培育民族精神；保障各民族群众参与文化活动的权利；加强少数民族文化的对内对外交流；不断满足少数民族群众的精神文化需求，亦是构建社会主义和谐社会予以深刻重视的延续。”④ 此外，在情感方面也要推动各民族之间的真诚合作：“必须持续深入地开展党的民族理论、民族政策和民族团结教育，强化以爱国主义为核心的民族精神，牢固树立‘中华民族多元一体’的国家民族意识和各族人民‘谁也离不开谁’的和谐发展理念。”⑤

---

① 农淑英：《论社会主义和谐民族关系的构建》，《南宁师范高等专科学校学报》2008 年第 3 期，第 26-28 页。

② 罗英姬：《浅析和谐民族关系与和谐社会》，《满族研究》2007 年第 2 期，第 11-14 页。

③ 陈凤林：《构建社会主义和谐民族关系对策的思考》，《湖北省社会主义学院学报》2009 年第 3 期，第 6-9 页。

④ 王智：《构建社会主义和谐民族关系的若干思考》，《前沿》2010 年第 5 期，第 102-104 页。

⑤ 蔡常青：《关于构建和谐民族关系的思考》，《实践》2007 年第 3 期，第 12-13 页。

第四，社会方面。要加强社会建设，为和谐民族关系的和谐发展创造良好的社会环境。“社会建设要以少数民族和民族地区经济社会发展中的突出问题和特殊困难为切入点，以实现基本公共服务均等化为目标。要继续推进‘兴边富民’行动；大力扶持人口较少民族发展；着力关注特困少数民族问题；发展少数民族地区卫生事业；发展民族教育，促进教育公平，提升少数民族素质。”[①]还有学者强调，进一步完善我国社会保障制度，对民族地区社会保障事业的健康发展至关重要。[①]

第五，国际方面。我们要坚持进行有理有节的斗争，坚决维护民族团结和国家统一，抵抗外来不良冲击和影响，为和谐民族关系营造一个良好的国际环境。陈凤林在其论文中谈及：“充分利用各种外交场合和国际舞台，倡导国际关系、民族关系民主化和发展模式多样化，反对霸权主义和狭隘民族主义，宣传我国民族团结、睦邻友好的‘和平崛起’外交战略，推动各民族在求同存异中共同发展。”[①]殷宏晖提出：“一方面，进一步加强管理少数民族对外交流，推动我国民族文化走向世界；另一方面，在世界经济一体化进程中，既要积极参与各种层次和形式的国际经济合作组织……又要全力保护和发展我国民族经济，进一步加强我国民族与世界各民族的经济联系；再一方面，坚持在国内严厉打击各种形式的民族分裂主义活动的同时，在国际上……阐明我国反恐的立场和态度……坚决捍卫民族团结和国家统一。”[②]可以说，构建和谐民族关系是一项长期、复杂的任务，需要学者、民众、政府从不同层面群策群力，为构建和谐民族关系夯实理论基础，并运用其来指导实践。

五、关于区域和谐民族关系的研究

构建和谐民族关系是新形势下做好民族区域工作的重要指导原则和主要任务之一。我国是统一的多民族国家，虽然55个少数民族的人口规

① 陈凤林：《构建社会主义和谐民族关系对策的思考》，《湖北省社会主义学院学报》2009年第3期，第6-9页。

② 殷宏晖：《发展和谐民族关系与民族地区构建和谐社会》，《新疆社科论坛》2006年第4期，第43-47页。

模仅占全国总人口的8.49%，但其聚居自治的地区却占国土面积的64%，经济地理意义上的西部地区、全国陆路边疆地区基本上都属于少数民族聚居地区。民族地区民族关系是否和谐，对于我国构建社会主义和谐民族关系至关重要，学界对于这一问题也进行了广泛的探讨。众多的少数民族分布虽然整体上呈现出“大杂居，小聚居”的特点，但主要集中在西部地区，“西北地区位居我国边疆，周边与多国为邻，一些少数民族同时还是跨境民族，民族宗教关系复杂。因此，构建和谐民族关系，对西北地区来说具有极其特殊的意义和重要性，必须予以高度关注。”[①] 关于中国西部地区和谐民族关系的研究成果相对较多，有的从宏观角度予以论述，如王宗礼的《西北少数民族问题研究——对西北地区构建和谐民族关系的战略分析与对策建议》[①]、侯万锋的《对西部地区构建和谐民族关系的政治学思考》[②]、关桂霞的《促进西部民族关系和谐发展的相关问题探究》[③]等。其中，对西北地区和谐民族关系的研究尤为突出，更多的研究焦点则集中于甘宁青地区和新疆。相关文章有《论和谐民族关系与甘肃民族地区的稳定与发展》[④]、《宁夏回汉社区和谐民族关系的构建》[⑤]、《银川市回汉民族和谐关系探析》[⑥]、《对青海构建和谐民族关系的思考》[⑦]、《浅谈构建和谐的新疆民族关系》[⑧]、《构建和谐的民族关系，促进新疆的稳定发展》[⑨]、《构建喀什地区社会主义和谐的民族关系》[⑩]，等等。

西南地区也是被广泛关注的一个区域，有关西南地区和谐民族关系

---

① 王宗礼：《西北少数民族问题研究——对西北地区构建和谐民族关系的战略分析与对策建议》，《甘肃社会科学》2006年第4期，第90-95页。

② 侯万锋：《对西部地区构建和谐民族关系的政治学思考》，《贵州民族研究》2006年第5期，第15-20页。

③ 关桂霞：《促进西部民族关系和谐发展的相关问题探究》，《中共云南省委党校学报》2007年第3期，第60-63页。

④ 晏云鹏：《论和谐民族关系与甘肃民族地区的稳定与发展》，《大陆桥视野》2009年第8期，第84-86页。

⑤ 张玉霞：《宁夏回汉社区和谐民族关系的构建》，《宁夏大学学报》（人文社会科学版）2008年第5期，第103-106页。

⑥ 马敏：《银川市回汉民族和谐关系探析》，《回族研究》2009年第2期，第146-148页。

⑦ 马占彪：《对青海构建和谐民族关系的思考》，《攀登》2008年第1期，第96-98页。

⑧ 西林：《浅谈构建和谐的新疆民族关系》，《新疆社科论坛》2007年第6期，第84-86页。

⑨ 李莹：《构建和谐的民族关系，促进新疆的稳定发展》，《实事求是》2008年第4期，第46-47页。

⑩ 刘晶：《构建喀什地区社会主义和谐的民族关系》，《边疆经济与文化》2011年第8期，第173-174页。

的文章有《构建城市和谐民族关系探讨——以成都为例》①、《云南边境地区和谐民族关系的新发展》②、《西双版纳构建和谐民族关系的实践》③、《大开发背景下和谐民族关系的构建——以黔东南苗族侗族自治州为例》④、《广西民族关系和谐发展探因》⑤等。

此外，《内蒙古社会主义民族关系和谐发展的三大经验》⑥、《内蒙古民族关系和谐模式研究——以鄂温克族自治旗为例》⑦、《内蒙古构建和谐民族关系的实践与启示》⑧、《湘西地区民族关系发展流程略论——湘西民族关系和谐发展研究之一》⑨、《努力推进福建和谐民族关系的巩固和发展》⑩等论文都为我们了解区域和谐民族关系问题提供了有益的理论成果。

从总体上看，学术界对于和谐民族关系的研究已取得了较为丰硕的成果，但依然有很多值得挖掘的问题，和谐民族关系从理论到实践的研究领域还很广泛。民族关系和谐与否是一个关系到中国特色社会主义发展全局及能否全面建成小康社会的重大问题。一定意义上，民族自治地方民族关系状况是我国民族关系状况的晴雨表。而西北地区既是边疆又是多民族地区的历史与现实决定了西北地区的民族关系具有与中国其他地区不同的显著特征。西北民族自治地方民族关系和谐与否，关系到西北民族自治地方社会稳定与和谐发展，对于边疆稳定与和谐发展至关重要。因此，拓展个案研究，深化理论研究，加强综合研究，必将有助于推动我国社会主义和谐民族关系的构建，并有利于形成科学的处理民族关系的方法论体系。

---

① 邓晓琳，泽登孝，邓晓茂，等：《构建城市和谐民族关系探讨——以成都为例》，《西南民族大学学报》（人文社会科学版）2006年第11期，第20-23页。

② 李若青：《云南边境地区和谐民族关系的新发展》，《黑龙江民族丛刊》2009年第6期，第49-53页。

③ 奚云华：《西双版纳构建和谐民族关系的实践》，《今日民族》2005年第11期，第27-28页。

④ 苏庆华：《大开发背景下和谐民族关系的构建——以黔东南苗族侗族自治州为例》，《赤峰学院学报》（哲学社会科学版）2012年第4期，第42-44页。

⑤ 樊常宝，周光大：《广西民族关系和谐发展探因》，《民族论坛》2012年第3期，第52-55页。

⑥ 王有星：《内蒙古社会主义民族关系和谐发展的三大经验》，《理论研究》2011年第5期，第55-57页。

⑦ 张银花：《内蒙古民族关系和谐模式研究——以鄂温克族自治旗为例》，《呼伦贝尔学院学报》2011年第2期，第4-7页。

⑧ 李晶：《内蒙古构建和谐民族关系的实践与启示》，《实践》2012年第7期，第9-12页。

⑨ 胡炳章：《湘西地区民族关系发展流程略论——湘西民族关系和谐发展研究之一》，《吉首大学学报》（社会科学版）2011年第3期，第53-57页。

⑩ 胡献政：《努力推进福建和谐民族关系的巩固和发展》，《发展研究》2007年第5期，第99-101页。

解读与评论

首次提出“三江源生态移民飞地”的一部专著

——《三江源生态移民研究》评介[①]

三江源自然保护区，位于我国西部，“世界屋脊”——青藏高原腹地，青海省南部，是世界著名江河——长江、黄河、澜沧江的源头汇水区。这是我国最大的自然保护区，被誉为“中华水塔”“亚洲水塔”“地球之肾”。历史上，这里曾是水草丰美、河湖众多、野生动植物繁衍栖息的理想之地，但近些年，全球气候变暖导致的高原冻土环境退化等自然因素和过度放牧、过度开发等人为因素，使得三江源地区的自然环境逐年恶化，出现了大面积的水土流失和草原沙化，从而使三条河流流域的生态平衡遭受威胁。为保护三江源地区的生态环境和减小对三条河流流域的生态威胁，我国于2003年建立了“三江源国家级自然保护区”，并于2004年计划投资75亿元，实施国家标志性工程“青海三江源自然保护区生态保护和建设总体规划”，在该规划的指导下，三江源生态移民应运而生。

但是到目前为止，从整体上对三江源生态移民的移民原因、移民方式、安置方式、生计方式、文化适应，以及社会适应情况进行研究的学术成果较为缺乏。杜发春教授于2014年3月在中国社会科学出版社出版的《三江源生态移民研究》一书，是国内第一部从整体的视角，对三江源生态移民的移民动因、实施过程、文化变迁、产业转型、移民管理、移民回

① 本文发表于《湖北民族学院学报》（哲学社会科学版）2017年第2期，发表时有删节。

迁、草场管理、后续生计和就业类型做了独到分析的著作，并通过长期的多点人类学田野调查、社会学的定量分析和国外移民搬迁的历史经验，反思三江源生态移民政策自实施以来的得与失，最后探讨了三江源生态移民的后续政策，在实施的过程中是否存在"不搬迁"也能保护三江源地区生态环境的可能。通览全书，我们发现该书有以下几个特点。

一、可贵：田野调查资料丰富翔实

田野调查是民族学、人类学研究的基础，该书通过参与观察、深度访谈、主位与客位等研究方法，从田野点获取丰富而翔实的第一手调查资料，并且能够从调查的过程中，倾听来自多方的声音，使得后期的研究成果更为真实、立体和生动。作者曾于2007—2013年5年间，与自己的研究团队一起克服青藏高原的特殊地理环境和文化差异，先后13次对青海三江源地区进行了持续的人类学田野调查，到达的区域涉及4个州（果洛藏族自治州、玉树藏族自治州、海南藏族自治州、海西蒙古族藏族自治州）11个县（市）的19个移民社区。通过访谈直接参与生态移民项目的乡镇干部，为读者呈现了当时地方政府是如何给牧民做工作的历史场景，同时也使读者从这些乡镇干部的口述中了解到了当时牧民对搬迁的想法和整个搬迁过程，从而分析出搬迁的牧民构成大体上可分成三类："少畜户"和"绝畜户"、"教育带动移民"、"富裕户"，同时指出了"不同牧户之间对于生态移民的响应和态度差别较大，表现在家庭人口、可利用草场、资产、收入水平等方面"①。他指出，无畜户或者少畜户，因本来的草场面积小、资产少、收入水平较低，表现为愿意搬迁，而富裕户，因占有的草场面积大、资产多、收入稳定且高，因此生态移民补助项目对他们没有吸引力，但总的来说，"从对移民村部分移民的访谈来看，不存在强制搬迁的情况，多为自愿移民"①。但后来作者及其研究团队通过在移民村对牧民的访谈，发现了牧民返迁的现象。被访者松加说："以为这么大一笔钱，足够全家五口人过上衣食无忧的生活，没想到，来到移民村，衣食住行处

① 杜发春：《三江源生态移民研究》，北京：中国社会科学出版社，2014年，第50-51页。

处都需要用钱，不像在措池，吃的是自家的牛羊肉和奶，烧的是自家的牛粪，穿的是自己做的羊皮衣服，很少地方需要钱。”[①] 我们从中似乎不难体察，一些搬迁的牧民何以会返迁。值得注意的是，作者还通过田野资料，描述了搬迁后移民的就业、宗教信仰、居住形式、社会和文化适应状况，使移民在移民村的生活跃然纸上，活灵活现。

二、新颖：首次提出“三江源生态移民飞地”的概念

飞地具有狭义和广义之分，其中“民族飞地”和“宗教飞地”，被界定为广义层面的飞地类型，指的是一片密集的居住区，它的管辖权、政治权和社会文化不同于其周边地区。而狭义的飞地多从国际法的层面进行定义和解释，指的是与其所属管辖主体国家地理空间上不衔接并被其他国家周边地区所包围的区域。因三江源生态移民搬迁后所形成的新的移民村落与广义飞地概念中的一些核心内容非常相似，所以作者将“三江源生态移民飞地”纳入广义的飞地概念之下，并进一步将“三江源生态移民飞地”划分为“跨州飞地”和“跨县飞地”。并且通过对跨州飞地“果洛新村”和跨县飞地“河源新村”的个案分析，综合考察了生态移民政策实施后移民的文化变迁、后续生计、移民管理和社会冲突。作者指出这些冲突的体现是多层面的：①从传统草原游牧文化到城镇农耕文化的变迁，使得一些移民似乎变成了城镇社区的边缘群体[②]，移民的心理变化也经历了从搬迁前的自信到搬迁后的自卑，“从有文化到文盲”的变化阶段；②从传统的自给或半自给经济到城镇化市场经济的转变，使得牧民搬迁后自嘲自己为“从自养到被养”“从主人到佣人”“从有事到无业”；③缺乏念经聚会的地方，宗教信仰得不到满足；④搬迁后牧民对自己到底属于何种身份存在困惑，许多移民戏称自己为“四不像”，即“不是牧民，不是农民，不是城里人，不是工人和干部”，有的移民称自己处于社会的“边缘中的边缘”，

① 杜发春：《三江源生态移民研究》，北京：中国社会科学出版社，2014 年，第 92 页。
② 杜发春：《三江源生态移民研究》，北京：中国社会科学出版社，2014 年，第 76 页。

属于“弱势群体中的弱势群体”[①]；⑤当地社区民众对移民没有充分的认同，认为移民村为“贼窝”和“黑三角”；⑥基于上述冲突与不适，多半移民选择返迁，有的是“季节性返迁”，有的是“永久性返迁”。

也正是作者对移民村这些冲突或问题的描述，使读者能够切身体会移民搬迁后的生活现状，以及对未来生活所表现出的无助和困惑，借此来思考如何改变现实的困境，以及反思生态移民工程“保护三江源生态环境”的初衷是否忽略了牧民群众的感受和他们对保护生态环境的作用。因此，作者在书的最后提出：“实际上，在整个三江源地区，传统的藏族生活方式尤其是宗教传统对于环境是相当友好的，藏传佛教提倡尊重生命和自然，其‘神山圣湖’的教义与现代的环保理念高度契合。”[②]作者认为对三江源地区生态环境的保护，不单单是把人从三江源核心保护区域搬出来，而是结合他们的传统文化知识，引导牧民群众参与到保护三江源生态环境的行列之中。这一观点为化解当前移民社区内的冲突和保护三江源地区生态环境提供了一条新思路，可以说，极富创见，值得尝试。

三、大胆：假设和求证“不把人搬出去”会如何

虽然作者在书中前三章通过大量的田野资料，为读者描述了移民迁入地的多种冲突，但始终坚持以生态移民的后续生计问题作为该书的研究主线，从而发现造成三江源地区生态破坏的不仅仅是过度的放牧，过度的开山采矿也是造成三江源地区生态破坏的重要原因之一。作者还以位于格尔木市南郊的昆仑文化村为个案进行分析，从该村村民的就业人数、就业地点和工作时间着手分析，指出移民搬迁后，主要是从事一些技术含量相对较低、语言要求相对较弱的生产活动，如玛尼石刻、养殖藏獒、运输、开小卖部、挖虫草、打短工等，而这些就业类型成为移民搬迁后的主要经济收入来源，但是与家庭支出相比，明显存在入不敷出的现象。作者通过调查指出：“一般来说，食物支出占全部支出的40%，燃料支出占30%，

① 杜发春：《三江源生态移民研究》，北京：中国社会科学出版社，2014年，第75-76页。
② 杜发春：《三江源生态移民研究》，北京：中国社会科学出版社，2014年，第147页。

其他支出占30%，医疗和宗教支出其次。教育支出相对最少，主要因素是政府对基础教育的大力资金投入，实施了免费义务基础教育。”[①]这些在一定程度上反而影响了移民对子女教育资金投入的力度，移民拥有的语言和工作技能满足不了就业单位的要求，迫使移民只能依靠政府补助或者简单的生产活动来满足在城镇生活的各项物质所需。正如搬迁牧民松加所说："几乎从年头到年尾，最大的心事就是家里入不敷出，其中饮食消费就占较大比例。”

那么，该如何解决移民收入与支出不对等的问题呢？对此，作者做出了大胆的假设："是否具有不搬迁但又能达到草畜平衡和提高牧民生活水平的其他途径和办法？能否把问题解决在当地，而不是把人搬出去？”[②]面对移民的现实境遇，作者在位于长江源头的治多县多彩乡拉日村开展了“社区发展基金”[③]的扶贫试点行动研究。基本思路是在社区内成立一个“社区发展基金”管理小组，组员由当地牧民组成，起始资金6万元，补充资金由借贷利息组成，基金内的资金可由当地牧民申请用来买牛崽羊羔、交草山费、看病就医等，以此缓解牧民扩大再生产或应付紧急事情而资金困难的问题，以期最终达到社区草畜平衡和缓解社区贫困的目标。也正因为作者这样的假设和求证，不管是为迁入地社区还是为迁出地社区的管理和牧民后续生计问题的解决，都提供了一个崭新的视角和路径。并且在田野调查中，作者能够静下心来，倾听移民的声音，悲其所悲，喜其所喜，缓慢平滑地道出移民搬迁前的复杂心境和搬迁后的无助乃至困惑，由此深感责任重大，所提出的每一条假设和建议，均体现了作者对移民的深情厚意，这也是作者打心底希望移民能够如所有人一样，奔向小康之路。

四、缺憾与结语

总体而言，《三江源生态移民研究》是国内第一部研究三江源地区生

① 杜发春：《三江源生态移民研究》，北京：中国社会科学出版社，2014年，第92页。
② 杜发春：《三江源生态移民研究》，北京：中国社会科学出版社，2014年，第97页。
③ 扶贫试点研究得到了加拿大起步高原和成都蜀光社区能力建设服务中心的支持，起步高原会长富礼正（Marc Foggin）博士帮助申请了试点启动经费，成都蜀光社区能力建设服务中心提供技术支持。

态移民的学术专著，并且首次提出了“三江源生态移民飞地”的概念，同时通过大量的田野调查和对调查资料的定量分析，展现了搬迁后生态移民的生活现状和困境，借此大胆假设“不把人搬出去”会如何？而且通过在治多县拉日村的扶贫试点研究，发现“社区发展基金”的存在，对维持社区草畜平衡和缓解社区贫困意义重大，最后结合国外移民的历史经验，对自2004年以来实行的三江源生态移民政策进行了反思，掷地有声地指出“三江源地区生态环境退化的主要因素并非‘过度放牧’，而是气候变化和长期以来人类对自然资源进行掠夺式开发和采矿”[①]，并且指出“期望通过大规模移民工程一劳永逸地来解决三江源生态保护不符合生态规律”[①]，因为在漫长的历史发展之中，人已经成为草原生态系统中不可分割的一部分，也正是基于此，作者才在书中提出牧民是三江源地区环境保护的真正主体，应承认和尊重多样的本土生态知识，并且发挥它们的作用。另外，该书在多学科方法上的综合运用也较为出彩，涉及学科有民族学、社会学、历史学、经济学等。首先，通过人类学、民族学田野调查方法搜集到的第一手资料，是支撑全书得以架构的血液；其次，通过社会学定量分析的方法，将调查所得数据呈现在读者眼前，使社区移民面临的问题和困境更为直接；最后，通过国内外移民历史的比较，为三江源生态移民提供了充足的历史经验。由此，作者高瞻远瞩地提出：“生态移民政策允许移民十年后返回草原，那么移民们又是否还能适应原来牧区的生活？”

但通览全书，有些问题仍值得注意。首先，作者在论及三江源生态移民的动因和实施过程时，为了解牧民对搬迁的态度和想法，只对政府基层工作人员进行了访谈，没有对当时搬迁牧民的访谈记录，虽然我们可以从政府工作人员的口中了解到当时牧民对于搬迁的想法，但这也只能从侧面反映出牧民当时的想法，并不能代表牧民真正的想法和态度。其次，在此书第二章最后一节，作者论及三江源生态移民飞地的五大冲突，但后文只对和后续生计直接相关的产业转型冲突进行了深入的研究和解释，而对于书中提及的文化变迁冲突、移民管理冲突、移民返迁冲突、草场管理冲

① 杜发春：《三江源生态移民研究》，北京：中国社会科学出版社，2014年，第154-155页。

突，只是简单地将问题呈现出来，并未做过多的分析和探讨，移民搬迁后，面临的首要问题是解决温饱问题，即后续生计问题，但移民的文化适应和社会适应问题等，也应获得更多的关注和研究。最后，在论及生态移民后续生计问题时，作者多以表格数据来说明移民的收入和支出问题，虽然这样更简单明了，但若能多加入一点对移民的访谈资料，再结合数据进行定量和定性分析，如此应能更明确和生动地反映移民的就业、收入与支出矛盾。总体来看，瑕不掩瑜，目前，此书仍不失为比较有影响、有分量的研究三江源生态移民的一部奠基之作，对后续研究有重要的参考价值，其中所体现出的观点和假设，引人深思。

探讨生态移民可持续发展问题的一部力作

——《内蒙古生态移民研究》评介[①]

我国历史上由生态环境问题所导致的移民现象存在已久。自20世纪90年代末期以来，面对日趋严峻的生态环境问题，“生态移民”作为西部地区解决生态环境问题的主要对策应运而生。近年来，随着生态移民实践的广泛开展，学术界对生态移民问题的研究逐渐深入，生态移民的早期研究也取得了初步成果。内蒙古地区地域辽阔，景色壮美，作为我国最大的草原区，这里是我国北方地区的一道重要绿色屏障，庇佑着祖国北疆生态和谐。但20世纪50年代之后，内蒙古草原却出现了持续的退化、沙化状态，昔日水草丰美的大草原，如今却正在逐渐演变为威胁北方生态环境的“风沙源地”。生态环境的恶化相继引发了严重的社会发展问题，致贫、返贫现象在这片区域不胜枚举。为了应对日益严峻的生态危机与社会危机，内蒙古自治区于20世纪90年代末启动了生态移民工程。基于对生态环境和民族文化发展状况的高度关注，一大批学者针对内蒙古生态移民地区畜牧业生存发展状况、生态移民生活状况及民族文化传承等问题进行了深入的研究。包智明教授正可谓这方面研究的佼佼者。在经过了四年的实地调研，追踪调查了内蒙古地区六个生态移民社区之后，2011年由中央民族大学包智明、任国英教授主编的《内蒙古生态移民研究》一书于中央民族

① 本文发表于《青藏高原论坛》2014年第2期。

大学出版社付梓问世。该书对于探讨具有生态多样性、文化多样性特点的内蒙古地区的生态移民问题有着重要的理论意义和现实意义。通览全书，笔者认为该书有如下特点。

第一，基于田野的丰富内容，引人入胜。《内蒙古生态移民研究》一书共由八个部分组成，第一部分为序论，第二至第七部分为主体内容，第八部分为总体结论，共 32 万字。书中序论部分介绍了研究选题背景，突出生态环境问题的普遍性和重要性，之后总结梳理了现有生态移民的相关研究，最后介绍了该书的调查区域、研究议题与研究方法。在序论部分中，作者突出强调了生态移民社区及社区成员研究的重要性，并表示对生态移民社区进行实地研究并总结出生态移民现象与规律，即为本研究所要达到的目的。全书根据内蒙古地区生态环境的状况、问题和生态移民政策的不同特点，在较早实施生态移民项目的中西部地区的阿拉善盟、锡林郭勒盟和鄂尔多斯市三个盟、市中确定了五个旗作为调查区域，又从这些旗中选择了六个不同类型的生态移民社区作为具体的田野调查点，每个田野调查点及其所研究的问题单独成章。该书所选取的田野调查点主要地处内蒙古沙漠及沙地边缘地带，但每个田野调查点又具有独特代表性。书中第二部分首先讨论了生态移民搬迁前的意愿与动机：通过对孪井滩生态移民点的实地调查研究，作者分析了两种类型的生态移民，即自愿与非自愿生态移民各自具有的优劣势，得出应实施自愿与非自愿相结合的生态移民，使其优势互补，实现生态移民可持续发展的结论。第三部分以新宝力噶移民村为例，讨论了生态移民过程中政府、市场与家户之间的关系，并揭示了由这些不同的行为主体所形成的复杂的权利和利益关系，以及这种关系网络对生态移民工程所产生的影响，作者在本部分最后提出了讨论："在地方发展利益与生态利益冲突，在地方生态与国家利益密切相关的情况下，如何将环境价值纳入基层政府的利益格局应该值得思考。"书中第四、五部分分别考察了作为搬迁主体的农牧民针对政府生态移民政策的家庭策略，以及他们如何在移民村构建新的社区组织和新的社区生活。在第四部分中，作者通过对达来呼布移民新村的实地研究发现，在生态移民政策实施的过程中，在"国家要生态，地方要发展"的双重目标的压力下，牧民虽然处于被动的位置上，但并不意味着他们无所作为，移民家庭能够借助生态移民政策而进行家庭策略的积极调整，并在生活和生计方面作出很好的调整。第五部分，作者以棋盘井移民村为田野点，对该地生态移民的实施及其相关社区的结构现状进行了描述和分析，阐明了社区构建对于生态移民所具有的特殊意义，由此加深读者对生态环境、社会和个人之间关系的理解。除此之外，本部分内容还揭示出目前生态移民社区构建中存在的一些问题，为今后的生态移民社区构建提供了借鉴。书中第六部分着重分析了生态移民搬迁后在生产生活方式上的巨大变化，作者以敖立克移民村为调查点，考察了生态移民对该地区农牧民生产、生活的影响，提出了对生态移民地区进行变迁及适应性研究的重要作用。第七部分则尝试对生态移民项目作出评估，作者选择了较早实施生态移民工程的都呼木生态移民示范园区为调查地点，尝试从经济和社会两方面对其生态移民项目进行评估，判定其是否实现预期效益。第二至第七部分作为全书的主体部分，其研究重点包括迁移前的意愿与动机，迁移后对经济、政策、家庭状况的适应及生态移民社区构建，以及生态移民项目的评估，全书由此进行了单独成章又连贯一体的谋篇布局。书中最后一部分从两个方面对全书进行了总结，一方面总结了该书对于生态移民政策本身的研究结论；另一方面则总结出生态移民的研究能够回应具有更广泛意义的时代课题。从结构上来说，全书八部分内容层层推进，将内蒙古生态移民工程所涉及的重要层面展示无余，更使问题一步步得到深入发掘。该书内容丰富、结构合理、体系完整，可谓内蒙古生态移民的一部力作。正如作者所说："这项研究不仅对于探讨内蒙古草原区的可持续发展道路有着重要的理论意义和现实意义，而且对于进一步探讨我国西部其他生态多样性与文化多样性区域的可持续发展问题有着重要的借鉴价值。"①

第二，注重"地方性视角"的发掘，引人深思。生态移民是当前学界研究的热点问题，已有研究大多从宏观视角出发，自上而下地分析生态移民的内涵外延、政策制度等，因而当前有关生态移民的研究成果主要集中在生态环境、经济和社会等宏观层面或抽象层次的探讨上，而从微观层

① 包智明，任国英：《内蒙古生态移民研究》，北京：中央民族大学出版社，2011年，第5，383页。

面或经验层次上关注社会成员及家庭的研究成果较少。生态移民事实上是一个由国家主导、地方政府推动的实践过程，但在这个实践过程中，除去生态效益这一目的之外，经济效益与社会效益的受益主体和对象都可以被归结为有着主观能动性的个人，因此对实践主体的研究考察有助于回归实践的初始目的。同时，制度设计的逻辑不能忽视参与主体的看法和现实，因此生态移民主体所采用的积极的行动策略对于生态移民政策目标的达成也有着重要作用。该书的研究就是将内蒙古地区的生态移民作为一个具体的社会现象，将地方社区的多元社会行动者看成有着自身积极能动性的主体，在社会过程中考察现代化背景下国家与少数民族地方社区的互动关系。例如，在书中“生态移民中的社区构建”这一部分，作者通过丰富真实的个案表述与分析，描述了在生态移民社区的构建中，移民个体适应生产生活方式变迁的程度和移民个体的意愿，进而总结了生态移民的现象与规律。这种自下而上的生态移民研究能够使更多地方性的社会实践过程得以展现。无论是考察迁移前的意愿与动机，还是考察迁移后各方面的适应，抑或是对于生态移民项目的总体评估，书中每一部分都以某个调查地点为基础，通过对地方实践状况的展示，向外辐射，考察其背景、原因，提出对策与结论。正如该书第八部分总体结论强调的那样：“如果说以往的现代化理论范式是‘以国家的视角’来思考问题，那么本课题的研究成果则更多地注重了‘地方性视角’的发掘。”[①] 这种从国家视角到地方视角的转变能够弥补生态移民宏观研究之不足，视角新颖，引人深思。书中地方性视角的另一体现为人类学与社会学研究方法的运用，当前有关生态移民的研究成果采用统计调查和实地研究的定量方法或定性与定量方法相结合的研究较少，而该书在考察有关生态移民社区的变迁、构建和社区成员的意愿及适应等问题时，综合运用实地研究、问卷调查与深度访谈等方法，使大批第一手田野调查资料和调查问卷统计结果得以呈现，更多的地方特点得以凸显，增强了该书内容的真实性。这种以小见大、见微知著的实证研究使得事实的呈现及结论的得出更具说服力。

第三，加强“整体性视野”的提出，发人深省。本课题的研究成果在

① 包智明，任国英：《内蒙古生态移民研究》，北京：中央民族大学出版社，2011年，第5，383页。

更多地注重“地方性视角”发掘的同时，还提出了要在脆弱的少数民族地区的可持续发展的研究中，加强以“整体性视野”为基础的环境社会学与生态人类学的考察。对此，该书进行了一些尝试性的探索。这种探索首先体现在对于内蒙古地区生态移民这一实践过程中所涉及的各个环节的整体把握上。该书全面深入地探讨了内蒙古地区生态移民的性质、实践过程及后果和影响，这其中既包括对生态移民的政策研究，也有对实践过程中政府与迁移者的研究，以及对于生态移民项目效益的评估研究等各个方面，因此，全书将内蒙古生态移民各个环节过程综合起来，并将其完整地呈现在了读者面前。与此同时，生态移民的实践说明，环境问题的解决不能依靠任何一种社会力量的单向的权力过程来实现，要依赖于社会互动关系，在最初决策和实践过程中要都强调多元力量的共同参与。因此该书不仅涉及了生态移民实践活动中的各个环节，并且考察了每个环节中要素的互动关系，例如，书中第三部分就研究了国家、政府、市场与移民主体或家户个人这四个主要因素在生态移民项目实施中的互动关系，并以此揭示这种关系对生态移民项目所产生的影响。因此，在《内蒙古生态移民研究》一书中，生态移民项目所涉及的各环节及其中各要素构成了整个实践过程中的“线”与“点”，这些点线相互交织为一个网络，覆盖了整个生态移民现象，充分体现出内蒙古地区生态移民现象作为一个整体与其中各部分要素之间的辩证关系。其次，该书对“整体性视野”的探索还表现在书中深刻地体现了生态环境问题的综合性特点。人类学历来强调整体性研究，马林诺夫斯基就主张以整体的观点来考察各个社会文化体制之间的关系。面对“生态移民”这一议题，很多学者首先将它理解为一种应对生态环境恶化而采取的生态举措，因此很多研究者从自然科学领域出发，研究生态脆弱区的环境治理方法，研究地区生态恢复的方法与策略，而这之中往往缺乏人文要素，在严谨的自然科学领域看不到生态移民主体“人”的思想内容，因而这些研究无法处理各类社会行动者及其相互关系给生态环境带来的影响，也无法指出生态环境问题形成的社会脉络。与此同时，在面对诸如西部这样一个有着复杂的社会、环境问题的区域，更多的研究是将目光聚焦于西部地区的社会发展战略，这样的研究却同样忽视了该区域生态环境问题。而对于像内蒙古这样一个有着深厚历史文化与民族特征的地区来说，割裂生态、经济、社会及民族文化的关系，单纯研究生态建设或是经济发展无异于管中窥豹。整体性研究本身就是可持续发展研究的题中之义，虽然目前学界对于可持续发展的研究尚处初级阶段，很多认识没有定论，但有一个方面是应该达成共识的，即必须摒弃以往那种将环境与经济、社会、文化割裂开来的研究视角，迈向一种整体性研究框架。该书的生态移民研究就较好地体现出了生态环境问题研究的综合性特点，书中将生态移民作为一个社会现象，整合地区的生态、经济与民族社会各个部分，研究西部生态脆弱区域的少数民族地区的可持续发展。例如，书中第五部分就从环境生态学的角度出发，强调人在生态环境和社会文化中的历史定位与未来发展，由此提出生态移民社区构建的重要性。统一生态、经济与社会人文各部分，不仅是西部地区实现可持续发展的一个要求，更将是今后生态移民研究的必由之路。

总的来说，《内蒙古生态移民研究》一书以“生态移民”为切入点，通过对内蒙古地区类型各异的六个生态移民社区所进行的侧重点不同的调查研究，梳理出各地区生态环境的现状与特点，为解决地区生态移民所面临的困境与问题提供方法与借鉴，为深入理解人与自然的互动关系、进一步探讨生态移民地区的可持续发展途径奠定基础。该书将研究区域限定为内蒙古地区，能够反映内蒙古草原区生态与发展的特殊性，同时也能反映出西部地区所共同面临的问题。除此以外，全书在将内蒙古地区生态移民现状详尽、全面地呈现在读者面前的同时，也为读者描绘了一幅生动、鲜活的内蒙古民俗风情画，因此该书也是对内蒙古地区民族研究的拓展与丰富。当然，该书也存在一些问题，如因由多人执笔，各人写作风格不甚一致，且水平稍有差异，全书的阅读连贯性仍有可完善的空间，但总体来说瑕不掩瑜。全书丰富的田野资料，众多学人的参与，群策群力，使其不乏来自地方实践的真知灼见。概而观之，该书不仅对于探讨内蒙古草原区的可持续发展有着重要意义，对于西部地区生态移民可持续发展问题研究无疑也是一部有重要借鉴价值的著作。

宗教、文化和生态的互动关系

——尕藏加对藏传佛教的诠释[①]

青藏高原奇特的自然环境和博大神秘的宗教文化吸引了全世界研究者的目光，藏学因而成为一门世界性的显学。[②]但是到目前为止，从整体上对藏区的宗教、经济、文化、社会和生态进行多学科交叉系统性分析的研究还比较缺乏。幸而有中国社会科学院世界宗教研究所尕藏加研究员的《藏区宗教文化生态》一书于2010年5月由社会科学文献出版社出版，该书近30万字，共八章，分为综合研究和个案研究两大部分，以宏观和微观相结合的方式，全面地对藏传佛教与藏区自然环境、经济文化和社会变迁的互动关系进行了综合性的分析介绍。通观全书，有些重要的观点非常值得我们注意。

一、宗教信仰与自然环境的互相渗透

第一，作者通过分析藏族的神话歌谣，认为藏族先民在生产劳动中不断与大自然交往，形成了最初的宇宙观念。这种宇宙观建立在人与自然的互动基础之上，有很大的不确定性，虽然这种古老的观念随着佛教的传

---

① 本文发表于《烟台大学学报》（哲学社会科学版）2015年第4期。

② 尕藏加：《藏学：一门21世纪的显学》，《中国社会科学院院报》，2004-03-02。

入而消逝，但是依然潜藏在人们的行为观念中。“藏族先民就是在自己的生产劳动过程中不断提高对大自然的认识能力，并逐步建立起具有深刻意义的宇宙观。由于这种宇宙观是藏族先民在同大自然交际中形成的，可以有无穷的变化，也可以不断修正。所以，藏族先民的宇宙观是不确定的，它是随着人类社会的不断发展、进步而变化，并趋于成熟。”①

第二，作者认为佛教对藏族人的宇宙结构论有重要的影响。“佛教在藏族地区立足并形成藏传佛教之后，完全替代了苯波教在藏族文化领域中的正统地位，从而改变了藏族人的古老宇宙观，他们开始用佛教的理论去重新认识大自然。”① 这种影响产生了两个方面的作用。一方面，藏传佛教的宇宙观受佛教经典《俱舍论》的影响，认为宇宙空间无限且存在一个理想的与现实相对照的西方极乐世界，因此将自然神圣化。另一方面，藏传佛教在某种程度上局限了藏族人对宇宙自然的认识。作者认为，“由于深受宗教宇宙观特别是藏传佛教宇宙结构论的影响，藏族人始终没能在科学意义上完全地掌握大自然的本质”①。这导致藏族人对自然始终怀有神秘感和敬畏感，客观上促进了人与自然的和谐融洽。

第三，藏传佛教继承佛教的思想将宇宙时间划分为六道，即天道、阿修罗道、人道、畜生道、饿鬼道和地狱道。而人道具有其他五道所不具有的优越性，人类的修行和觉悟又有赖于“殊胜”的自然环境，其中青藏高原更是佛经中的圣地，藏传佛教就是通过这样的思想建立了人与自然之间的紧密关系。

第四，藏传佛教密宗“即身成佛”的思想将修行者与自然环境相联系，僧侣投身自然修行秘法以求脱离凡俗，而“青藏高原这块神秘之地，恰好为这些修行者提供良好的外部环境”②。

第五，菩提心既是大乘佛教的核心思想，也是藏传佛教的主导思想，这种思想使藏族人对所有“生灵”心怀怜悯，因此他们能将人与动物之间的关系处理得更融洽和谐，从而形成积极的生态伦理观念。

第六，藏族人对神山圣湖的崇拜，在客观上对保护青藏高原的生态

① 尕藏加：《藏区宗教文化生态》，北京：社会科学文献出版社，2010年，第11-12，15页。
② 尕藏加：《藏区宗教文化生态》，北京：社会科学文献出版社，2010年，第23，45页。

环境起着积极作用。对于这种客观作用，已经有学者通过数据比较作过有力的研究论证。[①]

第七，藏族人长期生活在万物有灵思想的熏陶之下，自觉产生了保护自然的意识，对保护森林有积极贡献。如果说之前的分析都是从纯粹理论的角度阐释的，那么以下几个方面则是从具体形式上分析宗教与自然的关系。首先，作者认为天葬的习俗使藏族人与自然的关系更加和谐，“当世界各地尤其在广大农村，连年建造坟墓，致使耕地面积锐减，面临土地危机之时，藏族地区由于推行天葬而在这方面没有任何压力或矛盾”[②]。其次，藏文石经作为宗教思想的承载形式，体现了藏族佛教信众的“宗教同自然永存”的信念。最后，帐篷寺院是藏族人以全新的文化手段或宗教信仰方式与大自然理顺关系、和睦相处的一种大胆尝试。

总之，一方面，藏传佛教思想中蕴含的宇宙观、轮回思想、“即身成佛”论、普度众生的思想，以及苯教中的泛神论和万物有灵论思想对于藏区信众与自然的和谐相处有重要影响；另一方面，藏区自然环境的特殊性又影响到宗教思想的承载形式，在一定程度上塑造了藏区特殊的丧葬形式、石刻佛经和帐篷寺院。并且在第二部分的个案研究中，作者以云南迪庆藏区的生态环境为例，具体分析了传统文化和自然环境之间的互动关系，论述了传统的生活方式、神山圣湖崇拜，以及藏传佛教的教义、寺院和僧人在保护藏区生态环境方面所起到的积极作用，为文化与自然生态之间的动态关系提供了鲜活丰富的材料。

二、藏传佛教对藏区经济的双重影响

尕藏加认为藏传佛教在藏区经济中以两种方式产生影响：一是文化意识形态；二是寺院经济实体。两种方式形成正面的和负面的双重作用。该书第一章就是论述藏传佛教作为文化意识形态的影响，而第二章则是阐

① 向红梅，张劲峰，许慧敏，等：《香格里拉县藏族神山与非神山植被比较研究》，《西北林业科学》2008 年第 2 期，第 47-50 页。

② 尕藏加：《藏区宗教文化生态》，北京：社会科学文献出版社，2010 年，第 45 页。

述其作为社会经济形态对藏族社会的作用。这种影响是一个由内在观念到外在行为的过程。藏传佛教对藏区民众内在观念的影响主要体现在对人们物质观念、精神观念、经济观念的塑造，对藏区民众外在行为的影响则体现在藏区寺院的生存方式、信众与寺院的经济关系、藏区居民的消费模式、藏区寺院的经济功能等方面。

在物质观念上，由于藏传佛教“强调精神修养，而藐视物质的价值”，藏族信众受此影响，因而“投入大量人力物力去建设精神修炼的外部条件，使青藏高原逐渐改造成为世界上少有的一大佛教圣地”[①]。甚至，“随着宗教思想观念的进一步深化，在藏族社会中曾兴起一种风尚，凡一家人若有三子，常以一子或二子出家为僧”[①]。

在精神观念上，“藏族信众通过对藏传佛教的信仰，把日常生活置于一种永恒的实体中，并从至善的无限力量中获得最深厚的充实感……他们虽身在此岸世界，但心灵却在彼岸世界。因此，藏族信众不为现实的荣华富贵而竭尽全力，也不为高官厚禄而四处奔忙，更不为物质文明的高度发展而绞尽脑汁，只须追求精神的升华，为来世的投身铺路搭桥，从而获得彼岸世界的永恒幸福”[①]。

在经济观念上，经济价值是服从和服务于宗教信仰的，因为“宗教的信仰主义培育了冥思、禁欲的生活态度，而经济的理性主义则造就了追求利润、充满竞争的价值取向”，因此宗教信仰和经济的理性主义之间存在根本性的矛盾，藏族民众在精神上十分富足而在经济上则相对贫乏。从历史上看，藏传佛教的寺院一直垄断着藏区的经济文化，寺院的资产积累主要来自信众的宗教捐资，寺院建立之后为了自身发展也会“广收布施、施行摊派，以及开展化缘等推行宗教性的经济活动”[①]。作者将藏传佛教寺院的经济消费活动归纳为四种：宗教活动性的经济消费、寺院建设性的经济消费、寺院僧人的物质生活性经济消费、寺院日常活动性的经济消费。[①]宗教性的经济消费在藏族人民的生活中占有很大比重，主要用于各种朝拜、朝圣和布施，由此寺院和信众形成一种互惠关系，作者将藏族信

① 尕藏加：《藏区宗教文化生态》，北京：社会科学文献出版社，2010年，第5，58，60，69，71-73页。

众热衷于布施的行为称作“无偿投资”，宗教精神追求和宗教“投资”在一定程度上成为藏族居民的主要生活方式，“藏族信众向寺院不断布施，在经济上给予大力支持，使寺院香火兴旺；反之，寺院也对广大信众赐予精神上的各种慰藉，满足他们的宗教心理需求”[①]。同时,“藏传佛教寺院在过去藏族地区的社会经济尚不发达、集市贸易极为稀少的情况下，充当了青藏高原的集市贸易中心”[①]。藏传佛教在精神层面上维持其神圣性，同时在现实生活中又依赖于世俗的寺院经济，寺院发挥着高原集市贸易中心的功能。个案研究中，作者通过列举拉孜曲德寺、亚东噶举寺、江孜白居寺、工布措宗寺、拉日色布寺、东嘎寺、噶陀尼寺、拉萨色拉寺等寺院，具体分析了藏区寺院的不同管理体制、寺院文化、经营模式，试图对藏区寺院进行类型归纳，并寻找有利于寺院适应社会发展的模式，与上文中的理论分析相结合、相对照。

三、藏传佛教与社会主义社会的和谐发展

1949年以前，藏区的教育体制主要表现为寺院教育，这种体制造成知识掌握在少数僧侣手中而广大藏族居民则文化程度很低的现象。藏区僧侣的崇高社会地位造成藏族社会劳动力缺乏，藏传佛教注重精神世界的价值影响了藏区社会经济发展。针对藏区传统上所沿袭下来的种种弊端，作者提出宗教的世俗化、理性的宗教信仰和发展藏区文化教育等建议，重点是利用藏传佛教思想中的积极因素，引导其与社会主义社会和谐发展。

藏传佛教在教育上的作用主要体现在寺院教育上。藏传佛教的寺院教育在于培养精通佛法的大德高僧，是以佛教的经藏、典籍为主的教育体系，相比现代教育体制有很大的局限性。作者将藏传佛教寺院教育的局限性归纳为三点：第一，从教育的对象看，寺院教育只局限在僧侣队伍；第二，从教学内容看，其宗旨在于继承和弘扬藏传佛教，授课内容是“五部大论”和因果报应的佛教教义；第三，从社会功能看，知识被少数僧侣阶层垄断，不利于全社会文化素质的提高。藏传佛教的教义影响藏区的社会

① 尕藏加：《藏区宗教文化生态》，北京：社会科学文献出版社，2010年，第75-76页。

劳动力。由于藏区僧侣处于较高的社会地位，大量信众入寺为僧，整个藏族地区重寺轻家，导致整个藏族社会劳动力不足，造成社会生产力的低下，经济发展滞后。此外藏传佛教的教义思想对藏区民众经商精神形成阻碍和抑制，使得藏区难以孕育具有商业意识的民众和文化社会环境。

通过分析藏传佛教的这些社会作用，作者提出宗教世俗化和宗教的理性信仰两种解决方法，以引导藏传佛教与社会主义社会相适应。作者认为，“引导宗教与社会主义社会相适应就是宗教在社会主义社会中的世俗化过程，而宗教世俗化的实质就是宗教的嬗变，也就是说，世俗化的宗教不像传统那样规范、严谨、神圣，最终还要失去昔日的宗教灵光，成为社会诸多文化现象中的一种普通文化”①。这种革新有两个方面：一是藏族传统文化从藏传佛教中脱离，独立门户，缩小藏传佛教所包容的文化内涵；二是藏传佛教中的个别信仰形式融入信众日常生活，成为民间信仰的组成部分，比如藏传佛教的居士和嘛呢康。此外，作者在后文案例中又以具体村落为例，从寺院、圣地、高僧、村落、村民、个体、群体、性别及年龄等不同角度说明了正统信仰、世俗性宗教信仰和民间信仰的现状和变迁。①藏传佛教中存在许多非理性的成分，为提倡理性的宗教信仰，作者提出：“必须利用当前科学文化不断冲击而理性居于权威文化地位的历史机遇，积极引导广大藏族信教群众面对社会状况，接受经济理性主义，并将理性贯穿于整个社会思想观念之中，尤其是让藏族信众树立一种理性的宗教信仰。”①

四、藏区多元文化的共存与交融现象

作者以四川阿坝藏区的尕沟村、龙康村、树正村和松潘县为例，分析了藏区多元文化的不同类型，说明藏区存在的藏传佛教文化、汉族文化、苯教文化等多民族文化交融现象，并通过追溯巴塘县基督教、盐井天主教、昌都清真寺、拉萨清真寺在藏区的历史和现状，说明藏区存在的多宗教共存现象。在诸多案例中，作者既从村民和个人的不同层次分析藏

① 尕藏加：《藏区宗教文化生态》，北京：社会科学文献出版社，2010年，第106-109，112页。

区民间信仰状况，也从年龄结构的角度观察青年和老年的信仰程度；既看到同一民族的多种信仰，也看到不同民族的同一信仰；既看到信仰上的同一，也看到其不同和分裂。这就从不同角度描述了藏区宗教信仰的具体状况，也为研究藏区区域宗教信仰状况提供一些可供借鉴的方向。

综上可见，《藏区宗教文化生态》一书的主要特色和创新之处在于：重视藏区宗教文化生态在发展过程中的变迁，全面分析了藏传佛教与藏区自然环境、经济文化和社会演进之间的相互关系，并从宏观和微观两个角度对这一关系进行了系统的阐述，把它们放在生态文明的背景下进行透视；对很少有人研究的藏传佛教藏文石经和帐篷寺院的历史与现状进行了梳理，从具体表现形式上充实了藏传佛教与藏区自然环境之间的复杂关系；把寺院的宗教形态与经济形态并重，既认识到它的积极作用，也分析了它的不利影响，并通过大量案例试图归纳藏区寺院的管理模式、经营模式和文化模式；对藏传佛教寺院经济和僧侣与寺院的关系进行历时性的分析，说明其变迁过程；对藏区多民族多宗教交融交流的历史和现状进行了简要梳理，为当下民族宗教和谐发展提供借鉴。

此外，理论与案例相结合也是该书的一大特色。多样而丰富的案例充实了理论分析，能给研究者提供具有生动启发性的素材。该书较全面地对藏区的宗教、文化和生态进行了研究，并试图分析三者之间的互动关系，具有跨学科性、交叉性和综合性，并有一定的探索性。

但是，《藏区宗教文化生态》还存在继续深入探究的空间。首先，作者本人是藏族人，具有很多其他研究者不具有的调查优势，同时却容易产生“走进去”易而“走出来”难的问题，分析很容易陷入藏传佛教思想束缚中，而作者似乎又试图通过马克思主义的科学的观点去纠正这一思想。因该书中随处可见作者在两者之间的摇摆，他很难通过主位与客位视角的变换来获得新颖的启示性的观点和分析路径。其次，作者对藏区的宗教文化生态进行全面分析并探索其间的互动关系，但是全面性有余而系统性、深入性不足，并没有一个贯穿始终的理论，没有强有力地分析和证明藏区的宗教、文化和生态三者之间到底是何种关系，虽然通过藏传佛教作为核心，易陷入宗教思想分析的窠臼。其中，第一章整个篇幅都在分析藏传佛教与青藏高原自然环境之间的关系，这个关系主要体现在宗教思想通过对藏族民众思想行为的塑造从而作用到自然环境，而对于自然环境对藏传佛教思想的影响却分析得很少。该章后半部分，作者似乎是想通过丧葬、藏文石经和帐篷寺院这些宗教思想的载体来体现自然环境对藏传佛教的反作用，但是分析的过程又陷入历史文化的泥淖，自然环境的作用体现得不明显，只是零星地分布在某些字里行间。如果只是分析宗教思想对自然环境的作用而缺乏自然环境的反作用，那么这个分析就不充分、不全面，这也说明作者系统性分析上的不足。最后，书中用词方面显示出作者总是试图站在科学主义的立场上看待藏族文化，而不是站在多元主义的角度。比如，作者在分析藏族歌谣时说“当然，现在看来，这种世界或宇宙形成的认识，显得十分幼稚，可它揭示了藏族先民很早就有自己的宇宙观的事实”①。还有，作者在阐述藏传佛教对藏族宇宙观的影响时说：“总之，由于深受宗教宇宙特别是藏传佛教宇宙结构论的影响，藏族人始终没能在科学意义上完全地掌握大自然的本质”②。在这里，作者已经预设了科学的绝对正确性，只有科学而非宗教才能认识自然的本质。当然，这从某种角度反映了作者作为藏族人，渴望藏区快速融入现代社会而摆脱经济文化滞后局面的急切心理和探寻藏传佛教文化与科学精神互补关系的尝试。

虽然该书有一些不足，但是仍然不失为一本对当下藏族文化、藏区生态文明、藏区寺院经济研究者，以及人类学、民族学学者很有启发性的著作。作者多年从事藏传佛教的研究工作，多年来先后出版了多部相关著作，如《西藏宗教》《吐蕃佛教——宁玛派前史与密宗传承研究》《雪域的宗教》《藏传佛教与青藏高原》《藏传佛教神秘文化——密宗》等，发表的

---

① 尕藏加：《藏区宗教文化生态》，北京：社会科学文献出版社，2010 年，第 10 页。
② 尕藏加：《藏区宗教文化生态》，北京：社会科学文献出版社，2010 年，第 15 页。

论文对藏族石刻佛经[①]、藏族僧侣[②]、藏族寺院教育[③]、藏传佛教寺院管理体制[④]等都进行过专门性的研究，该书可以说是作者多年研究成果的系统性、总结性的著述和进一步思考的结晶。

① 尕藏加：《果洛石经的创建过程》，《西藏研究》1996年第3期，第69-72页；尕藏加：《果洛石经的分布及其规模》，《西藏研究》1997年第1期，第66-73页；尕藏加：《果洛石经产生的历史背景》，《西藏研究》1997年第3期，第107-114页；尕藏加：《果洛石经文化》，《世界宗教文化》2005年第3期，第32-34页；等等。

② 尕藏加：《当代藏区僧侣与宗教职业生活》，《西北民族大学学报》（哲学社会科学版）2010年第2期，第68-74页。

③ 尕藏加：《藏传佛教寺院教育的发展历史及其特质》，《世界宗教研究》2004年第3期，第38-44页。

④ 尕藏加：《藏传佛教寺院内部管理体制的演进》，《世界宗教研究》2007年第2期，第51-59页。

宗教作为一种生活方式

——阿部正雄《佛教》解读[①]

《佛教》是日本学者阿部正雄阐释佛教的一本宗教入门读物，该书于2008年在上海古籍出版社出版，由中国社会科学院张志强研究员翻译。全书共7万字，分成八个部分对佛教进行阐释。作者阿部正雄是佛教禅学在欧美的卓越阐释者，是当代耶佛领域对话的重要代表人之一。国内学者对阿部正雄其人其著的研究相对较少。1989年王雷泉先生翻译了阿部正雄的《禅与西方思想》一书，国内学者才对阿部正雄其人和思想有所了解。王雷泉的《阿部正雄——禅与西方思想》[②]，李宜静的《阿部正雄的宗教对话理论初探》[③]、《阿部正雄与小约翰·柯布宗教对话理念的比较分析》[④]，杨慧林的《佛教与基督教对话中的三个问题》[⑤]等都从耶佛对话的角度介绍和阐释了阿部正雄的思想。该书的出版，对于我们进一步了解阿部正雄的佛教思想，以及进行宗教对话都大有裨益。通览全书，笔者认为该书有如下几个特点。

其一，布局严谨，结构合理。《佛教》虽然是一本仅有7万字的书，

---

① 本文发表于《西夏研究》2015年第3期。

② 王雷泉：《阿部正雄——禅与西方思想》，《读书》1986年第9期，第143-145页。

③ 李宜静：《阿部正雄的宗教对话理论初探》，《现代哲学》2007年第3期，第133-138页。

④ 李宜静：《阿部正雄与小约翰·柯布宗教对话理念的比较分析》，《理论界》2010年第2期，第99-102页。

⑤ 杨慧林：《佛教与基督教对话中的三个问题》，《佛学研究》2003年第1期，第329-338页。

但是书内各部分之间逻辑结构十分紧密。首先，作者通过佛教的多样性和方便法门对其进行初步的定义，但是又没有给出明确的“佛教是什么”的教条式规定，而是通过阐释三皈依、佛陀、四圣谛和法来达到对佛教的解释。在第二部分，作者又通过正信、正行和佛教的救赎三个方面来透视佛教。在对佛教有一个初步的认识和把握之后，作者在第三部分从地理学、人口统计学和佛教与科学的对比方面给读者勾勒出当今世界的佛教状况。之后，作者从佛教的派别、佛教的结构、空和佛教的运作方式等几个方面对佛教进行不同角度的解读。最后，作者将佛教置于宗教对话的背景中进行理解，这也正是阿部正雄所一直致力的研究。

其二，深入浅出，可读性强。对于佛教的理解，尤其是对佛教中核心概念的理解，是初学者很难把握的地方。书中作者通过许多生动明了的比喻阐释佛教的核心概念，避免枯涩冷硬的解释。作者在书中用“海洋虽然包容了无数的洋流，但是却有同样的咸味”[①]来解说佛陀的教律是解脱；用“可乐的口味一样，却装在不同标签的瓶子里来比喻佛教的多样性”[①]；用“火和燃料的关系形象地说明佛教对法体的理解”[①]等。通过这种方式的阐释，使得该书深入浅出，可读性强，却又显示出作者本身精湛的研究功底。

其三，阐释精微，重点突出。在书中，作者试图通过对佛教不同方面的解释，来编织对佛教的多元理解。可以说，书中的每一个部分就是作者对佛教的一种理解，这些部分又从宏观上构成对佛教的整体印象。然而其中对佛教结构和空之概念的解释占全书总篇幅的1/3，这两部分明显是该书的重点，也是理解佛教的核心概念。在这一部分，作者再次对佛、法、僧进行深入的探讨。关于佛陀，作者从其作为人、超人和非人格的超绝存在，以及佛教内部六种对佛陀生平的不同理解来诠释佛陀；关于法，作者则从法与佛的关系、法与四圣谛的关系中都得到显现；关于僧伽，作者则从僧伽本身的结构、僧伽与社会的结构性关系和僧伽与政治的结构性关系三个方面进行讨论。对于“空”的阐释，是该书最精彩也是最难理解

① 〔日〕阿部正雄：《佛教》，上海：上海古籍出版社，2008年，第3，87-88页。

的部分，作者从空的意义到生死涅槃逐步陈述自己对佛教之核心“空”的理解。既不能脱离人本身认为宇宙是不断的生灭，也不能脱离宇宙认为人是世界的本质，而是两相结合，承认宇宙与人的互相依托性，宇宙是人不断经验着的生灭。“如果世界万物都依赖他物而存在，那么宇宙中就无物拥有法体或真实的自我存在，因而万物是空。”[①]

其四，重视对话，注重比较。书中处处贯穿着作者的宗教对话和宗教比较的思想，通过将佛教与世界其他宗教进行比较，达到对佛教的理解。在全书的开篇之处，作者就对佛教、基督教和伊斯兰教的核心进行了一个总结和比较，由此呈现佛教的多样性。“基督教的核心是一个人——耶稣基督；伊斯兰教的核心是一部经文——《古兰经》；而佛教的核心则是一个故事——佛陀觉悟的故事”[①]，通过这种比较，读者能够清晰地把握住不同宗教的关键之处。在对宗教面向的实体化进行理解时，作者将基督教的终极实在“上帝”与佛教的终极实在“涅槃”进行对比，由此解释“佛教透过否定之否定，完全克服了价值层次上价值判断的二元性”[①]。在对佛教的“空之自空”进行解释时，作者将其与基督教宗教中基督的虚己论（kenosis）进行比较，强调“佛教拒绝人造概念的具体化与实体化”[①]，以及“拒斥任何对空的执着”[①]。此外，作者重视对话，这一方面体现在佛教与科学的对话，另一方面体现在佛教与世界宗教的对话。佛教的教义呈现出一种开放的态度，这使得佛教更容易接受科学，甚至用教义去阐释现代科学；佛陀觉悟的过程与现代实验科学的精神是一致的；佛教的核心思想“空”是通过否定之否定的思维方式来探寻宇宙本质的，这与波普尔所说的“可证伪”的科学思维方式是相似的。最后，作者认为佛教对世界宗教的对话是很有利的，佛教的多元主义能给世界带来福音，同时这种多元主义还给世界带来“两件珍贵的礼品：对自我实现的热情与对所有生命的同情”[①]。

通过反复地阅读该书，笔者对佛教有了更为深入的理解，从中受到诸多启发。

---

① 〔日〕阿部正雄：《佛教》，上海：上海古籍出版社，2008 年，第 3，87，95，97-98，122 页。

其一，佛法是一种无差别的馈赠。佛教的教义具有一种宽容、开放的态度，不拘泥于教法的形式，甚至内容。在不同的国家，佛教有不同的形式、不同的语言，甚至有不同的教义。这种宽容度使得佛教能以更恰当的方式传播，同时也使得后来者容易对教义进行扩展和延伸。“方便”是佛教授法解惑的一种技巧和法门，这种方法，一方面强调要根据个体的知识层次、精神和道德水平施以不同的教法；另一方面强调要根据一个民族群体的文化、习俗等采取不同的教义和形式。“方便”的法门也是佛教实践哲学的一种体现，它主张必须在实践中对法进行具体的体悟。佛教的多样性和方便法门是相互促进的两个方面。佛教多样性的特点暗含着可以采取各个不同的传法方式，而方便法门在一定程度上又扩展了这一多样性。这种多样性和方便性，使得佛教不受社会等级的限制，不论在社会上层的统治者中，还是在社会底层的群众中，都有许多的受众。因此，这两方面定义了佛法是一种无差别的馈赠。

其二，佛教是一种宗教体系。常识中，人们认为佛教不过是由众多僧侣和寺庙组成的一种宗教团体，有自己的宗教文献和戒律。而不论是在事实上还是在理论上，定义一种宗教都是极其困难的。这不仅仅是因为宗教这一概念本身就缺乏一种准确的定义，而且是因为各种宗教之间差别极大，尤其是东西方宗教的差别，所以很难用一两句模式化的语言概括出一种宗教的特点。作者从三皈依、佛陀、四圣谛和法四个方面把佛教呈现给读者，而这四个方面也是贯穿佛教的四条线索，或者说是四个核心。关于佛，有一个从单数佛到复数佛，从作为人的佛到作为境界的佛的过程；四圣谛，则是佛陀自己觉悟的一个总结，由表象到原因分析现实的思想过程，最后找出解决方法的一整套修行蓝图；而僧伽则是佛教的真正见证者。

其三，佛教是一种由法构筑的宗教哲学。对佛陀的不同理解产生对佛与法起源的不同的解释。佛是法的根源，就是说佛要早于法，法是由佛创造的，佛教的教义可以追溯到佛陀。法是佛的根源，就是说在佛之上存在一种最高的宇宙法则，佛是法的阐释者和实践者，他向我们展示了一个人可以通过法和道德的实践而通向宇宙的最高准则，实现解脱之路，即是

“由法所揭示的法，透过对诸法的恰当理解，以法来引导我们通向法”。佛教通过不断的否定，认识到没有一个事物是不依赖其他事物而能独立存在的，因此万物皆空，而且空本身也是空。受限于人类认识世界的二元分类方式，任何语言化、概念化的东西都具有相对性。善恶、真假、美丑之类的价值概念，具有两种指向，一种指向表明事物现在之所是的实然状态，一种指向表明事物的应然的期待状态，这样一种价值上的指向，必然引领我们寻找一种普遍的绝对的价值。然而，佛教认为这一绝对价值的本质是空，绝对的善恶只是善恶之概念的具体化和实在化。

其四，佛教是一种面向现世的救赎。阿部正雄在耶佛对话中主张忘却宗教来理解宗教，也就是说，西方的宗教观是一种对宗教的建构，通过上帝、先知和救赎这样一套体系构成的宗教观念。正相反，佛教恰恰是对宗教的解构，因为佛教的教义主张不信诸神，佛陀并不是作为神出现的；佛教中没有先知，即使是佛陀本人也不过是修行的导师和领路人；佛教中没有救赎的概念，而只有教法。佛教中没有救赎的概念，却有轮回和涅槃。轮回观念可以说是一种因果缘起在时间和空间上的扩展，或者说是因果缘起的一种具体化和实在化显现。佛教要求不执著于轮回，不受缚于轮回，就是因为它的本质是空。轮回可以说就是生死观，试图从轮回中解脱，就是试图超脱生死。佛教的终极状态不是救赎而是涅槃，就是从苦之中超脱。涅槃一方面要克服生死；另一方面真正的涅槃只有在生死之际才能得到真正的体会。因此大乘佛教才说“生死即涅槃”。如果把所有的宗教都定义为一种救赎体系的话，可以说，佛教的目标并不是来世，而是现世的救赎。正如阿部正雄所说：“一种像佛教这样的救赎学教义，在将其思想内容解释给教外之人的时候，就变成了一种哲学；如果它被一个国家或一个社会接纳的时候，它就变成一种宗教。”①

其五，宗教是一种生活方式。当笔者说宗教是一种生活方式的时候，一方面，笔者是说宗教是人类的一种普遍状态，不论一个人是否是宗教徒，或者不论他是否具有普遍意义上所说的信仰，事实上他都可能生活在一种宗教的影响之中，都可能自然不自然地接受某种宗教的思想；另一方

① 〔日〕阿部正雄：《佛教》，上海：上海古籍出版社，2008年，第19页。

面，宗教是一种生活方式，就是说每个人都应该追寻一种有灵性的生活，需要照顾好自己的精神和灵魂，不论你将这种追寻诉诸上帝、真主、佛陀还是你自己。科学主义的盛行固然侵蚀了神圣的场域，甚至神的世俗道场都被排挤到了边缘，但是，这促发了一种思考，思考神圣距离世俗到底有多远，思考被上帝抛弃了的众生该如何安定灵魂，思考宗教与个人的关系，思考到底什么才是信仰。《圣经》中“最后的晚餐”在当代很具有隐喻意义，因为嫉妒和贪婪而背叛了耶稣的犹大，在看到耶稣死亡之后幡然醒悟，饮恨自杀。故事中的犹大像极了现在的我们，因为科学，我们更加看透宇宙的物质本质，因为经济繁荣，我们执迷于消费体验，我们不再相信上帝，不相信佛陀，看不见诸神，甚至嘲笑那些信神的人如此无知和迷信。但是，科学和金钱永远救赎不了堕落的灵魂，永远给不了灵魂一个安然栖息的场所，难道我们也要向犹大那样抱着最后的觉悟而死吗？人就像飘摇在茫茫海洋之中的船只，想要寻找栖息的陆地，没有了对于灵魂的渴求，就像没有了锚的船，我们该如何定位自己？宗教或者有灵性的生活，可以为我们的过去、现在和未来生活中的困难赋予意义。在人生孤旅中飘摇的个人，需要一种神圣定义自己的生命。[①]

至此，我们基于该书的特点以及笔者的理解对《佛教》一书有了一个总体的把握。该书虽然被定为七本“世界宗教入门”读物之中的一本，但并不意味着该书就浅显直白。相反，由于阿部正雄对佛教及禅学有深厚的研究功底，因而该书读起来有一种言简意赅、微言大义的感觉，读完全书，使人充满了意犹未尽之感，激发起读者对佛教的研究兴趣。美中不足的是，作者对于佛教在世界不同地区的多样性一笔带过，更注重佛教所体现出的统一性。而中国读者可能更期望通过对世界不同地区佛教的差异来深入了解中国自己的佛教，这可以说是一点遗憾。尽管如此，《佛教》不得不说是一本好书，对于宗教领域的研究者以及民族学、人类学学者来说都极具阅读价值。七本“世界宗教入门”读物中的其他几本也值得一读，只有通过对不同宗教的比较，才能实现融会贯通，从而摆脱“只知其一，一无所知”的困惑。

---

① 〔意〕罗伯托·希普里阿尼著，高师宁译：《宗教社会学史》，北京：中国人民大学出版社，2005年，第127-128页。

后　记

本书是我主持教育部2012年度新世纪优秀人才支持计划项目“甘青牧区藏族生态移民产业变革与文化适应研究”（NCET-12-0664）的系列成果之二，第一本名为《三江源藏族生态移民三村》。

在前期研究基础上，2013年始，我策划和设计，并与课题组成员共同努力，重点围绕甘青藏族生态移民持续探索并进行田野工作。我们各自分担了资料收集和写作任务。本书主要由我和我的学生合力完成，最终由我统稿、加工和校对，书稿得以付梓。本书突出一个主题——青海和日村藏族生态移民后续产业民族志，其他内容都是为配合这一主题而展开的前期研究或延伸研究。三江源自然保护区，位于“世界屋脊”——青藏高原腹地，青藏高原是我国重要的生态安全屏障，是中华民族特色文化的重要保护地。三江源生态移民工程的实施，使藏区牧民从游牧到定居，这不仅带来了生态移民身份的转换，其生计方式也发生了巨大的变迁。和日村个案显示，迁出牧区，靠近城镇，新的生产生活环境，促使他们的生计方式由过去的以牧业为主向现今以手工业——石刻业为主转变，石刻业已成为和日村生态移民后续产业的支柱。后续产业的运作，是围绕资源合理利用展开的一种人与自然、人与人相互交往交流的最基本活动。实现传统产业的顺利转型，需要在充分考察藏族文化传统优势的基础上，与其他形式互联，探索符合实际需求的生态移民后续产业发展出路。

全书分为“理论与田野”“回顾与展望”“解读与评论”三个板块。

“理论与田野”撰写内容和作者：《藏族苯教文化中的冈底斯神山解读》〔冯学红（冯雪红曾用名），东·华尔丹〕；《青藏高原作为一个生态、文化、社会系统——关于藏族的山地民族学分析》（冯雪红，安宇）；《甘南牧区藏族生态移民社会融入问题解析》（王玉强，冯雪红）；《甘南藏族自治州生态移民问题反思》（安宇）；《三江源生态移民的“边缘人”处境》（冯雪红，安宇）；《生态场域的范畴内涵与学术意义》（张廷刚）；《西北民族地区城镇化进程中的社会稳定问题研究》（成媛）；《畜牧业的式微与石刻业的兴盛——青海和日村藏族生态移民后续产业民族志》（冯雪红，王玉强）。

“回顾与展望”撰写内容和作者：《生态移民研究与反思》（徐婧，冯雪红）；《藏族生态移民研究回顾与展望》（冯雪红，王玉强）；《藏族石刻文化研究述评》（冯雪红，向锦程）；《西部民族地区城镇化研究现状与走向述评》（冯雪红，王玉强）；《2002～2012年和谐民族关系研究综述》（冯雪红，徐婧）。

“解读与评论”撰写内容和作者：《首次提出“三江源生态移民飞地”的一部专著——〈三江源生态移民研究〉评介》（冯雪红，向锦程）；《探讨生态移民可持续发展问题的一部力作——〈内蒙古生态移民研究〉评介》（徐婧，冯雪红）；《宗教、文化和生态的互动关系——尕藏加对藏传佛教的诠释》（安宇，东·华尔丹）；《宗教作为一种生活方式——阿部正雄〈佛教〉解读》（安宇）。

书中呈现内容，为后续深入、全面和系统研究藏族生态移民奠定了基础，对推动青藏高原可持续发展、推进国家生态文明建设、促进全球生态环境保护，可谓尽绵薄之力。出版之际，感谢为此书付出心血的每一位作者，感谢科学出版社苏利德先生付出的辛劳！

冯雪红

2017年9月17日写于银川